Der Pferdeschamane

Innehalten
Zurückschauen
Mitnehmen, was gut war
Den Rest der Vergangenheit schenken!

In Freundschaft

Kerstin Gorisch   Nicole H...
Melina Drechsler   Ingo Lücke
         Anna-Lena Golze
Karla Platzek
Iris Lehmann

Würdenhain, Dezember 2009

Erfülltheit leben · Erfüllung schenken
DER PFERDESCHAMANE

Mit den Augen des
Klaus Ferdinand Hempfling
in die wahre Welt der Pferde und in die
ursprüngliche Welt des Menschen

Neue Erde

Redaktion:
Ines Karsten
Gitta Sonntag
Kai Sonntag
Lektorat und Redaktionsleitung:
Andreas Lentz

Mit 496 Fotografien und Grafiken
aus der Sammlung von Klaus Ferdinand Hempfling

Titelgestaltung und Layout:
Akedah Studio, Spanien

Die Deutsche Bibliothek – CIP-Einheitsaufnahme

Hempfling, Klaus Ferdinand
Der Pferdeschamane : Mit den Augen des Klaus Ferdinand Hempfling
in die wahre Welt der Pferde und in die ursprüngliche
Welt des Menschen. / Klaus Ferdinand Hempfling
Saarbrücken : Neue Erde, 2000
ISBN 3-89060-720-9

© NEUE ERDE Verlag GmbH, 2000
Alle Rechte vorbehalten
Printed in Germany
Satz: Akedah Studio, Spanien
Druck und Bindung: Fuldaer Verlagsanstalt GmbH, Fulda – Deutschland

Pferdeschamane (Horseshaman) und
Magische Pferderituale (Magical Horse Ritual)
sind eingetragene Warenzeichen (Gemeinschaftsmarken).

In meinem Haus waren wieder einmal für einige Tage Freunde zu Gast. Als ich eines Tages das Bemalen einer Skulptur durch einen kleinen Ausritt in die Berge unterbrach, sagte mir bei meiner Rückkehr einer von ihnen: »Schade – ich kann weder malen noch reiten – ich habe beides nie gelernt.«

Daraufhin sagte ein anderer: »Ich glaube, bei Klaus ist das genau umgekehrt. Der kann malen wie er malt und reiten wie er reitet, weil er beides nie verlernt hat.«

Klaus Ferdinand Hempfling
Im Januar 2000

Ihr fragt mich, was ich den Lesern vor allem und zuallererst wünschen würde. Vor allem Kraft und Freude. Doch in unserer Welt gibt es nur wenige, die jemals erfahren haben, was das eine oder das andere wirklich ist. Es ist die Seele der Wahrheit und das Fundament des Glücks.

Der Pferdeschamane

Was die Runen über den Pferde-Schamanen verraten 14

Stationen
Ein Unbekannter, den man kennt
Der Fremde im fremden Land 16
Blick in eine fremde Welt
Wenn einer eine Reise tut … 18
Die bunte Welt des Pfedeschamanen
Exot, Künstler, Pferdemann? 22
Die Rettung in der Kunst
Bruch, Revolte, Chaos 26
Von Krankheit getrieben
Die Entdeckung der neuen Welt 28
Eier im Meer
Gleicher unter Gleichen 30
Mehr als nur Kunst
Die Sehnsucht nach der Tat 32
Der Schritt nach vorn
Die Krise 34
Leben mit Mann und Maus
Das Dorf im Dorf 36

Einsichten
Mann mit Pferd gleich Pferdemann?
Der mit den Pferden tanzt 40
Der zu den Pferden kam ...
…wie die Jungfrau zum Kind 42
Die vergessene Welt
Schwarz oder Weiß? 46
Vom Wunsch zu lehren
Die zehn Ziele mit dem Pferd 48
Das Erwachen
Die Realität 62
Die Konfrontation
Der Kämpfer und die Massen 68
Im Anfang oder …
Zehn Jahre danach –
»Wie ich es heute sehe« 74
Statt Resignation neue Wege
Das Pferd im Unterricht 80

Magie
Weder Fisch noch Fleisch?
Die magische Welt des Pferdeschamanen 84
Wie ein roter Faden
Der Pferdeschamane und
die Ursprünge 86
Wenn am Ende der Anfang ist
KFH und die Welt der Rituale 92
Die Äste eines Baumes
Ursprung statt Esoterik 100

Die 10 x 10 Meter-Wahrheit
Die Macht der Ohnmacht 106
Die Steuerung des Lebens
Wenn der Himmel spricht 114
Wenn der See an die Erde stößt
Der Gott des Krokodils 118
Wie ein Märchen oder Hollywood?
Wie sie das Unglaubliche erleben ... 120
Die Diplomatie des Ursprungs
Wenn Wekenou die Pfeife raucht ... 124
Frau-Sein, Mann-Sein
Die Initiation 126
Der weite Weg
Die magischen Pferderituale 130

Kunst
Spuren gelebten Seins
Die ritualisierte Kunst des Pferdeschamanen 146
Im Zentrum der Götter
Tempelkunst und Schwertertanz ... 148
Spontan und ungeplant
Das Geheimnis der frühen Bilder ... 150
Wie KFH es sieht:
Das Schamanenpferd 158
Leben, Lieben, Feuerspucken
Musik, Theater, Tanz und Masken ... 172
Immer wieder Natur
Die Abstraktion 174
Wandern auf dem Grat
Frauen ohne Maske 180
Der große Schreck
Der humpelnde Akrobat 188

Praxis
Vorstoß zu den Quellen
Akedah – Die Schule 192
Wie die bunten Hunde 196
Dialog mit einem Punkt
Wenn Kleckse plötzlich sprechen ... 198
Pferdepraxis ganz anders
Welche Farbe hat Dein Pferd? 210
Wenn das Kleine groß wird
Die unermeßliche Entwicklung 216
Verkleidung, Maske, Kostüm
Vom Traum zur Wirklichkeit 218
Von der inneren zur äußeren Präsenz
Menschengeist und Pferdeseele 220
Was also ist Akedah?
Den Panzer aufbrechen 226

1 Stationen

Die Begegnung mit dem Leben eines Mannes, der in nur wenigen Jahren zum Guru der Pferdewelt, zum Pferdeschamanen wurde, von dem dennoch kaum jemand weiß, was er wirklich tut. Wir drehen das Rad der Zeit zurück und begegnen dem KFH, den man nicht kennt. Lebensstationen, die beschreiben, erklären, aufklären.

2 Einsichten

Er ist der einzige Deutsche auf dem internationalen Parkett der Pferdeflüsterer. Vor acht Jahren erschütterte sein Buch »Mit Pferden tanzen« die Pferdewelt. Warum polarisiert er die Reiterschaft wie kaum jemand zuvor? Was ist die Wahrheit vom Weg zum Ruhm? Was sieht die Öffentlichkeit, was aber nicht?

3 Magie

Der Mann wird ungehalten, wenn man ihn einen Esoteriker nennt. Was aber ist dann das, was er seine magische Welt nennt? Was verbindet ihn mit den Ureinwohnern Afrikas, mit Orakeln und Urquellen und warum sagt er, daß nichts ginge mit den Pferden ohne diese mysteriöse Welt? Das Geheimnis um den Mann, den man bestenfalls zu kennen glaubt, steckt jedenfalls in diesem Pfad seines Lebens – ebenso wie das Geheimnis um die wahre Welt der Pferde.

4 Kunst

»Kunst, Ritual, die Verbindung von Himmel und Erde, der Tanz, das Theater, alles das verband sich immer zum Zentrum der Götter. Und ihr Tier war vor allem das Pferd.« Die Kunst des Pferdeschamanen ist nicht für die Nische im Museum gedacht, es sind Spuren gelebten rituellen Seins. Ein Fundus tiefster Erfahrungen.

5 Praxis

Es ist nicht so leicht, ein Schulmitglied der Akedah-Schule zu werden. Es gibt viele Veranstaltungen für jedermann. Aber in der Schule werden die Grenzen weit. Da geht es um das Ganze, um den Menschen, um Himmel und Erde. Was lehrt der Mann, der von sich behauptet, alles mögliche zu sein, nur kein Lehrer?

Janosch ist jetzt 17 Jahre alt.
So manches haben wir gemeinsam.
Er ist für vieles aufgeschlossen – so lange es für ihn nur Sinn macht.
Und so lange er keinen Sattel tragen muß – oder gar Zügel.

Klaus Ferdinand Hempfling

Was die Runen über den Pferdeschamanen verraten

Mein Name ist Andreas Lentz. Ich bin der Verleger dieses Buches. Zu den Autoren meines Hauses und zu meinen Freunden gehören Zoltán und Ingrid Szabó. Sie sind Meister in der Deutung der Runenorakel. Bevor ich das Buchprojekt »Der Pferdeschamane« anging, habe ich sie gebeten, mir mitzuteilen, was der Name KFH im Spiegel der Runen zu bedeuten hat. Dies ist ihr Urteil:

»KFH ist in Runen KAN FA HAG. KAN bedeutet das Können, die Kunst und den König. FA steht für den Vater, das Feuer und das Tier. Auch für den Druiden Merlin, den Meister der Tiere, Hirsche und Pferde.

HAG ist Heil und Hagel, kann heil, ganz und gesund machen, heilen und heiligen, aber auch zerstören.

Zusammen betrachtet steckt also im Namen KFH potentiell die Möglichkeit, die Kunst des Feuers zum Zwecke von Heil und Hagel anzuwenden. Das ist das Können des Druiden Merlin, mit den Tieren umzugehen, eine heile und heilige Lage herbeizuführen, welche heilen, ganz und gesund machen, aber auch zerstören kann.

Die geheime Bedeutung der Runen erschließt sich, wenn man sie auf den Kopf stellt: Aus KAN wird AR, aus FA wird OS. AR OS aber ist der edle Ase Odin-Wotan, oberster Schamane, untrennbar von seinem achtbeinigen Schamanen-Asenpferd Sleipnir.

Ein besseres Omen für den Pferdeschamanen kann es gar nicht geben.«

Der Vater kann heilen

Und so spricht das Namensorakel der Runen für KFH:

»KAN FA HAG: Kann der Vater heilen? Natürlich kann er. Die Kombination von K und H bietet die Chance zur Vollkommenheit. Aber man muß behutsam vorgehen, will man nicht statt Heil Hagel ernten, denn auch das ist in H enthalten. Heil und Hagel liegen dicht beisammen, und große Chancen bedeuten ein großes Risiko. F und K – der Vater kann. Aber was soll er tun? Es bieten sich unendliche Möglichkeiten. K ist auch Kunst. Ist der Vater ein Künstler? Es ist sinnvoll, sorgfältig alle Möglichkeiten zu prüfen, auszuprobieren, was man kann, bevor man sich entscheidet.

Viele Wege können wahrgenommen werden, bevor man ›seinen‹ Weg findet, der zu H, zum Heil führt. K und F: die Kunst und das Tier – oder die Kunst mit dem Tier? F und H: das Tier und der Heilige begegnen sich. F ist auch das Feuer, es kann eine feurige, leidenschaftliche Begegnung werden. Es kann, es muß aber nicht. K ist die Möglichkeit, K ist Können, und Können kann zur Kunst werden. Der künstlerische Umgang mit dem Tier (K und F) verbunden mit H wird zur vollkommenen Kunst.

Das ist ein extremer Weg, jetzt muß man aufs Ganze gehen. H ist allumfassend, Mittelmäßigkeit ist nicht möglich. Alles oder nichts. Heil oder Hagel. F ist auch das Feuer der Leidenschaft. Leidenschaft beinhaltet auch das Leiden. Darum muß man das Feuer lenken. Wer leidenschaftlich große Ziele verfolgt, darf das Heil, die Ganzheit, nicht aus den Augen verlieren, sonst muß er leiden. H und F ist auch das heilige Feuer. Ein Mensch, in dem das heilige Feuer lodert, kann (K) dieses konstruktiv nutzen, um Großes zu erreichen und sinnvoll zu wirken. Er kann. Und der Könner zündet die Fackel an, das Feuer brennt, und das künstlerische Können entfaltet sich. Dann wird aus der Möglichkeit (K) die Vollkommenheit (H), der Vater (F) kann nicht nur, er tut es auch. Er nutzt seine Möglichkeiten in all ihrer Vielfalt, er vervollkommnet sein Können (K), er wird ganz (H). Jetzt hat er nicht mehr nur die Möglichkeit zu heilen, er tut es auch. Und so kann die schicksalhafte Verpflichtung des Namens KFH erfüllt werden.«

Das war ein weiteres Steinchen in dem Mosaik, das mir deutlich vor Augen führte, daß ich es mit einem Original zu tun habe. Klaus Ferdinand Hempfling ist der Pferdeschamane. Entdecken Sie seine Welt.

Stationen

1 *Ein Unbekannter, den man kennt*
Der Fremde im fremden Land

Er ist unbestritten ein Großer, ein Guru in der Pferdeszene. Und er ist der, der sich am wenigsten erklärt – der Unbekannte, den man zu kennen glaubt. Mit ihm hat sich die Pferdewelt auffällig verändert. Begriffe wurden zum Allgemeingut – Prinzip der Freiwilligkeit, Leitstutenprinzip, das Prinzip von Dominanz und Vertrauen. Aber wurden sie verstanden? Was verbirgt sich in Wahrheit dahinter? Wenden wir uns dem Unbekannten zu. Dem KFH, den man nicht kennt. Öffnen Sie mit uns die Tür zu seinem Haus. Beginnen wir mit Stationen eines Lebens, das schon bis jetzt so ungewöhnlich ist wie der Mensch, der sie durchschritt.

*Vision eines
sterbenden Schamanen*
Fotografik, 1999

Blick in eine fremde Welt
Wenn einer eine Reise tut...

... dann kann er was erzählen. Unsere Reise war eher eine geistige. Sie war ebenso aufregend, abenteuerlich, abwechslungsreich und spannend wie tiefsinnig. Klaus Ferdinand Hempfling kennen wir seit Jahren. Unsere anfängliche Skepsis wandelte sich mehr und mehr in Sympathie, schließlich in enge Freundschaft. So glaubten wir ihn anders, ja besser zu kennen als alle diejenigen, die sich ihm durch seine Bücher, Filme und Seminare nähern. Doch wir mußten uns eines Besseren belehren lassen. Von einem riesigen Eisberg sahen wir nicht einmal die Spitze.

Wir erlebten ihn als Pferdemann. Er ist der einzige Deutsche auf dem internationalen Parkett der Pferdeflüsterer. Immer sagt er, er sei weder ein Pferdemann, schon gar nicht ein Pferdeflüsterer. Obwohl wir ihn zu kennen glaubten, konnten auch wir mit diesen Aussagen kaum etwas anfangen. Auf unserer Reise mit KFH wurden wir fündig. Klaus führte uns in eine uns fremde Welt, in seine Welt.

In unzähligen Gesprächen sammelten wir Material, Anekdoten und Eindrücke. Dieses Buch ist ein Bericht. So oft wie möglich haben wir auf Zitate, Tonbandaufzeichnungen und Protokolle zurückgegriffen, uns auf Kommentare und verbindende Erklärungen beschränkt. Dieses Buch ist darum eigentlich nicht von uns geschrieben, es ist von Klaus Ferdinand Hempfling erzählt. Wir haben Teile davon ausgewählt, aus der

Das paßt einfach. Wo und wie anders sollte ein Mann wie KFH wohnen. Am Fuße der Pyrenäen, nicht weit von der Costa Brava, liegt ein Vulkantal. An seinen Südhang gelehnt findet sich dieses 700 Jahre alte Natursteinhaus – die 60 Hektar große Finca des Pferdeschamanen.

Wenn einer eine Reise tut ...

Eine der kreativen Tätigkeiten KFH´s ist das Fotografieren. Oft dienen ihm Fotos als Grundlage für Fotografiken und Verfremdungen. Die Bilder auf dieser Seite wurden von ihm 1996 erstellt. Sie zeigen den Charme der bebauten Natur im Umfeld seines Hauses auf ihre ganz eigene Weise.

Fülle, der wir begegneten. Und um das Praktische noch authentischer zu gestalten, stammen alle Anregungen, Übungen und Praxis-Hinweise direkt aus Klaus Ferdinand Hempflings Feder. Alles das, was wir berichten, haben wir unmittelbar erlebt und erfahren und aus vielen Gesprächen zusammengetragen.

Klaus Ferdinand Hempfling kommuniziert nicht selten mit gewaltigen Gesten, die auch erschrecken können, und durch seine Geschichten, die man erst dann wirklich glauben mag, wenn sie endlich durch andere bestätigt werden, durch seine Bilder, die man erst dann zu sehen bekommt, wenn große Kisten, von dem Staub so mancher Jahre befreit, sich dem Staunenden öffnen.

Dort lagen sie bislang. Das wollten wir, das mußten wir ändern. Kaum jemand weiß von diesen Schätzen. Dabei sei das meiste verschollen. Denn dem Wanderer falle alles zur Last, was nicht zu der Stunde gehört, die er gerade lebt.

Diese Bilder – werfen Sie einen ersten flüchtigen Blick in dieses Buch. Nicht zuletzt in den Bildern, die Sie hier finden, ist eine Welt festgehalten worden, in der sich wirklich das abzuspielen vermag, wovon der Pferdemensch Klaus Ferdinand Hempfling immer spricht und was doch kaum jemand nachzuvollziehen scheint. Auch seine Kritiker, seine Feinde, von denen es bekanntlich sehr viele gibt, stellen nicht in Abrede, daß das, was dieser Mann mit den Pferden tut, etwas ganz Außergewöhnliches ist, daß es schlicht irgendwie funktioniert. Und ein immer wieder gehörter Vorwurf ist der, daß er nicht erklären, nicht beschreiben, nicht methodisch auflisten könne, was er da genau tut. Jetzt wissen wir, warum. Und diese unsere Einsicht bildet den Rahmen für dieses Buch, bildet auch den Rahmen für die exotischen, explosiven, mystischen und bei allem immer wieder so bis ins Kleinste durchgeformten Bilder.

Folgen Sie uns in die Welt eines Mannes, der als Zauberkünstler, als Straßenmusiker,

»Ein Haus bauen, ein Haus verändern, einrichten, in ihm leben – für mich ist das eine künstlerische Tätigkeit. Was Du einem Haus gibst an unsentimentaler Zuwendung, an natürlicher Eigenständigkeit, das gibt es Dir und Deinen Gästen zigfach zurück. Über dem Gebrauch steht die Form, über der Form die Ästhetik, über der Ästhetik die Verbindung von Himmel und Erde.«

als Filmvorführer für sein Überleben sorgte, als er 14, 15, 16 Jahre alt war. Der in dieser Zeit zum ersten Mal Vater wurde. Der dennoch mit 21 Jahren ein Diplomstudium beendete und fortan immer nur eins wollte: als Fremder unter Fremden überleben.

Nichts war ihm mehr zuwider als die Flucht, als das Sektierertum. Und immer war da etwas, was ihn eigentümlich beruhigte: Die Gewißheit, daß irgendwann doch der eine oder andere erkennen würde, daß seine Welt nur scheinbar so weit weg ist von der unsrigen, die wir doch in Wahrheit ganz genauso, wenn auch unbewußt, in der Welt der Ursprünge leben.

Als Klaus von einer Urpriesterin gewürdigt wurde, als sie in vielen feurigen Reden von ihrer Welt sprach, in der auch dieser Mann sich so sehr zuhause fühlen würde, waren wir mit etwa 35 weiteren Menschen anwesend. Und da war etwas, was uns eigentümlich anmutete: nicht einen Augenblick waren wir überrascht. Und so ging es allen.

Wir, die wir ihn näher kennen, kennen ihn nicht als Guru, nicht als fernen Abgehobenen, sondern als Lebemann, der feiert, singt und lacht, und der doch alles mit jenem Ernst verbindet, mit dem er sich von dem, was wir sonst zumeist erleben, unterscheidet. Ihm ist einfach alles heilig, ihm ist alles wichtig.

Darum wandelte sich unsere Skepsis vor dem Fremden, vor dem Unbekannten, ja auch vor dem Lauten, Urtümlichen und Rohen in Freundschaft.

Die Geheimnisse um diesen Mann liegen auch verborgen in seinen Lebensstationen, in seinen Erfahrungen, die so anders sind als die der meisten Menschen, die wie er aufgewachsen sind an der Wende zum neuen Jahrtausend. Bei ihm aber scheint sich das eine mit dem anderen seltsam zu verbinden – die Moderne, die zeitgemäße Präsenz mit den Lehren der ältesten Menschheitsquellen. Die Lebensstationen des Pferdeschamanen schaffen erste Einblicke.

Die bunte Welt des Pferdeschamanen
Exot, Künstler, Pferdemann?

Was kaum jemand weiß:

Ob mit Bleistift oder zarter Tusche, ob in Holz geschlagen oder modelliert, ob gefilmt oder fotografiert, was kaum jemand ahnt, auch von denen, die Klaus Ferdinand Hempfling zu kennen glauben, ist die künstlerische Kraft und Einheitlichkeit, die sich durch das Schaffen der Jahre hindurchzieht: Eine Basis, die das bekannte Gesicht des KFH erst möglich machte.

Nur so versteht man ihn:

Klaus Ferdinand Hempfling kennt man in der Öffentlichkeit als Pferdemann, als Pferdeflüsterer. Betrachtet man nur diesen Aspekt, dann geschieht gleich zweierlei: Zum einen wird man nicht nachvollziehen können, was da mit den Pferden geschieht. Es scheint Zauberei, ein Trick oder einfach eine ganz spezielle Begabung. Zum anderen wird man dem Menschen Klaus Ferdinand Hempfling nicht gerecht, denn das Sein mit Pferden ist nur ein kleiner Aspekt dieser extrem bunt schillernden Persönlichkeit. Erst im Alter von 30 Jahren wandte er sich den Pferden zu. In Klaus Ferdinand Hempfling steckt Zeit seines Lebens der Drang, der Wahrheit des Menschseins auf die Spur zu kommen.

Schon im Knabenalter entfloh er den einengenden Fesseln seines Elternhauses. Er wurde Zauberkünstler, Straßenmusiker, Theaterregisseur, er wurde Künstler. Allem, was dazu geeignet war, sich auszudrücken, war er aufgeschlossen. Dabei fühlte er sich den ursprünglichsten Aus-

Proud Snake
Skulptur/Holz, bemalt, 1981
Der Feuerhahn
Holzschnitt, 1980

Exot, Künstler, Pferdemann? 23

drucksformen so nahe, als sei er selbst in fernen exotischen Kulturen aufgewachsen. Die Formen konnten nicht archaisch genug sein, der Ausdruck war maskenhaft, die Farben grell, das Material grob, groß und mit naturhaftem Bezug. Seine Kunst war von Anbeginn an mystisch, mythologisch, ursprünglich. Er war ein Suchender. Es zog ihn in die Welt. Er suchte das Abenteuer. So schließlich kam er zu den Pferden, und mit ihnen dann fand er die wahre Mythologie, die wahre Kunst. Mit ihnen fand er die Rituale, durch sie konnte er die Abschnitte seines Lebens zu einem Ganzen zusammenfügen, zu einem Instrument, mit dem er heute in vielen eben auch gänzlich unbekannten Tonlagen spielt. Das Verbindende aber ist und bleibt die Kunst, die Mythologie, der Ausdruck des Lebendigen, die Suche nach den Geheimnissen des Menschseins.

Will man den Pferdemann, den Pferdeschamanen KFH verstehen, dann muß man zuerst erkennen, daß das Pferd und alles, was damit zu tun hat, so etwas wie der siedend heiße, innere Schmelzkern eines großen Gebildes ist, das aus Ausdruck und Wahrnehmung besteht.

Und auf diesem Wege wollen wir uns diesem Mann und seinen Geheimnissen in diesem Buch nähern. Das Material von unbeschreiblicher Fülle und explosiver Kraft wird in diesem Buch zum ersten Mal der Öffentlichkeit präsentiert. Es zeigt die Seite eines Menschen, der sich weltweit einen Namen geschaffen hat mit nur einem kleinen Splitter seines Schaffens – mit dem unmittelbaren Wirken im Zusammensein mit den Pferden.

Hier gilt er als einer der ganz Großen. Nachrichtenmagazine, große Tageszeitungen, Funkberichterstatter und Talkshowmoderatoren, sie alle glaubten, einen Pferdemann vor sich zu haben. Die Antworten auf ihre Fragen aber kamen aus einer ganz anderen Sphäre. Es lohnt sich, diese Sphäre zu durchdringen. Und hat man sich dann ein Bild gemacht, einen ersten Eindruck verschafft, dann kann es gelingen, sich auch dem erkennend zu nähern, was in

KFH 1981
»Ich bin nie zu fernen Kulturen gereist und doch habe ich mich ihnen auf eine ganz bestimmte Weise immer nahe gefühlt. Ich habe mir ihre Welten erschaffen – Götter, Symbole und ursprüngliche Formen.«

Apollo
Skulptur/Holz, bemalt, 1981

Wahrheit mit den Pferden geschieht. Denn Klaus Ferdinand Hempfling hat nicht einfach nur ein Tier vor sich. Begegnet er einem Pferd, dann sind da Farbe, Form, Schwingungen, Töne, Klänge und Rhythmen. Da ist ein Zusammenspiel von Emotionen und von Fühlbarem, das zum Tanz einlädt. Nichts ist bedeutungslos. Und die kleinste Geste führt zur tiefen Auseinandersetzung, zur Kommunikation mit dem Unsichtbaren. »Ohne meine eigentliche Welt, die Kunst, Mystik, Wahrnehmen und Ausdrücken, also innere Kommunikation ist, wäre nichts von dem denkbar, was viele Menschen erleben, wenn ich mit Pferden bin. Darum bin ich kein Pferdeflüsterer, denn es gibt keine Regeln, es gibt nichts Mechanisches.«

Stationen

Die Rettung in der Kunst
Bruch, Revolte, Chaos

Von dem jungen Klaus Ferdinand Hempfling gibt es nur wenige sichtbare Spuren. Sein Leben jedoch war von Anbeginn an eines, das man gewiß nicht als ein gewöhnliches bezeichnen kann. Durch die schwere Krankheit seines Vaters, er war Rechtsanwalt, wurde die Familie förmlich auseinandergerissen. Klaus wuchs bei den Großeltern auf. Der Einfluß seines Großvaters war für ihn das Wichtigste in dieser Zeit. Er war ein ruhiger, bedächtiger Mann, mit bedeutenden Funktionen im Dorf bedacht und Besitzer einer kleinen Möbelfabrik. »Für mich war er wie ein Tänzer auf dem Seil. Er war der Vorstand einer großen Familie. Und wenn ich auch nicht im einzelnen mitbekam, wie vielschichtig die Probleme waren, die oftmals auf ihn einschlugen, so spürte ich doch das Chaos, das unter ihm brodelte. Er war es, der immer das Gleichgewicht zu halten schien. Balancierend über allem schwebend, nah und doch fern, mitten drin und doch den Abstand bewahrend, war er Ruhepol und Vorbild. Bis heute habe ich eine hohe Achtung vor dem Alter.

Überhaupt glaube ich, daß die Zeit eines Kindes bis zum zehnten Lebensjahr die wichtigste ist in der Entwicklung. Und die eben habe ich auf dem Lande verbracht, bei einem Mann, der mir den Gedanken an das Erwachsenwerden nicht hat leid werden lassen. Im Gegenteil. Dieser Mann war erwachsen, was man von den wenigsten alt gewordenen Menschen heute wirklich behaupten kann.«

Als der Großvater starb, war Klaus zehn Jahre alt. Er kam zurück zu den Eltern und den drei Geschwistern. Doch den Anschluß fand er nur noch zur Mutter – der Tochter jenes Großvaters. Die Konflikte mit dem Vater wuchsen in ungeheurer Geschwindigkeit. »Heute sehe ich ihn anders. Heute begreife ich, daß er oftmals mit dem Rücken zur Wand gestanden hat.«

Nur zwei Jahre später kam es zum großen Bruch. Bis heute hat Klaus Ferdinand Hempfling seinen Vater nicht wiedergesehen, obwohl es einige Versuche der Versöh-

Oben:
KFH mit 8 und 18 Jahren
Unten und rechte Seite:
Zeugnisse der frühen Fotokunst KFH's. Schon zu dieser Zeit schien es ihm nie um ein bestimmtes Objekt zu gehen, sondern um die Atmosphäre, die eine bestimmte Szene erfüllt.

nung gegeben hat. »Wie zwei gewaltige Energiemassen sind wir aufeinandergekracht. Mein Vater merkte Gott sei Dank, daß er mich weder halten noch lenken konnte. Er ließ mich quasi ziehen. Von da an, von meinem zwölften Lebensjahr etwa tat ich, was ich für richtig hielt. Ich wurde Zauberkünstler und Straßenmusiker, wurde mit 16 Jahren Vater und hatte nur noch eines im Sinn: Das zu finden, was wohl das wirkliche Leben sein könnte. Gott sei Dank verließ mich in dieser Zeit niemals das, was ich an Würde sowohl bei meinen Großeltern als auch bei meinen Eltern erleben konnte. Von allen Formen von Drogen und Abseitigem habe ich mich weit ferngehalten. Für mich war das Leben dieser Zeit sicherlich sehr hart, aber es hatte auch immer etwas Strahlendes, Glitzerndes. Ich war und fühlte mich stets behütet, wenn auch in meiner unmittelbaren Umgebung nichts war, was diesen Eindruck erwecken konnte.

Das heißt, die starke Bindung zu meiner Mutter war schon ein realer Halt. Nicht selten aber kam eben sie mit ihren Problemen zu mir, um sie zu besprechen, um sich auszutauschen. Die Rollen waren also gewissermaßen von Anbeginn an verschoben. Das jedenfalls, was ich an Innerlichkeit als Kind in dem Wesen meines Großvaters gefunden habe, das konnte ich in der Welt der Stadt, in der Welt um mich herum nicht wiederfinden. In mir zeigten sich darum nicht nur Symptome der Revolte, nein, ich war durch und durch Revolte. So ziemlich nichts gab es in der Welt um mich herum, das meinen Vorstellungen vom Leben genügen konnte. Ich war so etwas wie die ungebremste Konfrontation. Die Fotografie, die mich mit 18 Jahren zeigt, spricht sicherlich Bände. So suchte ich mit aller Kraft meine magische Welt, die des Kindes eben, zu erhalten. Ich malte, fotografierte, spielte Theater und baute Skulpturen – immer mit dem einen Ziel: Die Wirklichkeit so umzuformen, daß sie das preisgeben möge, was sie als Wahrheit in sich trägt.«

Von Krankheit getrieben
Die Entdeckung der neuen Welt

Oben:
KFH an einer jener magischen Steinsäulen, die man auf vielen Gipfeln der Pyrenäenberge findet.
Rechte Seite:
Die Erfahrungen, die mit zu den wichtigsten im Leben KFH´s gehören, machte er auf seinen Jahre dauernden Wanderungen durch die Pyrenäen.

Von keinem Menschen angetrieben zu großen Leistungen, war der Jugendliche auf sich selbst gestellt. »Das war ein wunderbares Erleben insofern, als daß ich nicht nur erkennen, sondern leibhaftig erfahren durfte, daß die allermeisten Probleme vor allem dann erwachsen, wenn ein Mensch sich zu etwas gedrängt fühlt, für das er eigentlich nicht bestimmt ist. Um das ganz deutlich zu sagen: Den Weg meines Heranwachsens sehe ich wahrlich nicht als ideal an. Doch scheint er mir besser als all jene Reifungswege, die von dem Zögling vor allem fordern, das nicht gelebte Leben der Erziehenden nachzuleben. Das geschieht in Wahrheit derart subtil und verkleidet sich unter haarsträubenden Klischees, die kaum jemand zu erkennen vermag. Jemand, der wahrhaft erzieht, erkennt zuallererst einmal in seinem jungen Gegenüber das, was wirklich in ihm angelegt ist. Und das hat er mit all seinem Bestreben wie aus einem rohen Klotz herauszuschlagen. Ich glaube, meinem Großvater war das bewußt. Die meisten Eltern und Erzieher aber gehen davon aus, vor sich so etwas wie einen Besitz zu haben. Und dieser Besitz wird nach ihren Maßstäben verwaltet. So verhindern sie nur, daß das wird, was die Schöpfungskonzeption zuvor angelegt hatte. Es herrscht Krieg. Und die Verlierer sind immer beide Parteien.

So ganz ohne derartigen Druck konnte ich erleben, wie einfach es ist, in der sogenannten ›bürgerlichen‹ Welt auch dann zu überleben und zu bestehen, wenn man in Wahrheit etwas ganz anderem auf der Spur ist. Schon mit 20 Jahren konnte ich mein Diplomstudium abschließen – viel früher als meine Altersgenossen. Dadurch hatte ich einen gewaltigen Zeitvorsprung. Ich wollte nicht meine Jahre verplempern.«

Und so machte der, der sich noch immer nur Klaus Hempfling nannte, den Ferdinand aus seiner Geburtsurkunde einfach weglieeß – den Namen seines Großvaters –, sehr früh wichtige Erfahrungen. Er streifte durch München und blieb bei einem kleinen Privattheater hängen. Er absolvierte sein Debut als Theaterregisseur mit 21 Jahren und wurde in Heidelberg an der Gewerbeschule Leiter einer Meisterklasse des fotografischen Handwerks. »Ich wollte und will mich nicht gegen diese Welt stellen. Obwohl mein Streben ganz woanders war, machte ich in dem, was man ›bürgerliche Welt‹ nennt, durchaus Karriere. Und das schon sehr früh. Ich hielt niemals mit meinen Meinungen hinter dem Berg – das kennt man schließlich zu Genüge aus der Pferdewelt –, aber es gelang mir offenbar, sie so vorzutragen, daß man zwar erschrak, aber niemals wirklich Angst bekam. Ich war und bin ein Vertreter einer anderen Daseinsform, aber ich war nicht aggressiv. Der Protest wurde ausgelöst durch meine Inhalte, die ich verbreitete, nicht durch die Form. Denn diese Welt ist ja schließlich ein Teil der Wahrheit, darum gilt es, sie zu bewahren.«

Und doch war das Spannungsgefälle innerhalb des Menschen Klaus Hempfling ein so gewaltiges, daß es schließlich zu schweren Krankheitssymptomen kam.

»Darüber spreche ich eigentlich nicht. Selbst engste Freunde und Verwandte wissen kaum etwas darüber. Es ist richtig, daß mein gesamter Organismus vollkommen verrücktspielte. In der Tat waren die körperlichen Symptome sehr besorgniserregend. Ärzte konnten mir nicht helfen; darum blieb mir nichts anderes als die Flucht. Ich wollte weg in eine voll-

kommen andere Welt. 1980 waren die Pyrenäen noch ein wildes Gebilde. Es war kurz nach Francos Tod. Zu dieser Zeit sagte man, Afrika beginne hinter der französischen Seite der Pyrenäen – und das stimmte wohl auch. Über Jahre nistete ich mich dort ein. Es war ein gewaltiges Erleben. Immer wieder suchte ich meine seelischen und körperlichen Grenzen auf. Ich war ja ohnehin schwer krank. Das jedenfalls war das Urteil der Ärzte. Heute weiß ich, daß es etwas ganz anderes war. Es war eine wichtige Vorbereitung für alles das, was kommen sollte. Ich litt Mangel, hungerte und durstete, ich hatte gewaltige Ängste auszustehen und mich einer Welt anzupassen, von der ich nicht einmal die Sprache kannte.«

Eier im Meer
Gleicher unter Gleichen

Klaus Hempfling wurde gesund. Aber mehr noch. Der jahrelange Aufenthalt in der »anderen Welt«, inmitten gewaltigster, rauhester Natur, inmitten auch von Menschen, die zwar wirklich urtümlich waren, aber ihm dennoch nicht fremd, fand er erste, kleine Spuren des Weges, den er mit Macht weiterverfolgen wollte.

»Ich wußte, daß meine Sehnsucht nicht ins Leere laufen würde. Natürlich konnte ich zu dieser Zeit noch mit nichts Konkretem aufwarten. Die Zeit der großen Ungewißheit war noch lange nicht vorbei. Eher im Gegenteil. Denn zu alledem kam jetzt noch die Frage hinzu, wie sich das Erlebte dieser Ursprungsräume hinüberretten ließe, hinein in die Welt, aus der ich kam. Dabei war der Entschluß, dorthin zurückzukehren, alles andere als von langer Hand geplant. Im Gegenteil: Ich glaube, ich war mir immer

Die tiefen Erfahrungen jener Jahre vertraute KFH vor allem seinen Bildern an. Diese Doppelseite zeigt zwei Beispiele seiner grafischen Arbeit aus den Jahren 1983/84, in denen er als Hochschullehrer tätig war.

ziemlich sicher, niemals mehr zurückkehren zu wollen. Ich erinnere mich noch sehr genau. Der dritte Winter wollte sich gerade einstellen, und es wurde schon ziemlich kalt des Nachts.

Da entschloß ich mich, in den Süden zu fahren und die kommenden Monate in der Sierra Nevada in der Nähe Granadas zu verbringen. Alles, was ich besaß, trug ich auf meinem Rücken. Und nach drei Jahren Aufenthalt in den Bergen hatte ich nur noch das Nötigste. Ich muß gestunken haben wie eine serbische Bergziege. Nicht, daß es nicht genug Wasser gab zur Reinlichkeit – doch Menschen, die so intensiv draußen leben, nehmen eine andere Gestalt, Farbe und auch einen anderen Geruch an. Jedenfalls zog ich tausend Kilometer südlich und verbrachte die ersten Tage in Granada.

Dabei darf man sich das nicht so vorstellen, als sei ein Rucksacktourist unterwegs gewesen oder ein Penner. Ich hatte auch durchaus Geld, um mich zu versorgen oder auch zwischendurch in Hotels zu übernachten. Nein, das Gefühl der Würde mußte mich immer und überall begleiten. Meine Gegenstände waren praktisch, aber nicht verkommen, sie waren angemessen und nicht auffallend. So gewann ich auch schnell Freunde und hatte immer bald das Gefühl, zuhause zu sein.

Eines Abends dann befand ich mich in einer kleinen Meeresbucht. Schnell war ein Feuerchen bereitet, das Fett brutzelte in der Pfanne und einige Eier schwammen wohlriechend darin. Mit einem Male überfiel mich ein solcher Schub von Heimweh, wie ich das nie für möglich gehalten habe. Er war so plötzlich und gewaltig, daß ich den Eiern in der Pfanne nicht mehr die Zeit lassen wollte, goldbraun zu werden. Ich warf sie mit einem Riesenschwung ins Meer, packte alles zusammen und machte mich noch in dieser Nacht auf den Rückweg. Mir wurde jetzt klar, daß an eine Flucht niemals zu denken ist. Das, was ein Mensch auszutragen hat, das muß in ihm und in seiner Welt geschehen.

Ja, ich bin natürlich zurückgekehrt nach Spanien, in die Pyrenäen – genaugenommen war ich ja auch niemals wirklich fort. Den Faden zurück aber mußte ich erst spannen. Jetzt gibt es verschiedene Brücken und Verbindungen – ohne die wäre nie möglich geworden, was möglich wurde.«

Klaus Hempfling war inzwischen 26 Jahre alt, besser jung. Er wurde beamteter Hochschullehrer an der Fachhochschule für Kunst und Design in Dortmund.

»Ich mußte mich jetzt im Getriebe der Welt verstecken. Was nicht alles hatte ich erfahren? Welche Welten waren in und außerhalb von mir entstanden? Doch von alledem konnte ich kaum jemandem berichten. Dort an der Hochschule hatte ich große Freiheiten. Die nutzte ich aus bis zur Neige. Und das, so hoffe ich, nicht zum Nachteil der Studenten, denn die wenigstens versuchte ich, so weit das ging, an meinem Weg teilhaben zu lassen. Das Verrückte: Ich war ja nicht älter als sie! Ich war Gleicher unter Gleichen und doch wiederum so weit von ihnen entfernt. Nicht nur durch meine Stellung, vor allem durch meine Erfahrungen und durch das Bewußtsein, daß dies hier nur eine kleine Zwischenstation sein würde. Und ich sollte recht behalten. Nach drei Jahren verließ ich die Hochschule – eine Beamtenposition auf Lebenszeit.«

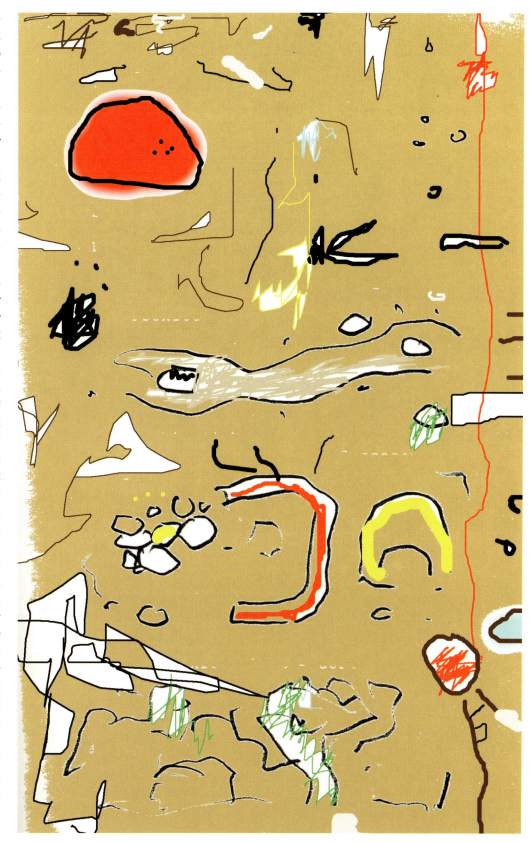

Mehr als nur Kunst
Die Sehnsucht nach der Tat

Noch »vor den Pferden« durchlebte Klaus eine weitere, wichtige Phase. Auch diese sollte knapp drei Jahre dauern und mit

einem gewaltigen Knall enden. Wir kennen ihn als Pferdemann. Doch was alles mußte dieser Mensch durchleben, um schließlich unter Hochdampf der ersten wirklichen Auflösung seines Lebens zu begegnen. Da kauft sich jemand ein Pferd – gut. Dieser Mann kaufte sich kein Pferd – er wurde auf ihre Rücken katapultiert. Er wurde zuvor durchgeschleudert und durchgerüttelt, und lange bevor er eine internationale Größe war, legte er die unterschiedlichsten Karrieren vor und zerbrach sie hinter sich so kompromißlos, wie er das Neue begann. Immer war es ein Sprung ins kalte Wasser.

»Ich war es leid, nur Leinwände vollzumalen und letztlich ungreifbares und in diesen Phasen unkonkretes Zeug zu produzieren. Ich wollte Wirklichkeit gestalten. So gründete ich kurzerhand ein Büro für Stadt- und Landschaftsgestaltung. Jeder prophezeite mir, das Ding würde sofort Pleite machen. Aber das Gegenteil war der Fall.

Wir bauten Naturanlagen, Tonteiche, japanische Gartenanlagen und was nicht alles. Das Verrückte auch hier wieder: Bevor ich es nicht mit meinen eigenen Händen gemacht und angefaßt hatte, hatte ich von dem ganzen nicht die mindeste Ahnung. Es war wieder ein verdammt riskantes Spiel. Doch wo und wie sonst hätte ich meine Kunst ganz unmittelbar in die Welt tragen können?

Ich wollte etwas machen, in dem sich die Menschen bewegen konnten, und ich wollte mich durchaus im großen Stil ausprobieren. Das muß man sich vorstellen: Ich habe eine ganze Mannschaft von Spezialisten zusammengeholt, mit denen zusammen wir dann das umgesetzt haben, was ich zuvor entworfen hatte. Dabei sollte das ganze zugleich ökologisch und umweltorientiert sein. Das war eine gewaltige Herausforderung, aber es ging von Anfang an sehr gut. Wir starteten gleich mit riesigen Aufträgen. Aus dieser Zeit trage ich eine wichtige Erfahrung in mir. Die meisten Menschen sagen: Wenn Du das oder jenes machst und anbietest, dann kauft das keiner, das will niemand, die sind zu stur, ja, zu blöd. Daran habe ich schon damals nicht geglaubt. Aber jetzt bekam ich den Beweis. Ich ging einfach mit meinen Plänen – zugegebenermaßen waren diese nicht selten ziemlich verrückt – zu den verantwortlichen Menschen.

Mit all meinem Feuer beschrieb ich ihnen, was ich vorhatte und daß sie es wären, die sich die Medaillen zum guten Ende anheften könnten. Und was sagten diese zuallermeist? Endlich ist da mal einer, der mir etwas anderes anbietet, das zudem auch noch wirklich realisierbar ist. Für die größten Wohnungsvereine haben wir geplant und gebaut – nach kurzer Zeit war ich ein reicher Mann, besaß Häuser und Grundstücke. Alles war wunderbar. Der Laden lief. Und dann kam jener Abend.

Inzwischen war ich 29 Jahre alt. Wieder hatte ich es irgendwie ›geschafft‹. Ich hatte Angestellte, ein riesiges Büro, ein großes Haus. Und vor dem saß ich. War es das, was ich wollte? Wurde ich nicht doch langsam nur so etwas wie der Verwalter meiner selbst? Wir machten die Dinge anders – aber war es vom Kern her wirklich das, was des Lebens wert war? War es nicht doch nur ein Käfig, in den hinein ich mich selbst gesperrt hatte? Wie der Tiger rannte ich in ihm auf und ab.

Und dann traf mich der Blitz! Es war furchtbar. Ich bekam Schweißausbrüche und Panikschübe, denn mit einem Schlag wurde mir klar: Ich bin unfrei! Immer konnte ich gehen, alles hinter mir lassen. Dieser Laden aber war ein Millionenbetrieb geworden, mit Angestellten, mit Verbindlichkeiten, mit Immobilien und natürlich mit weitreichenden Finanzierungskonzepten.

Die Falle war unmerklich zugeschnappt. Trotz aller Unterschiede im Denken und Fühlen – ich hatte mit einem Male den Eindruck, mit Lichtgeschwindigkeit in die Bahnen zu rutschen, in denen ich sie alle wirken sah – doch wer schon handelte aus dem Gefühl heraus, lebendig zu sein, ein Leben zu leben, wie es dem Menschen in seinem höchsten Glück beschert sein könnte? Sollte mich dafür meine Mutter geboren haben? Sollte das alles gewesen sein? Nach all dem Drängen, nach all der Ausschließlichkeit, nach all dem Glitzernden meines bisherigen Weges sollte ich enden als einer, der ein paar Nettigkeiten und Niedlichkeiten entworfen hatte, um sie dem großen Grauen dieser Welt entgegenzustellen? Wie zynisch erschien mir das auf einmal. Doch wohin sollte ich mich wenden? Ich war in einer Sackgasse angekommen – und wieder einmal mußte ich alles zerschlagen.«

Linke Seite:
Eine jener eher naturalistischen Skizzen KFH´s, die ihm als Vorlage für einen japanischen Privatgarten diente.
Rechte Seite:
Hals über Kopf stürzte sich KFH in ein neues Abenteuer. Mit seiner neu gegründeten Firma plante und baute er unter anderem auch diese Gartenanlagen.

Der Schritt nach vorn
Die Krise

Oben:
KFH bei seinen ersten Unterrichtsaktivitäten.
Rechte Seite:
Die erste Infobroschüre trug noch den ursprünglichen Namen seiner Methode: Tammuz. Erst gut zehn Jahre später nannte er sie Akedah.

Der eigentliche Kampf des Klaus Hempfling nimmt nun seinen Anfang. Obwohl sich der jetzt folgende Wechsel über Monate hinzieht und den Mann in eine wirkliche Lebenskrise führen soll, überschlagen sich die Ereignisse.

»In jener Nacht hatte ich einen eigenartigen Traum. Das klingt sicher abgedroschen – aber es ist nun einmal die Wahrheit. Ich träumte, ich säße auf einem dunklen Pferd und würde mit ihm tanzen. Darin war so viel Leichtigkeit, so viel Lebensfreude und Kraft, daß ich am Morgen vollkommen erfüllt aufwachte. Jetzt beginnt die Zeit, von der ich in meinem Buch ›Die Botschaft der Pferde‹ einen kleinen Abriß gegeben habe. Ich erinnerte mich daran, daß ich dem Wesen Pferd in der unterschiedlichsten Art und Weise zuvor immer wieder begegnet bin – nicht real eben, sondern in Mythen, Sagen und Erzählungen. Also versuchte ich einzudringen in diese Welt.

Der Firma entzog ich mich mehr und mehr. Wo ich nur konnte, wandte ich mich den Pferden zu. Bevor ich mein Buch ›Mit Pferden tanzen‹ geschrieben habe, war ich für viele in der Pferdeszene schon kein Unbekannter mehr. Ich war wohlhabend – konnte mir teure Reisen und Flüge leisten. Wo auch immer mein Interesse mich hinzog, dahin führte mich auch mein Weg. Oft blieb ich einige Tage, um mich dann doch mit immer den gleichen Worten zu verabschieden: Wenn das der Umgang mit Pferden ist, dann habe ich an ihm kein Interesse. Viele bekannte Namen in der Pferdeszene ›hakte ich auf diese Weise ab‹. Ich suchte etwas, aber ich wußte nicht was. Ich war vollkommen orientierungslos.

Allmählich sprach es sich herum, daß da jemand herumgeistert – ganz nett zwar, aber doch mit Vorsicht zu genießen. Das ist auch ein Grund, warum mein Buch – das Buch eines Unbekannten – von vornherein so in der Luft zerrissen wurde. Etwas Vergleichbares in der Pferdeszene hat es ja bis dahin und bis heute nicht gegeben. Die Polarisierung war vollkommen und beispiellos. Das war eben nicht nur das Buch – das waren auch die Ausläufer dieser Zeit.

Noch etliche Monate konnte ich die Firma halten. Ein Modellhaus, das ich gebaut hatte zusammen mit einem Garten für Demonstrationszwecke, wurde zur Pferdewiese. Finanziell wurde es schließlich immer enger. Niemand verstand mich – ließ ich doch einen blühenden Laden, den ich mit soviel Begeisterung aufgebaut hatte, einfach im Stich.

In der Begegnung mit den Pferden aber lag für mich nicht nur zweifelsfrei mein

Die Krise

weiterer Weg begründet, durch sie sollte ich das Prinzip von Licht und Schatten erkennen und am eigenen Leibe erfahren. Zunächst aber war da nur Schatten zu sehen.

Schließlich wurde mein ganzes Hab und Gut versteigert, und ich blieb noch eine Weile mit einem kleinen Flußgrundstück und einem kleinen, alten Stallgebäude zurück. Darin lebte ich mit zwei Pferden – mitten in Deutschland! Heute erscheint mir das alles unglaublich grotesk. Ich wundere mich, wie ich so habe überleben können. Ich meine nicht materiell, sondern in der Nachbarschaft ›gutsituierter‹ Anwohner. Oft habe ich mir, wie in den Bergen zuvor, abends ein kleines Feuer gemacht und etwas unter freiem Himmel zubereitet. Natürlich heizte alles das nach meinem Bucherfolg die Gerüchteküche weiter an.

Dieser Übergang, dieser Schritt zu den Pferden gehört in der Tat zu den schwierigsten Abschnitten meines Lebens. Ich glaube, das war der Zeitpunkt, an dem ich noch nicht erkannte, an dem ich aber sehr genau fühlte, daß ich all meine Vorstellungen vom Sein über Bord werfen mußte, um wirklich den Weg zu gehen, den ich gehen wollte. Es war der erste von vielen kleinen Toden, die folgen sollten.

Das Absurde war, daß gleich von Anbeginn an Menschen zu mir kamen, die das nachmachen wollten mit ihren Pferden, was sie bei mir sahen. Wieder sprang ich Hals über Kopf ins kalte Wasser, diesmal aber in ein fast leeres Becken.«

Leben mit Mann und Maus
Das Dorf im Dorf

KFH: »Wir können in diesem Teil der Welt nur überleben, weil wir von den Menschen hier vollkommen akzeptiert werden.«

Jetzt beginnt für Klaus Hempfling der lange Weg hin zum Pferdeschamanen. Nur wenige Jahre nach diesen Ereignissen ist Klaus Ferdinand Hempfling einer der international bekanntesten Pferdemenschen, unbestritten ein unvergleichlicher dazu. Wie es dazu kam und mit welch großen Erkenntnissen der weitere Weg eingefriedet ist, das wollen wir in dem nächsten Kapitel anschauen – immer auf der Suche nach den Erfahrungen und Einblicken, die einem jeden Menschen auf seinem Weg Anhalt, Hilfe und Impuls sein können.

Zunächst machen wir einen großen Sprung. Einen Sprung in die Jetztzeit. Wir sind wieder in dem Haus des Pferdeschamanen. Wieder ist der Mann wohlhabend, das Leben folgt »normalen« Bahnen. Und doch – jeder, der hier zu Gast ist, erkennt bald, daß allem Tun und Sein etwas anderes, etwas Besonderes anhaftet. Nicht nur Pferde findet man hier. Es gibt Schafe, Ziegen, Gänse, Hunde und Katzen. Es gibt eigene Werkstätten. Der Wald wird bearbeitet, die gefällten Bäume werden gleich vor Ort zu Brettern und Kanthölzern verarbeitet.

Es ist wie ein Dorf im Dorf. Die Schafe, Ziegen und Gänse werden nach einem paradiesisch zu nennenden Leben gleich hier

geschlachtet. Ein würdiger Tod nach einem würdigen Leben. Die Felle werden gegerbt, das Leder zu den verschiedensten Produkten verarbeitet. Man erkennt etwas Ganzes, einen geschlossenen Kreislauf. Doch hören wir dem Pferdeschamanen noch etwas zu, wie er diesen Sprung und sein Jetztsein hier ganz praktisch begreift:

»An einem Abend vor jenem Stall, der mir noch geblieben war, schrieb ich einen Brief. Und ohne, daß es mir gleich auffiel, bemerkte ich plötzlich, daß ich meinen Namen anders geschrieben hatte. Ich konnte dort jetzt Klaus Ferdinand Hempfling lesen. Damit begann in der Tat etwas gewaltiges Neues. Nicht nur, daß mein zweiter Name der Name meines Großvaters ist, den ich so sehr verehrt habe. Mir war so, als würde ich mich mit einem Male zu meinem ganzen Wesen bekennen. Mir war, als wäre etwas Verlorenes wieder an seinen angestammten Platz zurückgekehrt. Darin steckt für mich sehr viel Wahrheit. Denn es geht immer um das Ganze. Hier diese Finca zum Beispiel ist der Versuch, große, zusammenhängende Lebensformen wieder auferstehen zu lassen. Das eine bekommt Sinn durch das andere. In der Tat bin ich wirklich ein wenig stolz darauf, wie sehr wir alle in diesem kleinen Dorf akzeptiert werden. Keine Frage, diesem 200-Seelen-Dorf geht es auch wirtschaftlich nicht schlecht durch uns. Wir liegen Gott sei Dank abseits von den großen Touristenströmen. Die Menschen leben von der Landwirtschaft und ein paar anderen kleinen Erwerbszweigen.

Da kommen unsere Aktivitäten natürlich nicht ungelegen. Aber das ist nicht die Ursache für die große Akzeptanz, die wir erfahren. Immer versuche ich alles, was wir tun, für das Umfeld transparent zu gestalten. Diese grundlegenden Zusammenhänge sind gerade diesen Menschen hier sehr bewußt.

Etwas ganz Augenfälliges unterscheidet mich von so ziemlich jedem Pferdemenschen: Die meisten Pferdemenschen werden von ihren Pferden in unterschiedlichster Weise beherrscht. Diese Menschen haben nicht Pferde, wie andere Hunde oder Katzen – die Pferde sind in allem präsent. Das ist bei uns ganz und gar nicht der Fall. Auch wenn das nicht immer gleich gelingt: Für mich ist es wichtig, daß jedes Tier seinen Platz hat, seine Aufgabe. Da unten, die zwei weißen Hütehunde zum Beispiel. Die haben noch nie ein Haus von innen gesehen. Die sind mit den Schafen geboren und leben ständig mit ihnen. Sie sind ein wichtiger Bestandteil des Ganzen und sie erfahren das. Und sie sind stolz darauf. Die anderen Hunde hüten das Haus, die Pferde ziehen die Wagen, rücken das Holz, werden geritten zum Einkaufen oder um einen Nachbarn zu besuchen. Das war nicht immer so. Es hat lange Zeit gedauert, bis sich nach und nach diese Strukturen verwirklichen konnten. Und noch immer arbeiten wir hart daran.

Das Pferd ist ein Wesen, das alles andere mit einbezieht. Es verbindet, es umrundet sozusagen die Welt des Menschen, der Natur und des Geistes. Ein Pferd, das isoliert dem Prestige oder dem Zeitvertreib eines Menschen dient, ist als solches bereits in fehlgeleiteten Bahnen. Ganz egal, was sein Besitzer mit ihm anstellt – es ist nicht geerdet, nicht wirklich in der Tiefe des Seins verwurzelt. Natürlich klingt das hart – aber schon jetzt, durch diese wenigen Schilderungen meines Weges ist sicher

Auch das gehört zum Dorfleben dazu: Die Teilnahme an der jährlichen Segnung der Pferde.

deutlich geworden, daß ich mich keinesfalls und in keinem Bereich mit dem Oberflächlichen abgeben will und darf. Ich höre nicht auf, mich zu bemühen, bis diese äußere Kruste wirklich durchdrungen ist. Und dieser Bereich zählt dazu.

So führte mich mein Weg zu so manchen Erkenntnissen. Eine davon ist eben diese: Jedes Lebewesen braucht einen Sinnzusammenhang. Unabhängig von der Art und Weise, wie Menschen mit ihren Pferden umgehen, hat das Zusammensein mit ihnen nur dann wirklich Aussicht darauf, in Erfüllung zu münden, wenn ein innerer und äußerer Sinnzusammenhang besteht. Ein Bauer, der womöglich nicht von sanftestem Wesen ist und ein hartes Leben führt, wird dennoch sein Acker- und Kutschenpferd sinngebend und korrekt behandeln, denn er teilt ein Stück wirkliches Leben mit diesem Tier.

So etwas gibt es in der sogenannten modernen Welt kaum noch. Tiere werden benutzt – als Freizeit- oder Sportpartner, als Sinnersatz für fehlende, menschliche Beziehungen, als Prestigeobjekte, als Modeerscheinungen. Ein Sinnzusammenhang für das Tier ist nicht mehr zu erkennen. Es ödet vor sich hin.

Jener kleine, so oft mißbrauchte Satz vom Handeln ohne zu handeln: Nach so mancher inneren und äußeren Reise und in dem Bewußtsein all der Reisen, die ich noch vor mir habe, bleibt zum Schluß die Tatsache, daß in diesem Satz zweimal das Wort Handeln vorkommt. Es geht um eine ganz bestimmte Art des Handelns – darüber habe

KFH ist bemüht, das Sein mit Pferden zur Normalität im Alltag werden zu lassen.

auch ich schon viel gesprochen und geschrieben. Um das aber zu ergründen, bleibt zu guter Letzt nur das Handeln. Und wenn dann die Handgriffe, die getan werden in einem größeren Ganzen, zu erkennbaren Früchten heranreifen, wenn sich das eine aus dem anderen ergibt, wenn die Wesen so untereinander in Beziehung stehen und das Leben mit dem Himmel, dann entsteht das Große aus der Summe kleinster Schritte. Dann bleibt zum Schluß die Tat und die Befriedigung am Abend, daß geschehen konnte, was geschehen sollte. Nicht mehr und nicht weniger. Das ist Glück.«

Es herrscht eine ruhige Bestimmtheit auf diesem Hof. Nicht selten haben wir uns die Frage gestellt, wie es wohl ist, mit einem Menschen wie Klaus Ferdinand Hempfling in einem solchen Wirkzusammenhang zu leben. Wie ist das Leben neben einem Menschen, der von einer solch gewaltigen Ausstrahlung, Persönlichkeit und Kraft erfüllt ist? Wenn dieser Mann über die Wege und Ländereien streift, dann rufen ihm schon von weitem die Schafe zu, die Hunde kommen schwanzwedelnd angelaufen, kein Pferd, das nicht wohlig brummelt. Und wie geht es den Menschen?

Wenn man einige Tage und Wochen hier verbringt, dann lichten sich dem Betrachter die Schleier, die über so manchen Beziehungen liegen. Es wird augenfällig, daß der Pferdeschamane ein Mensch ist, der sich selbst genügt. Er ist gesellig und kontaktfreudig, sehr humorvoll und herzlich und doch ist er die meiste Zeit mit sich und der Natur. Er liebt es, nicht eingreifen zu müssen. Ja, jedes Eingreifen scheint ihm unangenehm und lästig. Es fällt auf, daß die einzelnen Tätigkeitsbereiche auf der Finca voneinander unterschieden sind. Jeder bekommt von allem etwas mit und ist doch auf zwei oder drei Gebieten besonders zuhause.

Der Pferdeschamane hält Abstand. Es herrscht eine durchgehend auffällige Ordnung. Über allem liegt etwas Beschütztes von Ruhe und Harmonie. Wenn die Tiere zum Füttern hereingeführt werden, herrscht gerade soviel Übermut und Ausgelassenheit, daß jedem hier die Fröhlichkeit nahegeht, das tatsächliche Glück der Wesen.

»Wenn es nichts zu sagen gibt, dann hat der Himmel seine Freude. Meine vornehmste Aufgabe ist es nicht, entstandenes Chaos wieder zu beseitigen. Meine Aufgabe ist es, Chaos erst gar nicht entstehen zu lassen. Und das auf allen nur denkbaren Gebieten. Das ist eine große Verantwortung. Darum sind so manche meiner Handlungen und so

Auf der Finca finden sich nicht nur Pferde, sondern zum Beispiel auch Schafe und Ziegen. Sie sind inzwischen ein wichtiger Bestandteil.

manche meiner Aussagen auch so schwer nachzuvollziehen. Denn sie handeln von dem, was noch nicht ist und was auch nicht werden soll. Nur die Früchte sind für alle leicht zu erkennen: eine Ordnung voller innerer Freude in einem Leben, dessen Zusammenhänge für jeden hier offen zutage treten.« Wie also geht es den Menschen? Sie vertrauen ihm!

Einsichten

Mann mit Pferd gleich Pferdemann?

2 Der mit den Pferden tanzt

Das war mehr als nur ein Sturm im Wasserglas, was KFH durch sein erstes Buch und die darin geäußerten Thesen provozierte.
Eine solche Polarisierung hatte die Reiterwelt bis dahin noch nicht erlebt.
Die spannenden Fragen heute: Was ist die Wahrheit vom Weg zum Ruhm? Was sieht die Öffentlichkeit, was aber nicht? Was denkt der Pferdeschamane heute, zehn Jahre danach, über alles das?
Einsichten.

Der zu den Pferden kam ...
... wie die Jungfrau zum Kind

Wenn er mit den Pferden ist, dann sind die Pferde mit ihm. Der Mann hat nicht wenige Feinde in der Welt der Pferde, doch selbst diese sind nicht selten von seinem Umgang mit den Pferden fasziniert. Sie sprechen dann von einer besonderen Gabe, die einer hat, aber alle anderen eben nicht. Dem wollen wir nachspüren. Hat Klaus Ferdinand Hempfling wirklich eine besondere Gabe? Worauf gründet sich sein Erfolg einerseits und die ja bis zur Feindseligkeit reichende Ablehnung andererseits?

Mehr und mehr wird auch in der Öffentlichkeit erkannt, daß Klaus Ferdinand Hempfling weder das eine noch das andere ist. Er ist weder ein gewöhnlicher Pferdemann, welcher Reitschule auch immer angehörig, noch ist er, für was er immer wieder gehalten wird, ein sogenannter Pferdeflüsterer. Klaus Ferdinand Hempfling beschreitet einen anderen, einen ganz eigenen Weg. Es ist der Weg hin zu etwas, das es bisher nicht gab: hin zum Pferdeschamanen. Warum findet sich für das, was er tut, ein ganz neuer Begriff? Ist es wirklich nicht schon Bekanntem zuzuordnen?

Wir haben gehört, daß für den Pferden Pferden tanzt. Doch ganz so einfach wird uns selbst das nicht gemacht, denn schließlich stand er das erste Mal vor einem Pferd, als er bereits dreißig Jahre alt war. Ein Mann in einem solchen Alter ist zwar ein junger Mensch – zu alt aber, um noch auf einem ihm bis dahin fremden Gebiet Außergewöhnliches anzustreben. Vor allem auf einem Terrain, auf dem Motorik und Beweglichkeit, Reaktion und Koordination über Jahrzehnte trainiert werden müssen.

schamanen das Pferd als Ganzheit eine andere Bedeutung hat, als das gewöhnlich der Fall ist. Bevor wir in diese spannenden Sphären eintauchen, bleiben wir zunächst noch in der Welt des ganz realen Pferdes. Bleiben wir noch etwas bei dem Klaus Ferdinand Hempfling, den wir kennen oder zumindest zu kennen glauben, jenem Mann, der mit

Daß KFH mit den Pferden ganz schnell eins wird, das wird selbst aus Fotografien deutlich. Um so erstaunlicher, daß er eigentlich niemals an etwas derartiges gedacht hat.

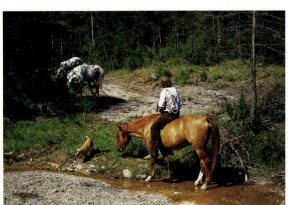

Nicht so bei Klaus. Nicht so bei Klaus?

»Natürlich habe ich mich nicht gleich auf einem Pferd wie zuhause gefühlt. Ich saß da wie jeder Anfänger. Und doch kamen die Erfolge erstaunlich schnell. Das hat viele Gründe. Wenn ich jetzt davon spreche, dann auch darum, weil ich inzwischen weiß, dies hat nicht nur mit mir allein zu tun. Darin liegen ganz allgemeine Wahrheiten. Ich will versuchen, sie Schritt für Schritt auseinanderzudividieren. Zunächst ist da eine ganz einfache, ja banale Grundeinstellung. Wenn jemand etwas lernen will, dann ist er in aller Regel sehr darauf fixiert. Ehrgeiz, Wollen, Anstrengung, dies alles schafft

dann leicht einen Wahrnehmungshintergrund, der zum Schluß eher lähmend als fördernd wirkt. Ein Mensch, der zum Beispiel während eines Fernsehabends ganz gelassen gewisse Informationen aufnimmt, tut dies sicherlich viel leichter und erfolgreicher als jemand, der die gleichen Informationen für eine bevorstehende Prüfung mühselig lernen muß.

Ich wollte nicht reiten lernen. Ich wollte das Wesen Pferd ob seiner geistigen Bedeutung kennenlernen, ja zutiefst erfahren. Ich hatte schon zu viel getan, zu viele Wege durchaus erfolgreich eingeschlagen, als daß ich mich mit etwas Neuem sinnlos herumärgern wollte. Ich wollte für mich Erkenntnis sammeln. Worin lag das Geheimnis der Pferde und das Geheimnis der Ritter? Was war das Geheimnis des Lebens? Diese Fragen interessierten mich und nicht irgendein kompliziertes Regelwerk. Und damit kommen wir schon zum nächsten Punkt. Jemand, der etwas lernt, steht vor einem mehr oder weniger großen Berg von neuen Regeln. Er sagt sich: Gut, ich lerne wenigstens so viele davon, daß das Ganze halbwegs funktioniert. Das, was ich aber gesehen hatte, befriedigte mich nicht. Außerdem hatte ich überhaupt keine Lust, all die ganzen komplizierten Dinge aufzusaugen. Was tat ich? Ich lernte überhaupt keine Regel. Ich schaute mir nur mein Pferd an und dachte mir: Deine Bewegungen sind nicht so verschieden von meinen. Auch ich kann gehen. Wenn ich mir ein paar Grundlagen bezüglich meines eigenen Gehens klarmachen würde, dann sollte das reichen für uns zwei. Natürlich war das ganze in der Praxis durchaus vielschichtiger. Und doch liegt genau darin der große Erfolg meines ersten Buches begründet: Ich habe alles über den Haufen geworfen, und was ich gefunden habe, schien nicht nur viel einfacher, es funktionierte auch. Jetzt sage ich ›schien‹, denn in der Zwischenzeit habe ich lernen müssen, daß es nur für mich viel einfacher war, daß man das aber nicht so ohne weiteres auf andere Menschen übertragen darf. Dazu kommen wir sicherlich noch.

Mein Ausgangspunkt also war der, daß ich zum Pferd kam wie die Jungfrau zum Kind und das schreiende Wesen auf dem Arm hielt, um es zu wickeln, ohne Windeln zu haben. Na gut, denkt sich die Mutter – das muß auch ohne Windeln gehen. Und in der Tat, es ging. Daraus sollte nie etwas Großes werden. Ich war auf der Suche nach etwas, das ich in mir finden wollte, mehr nicht. Aber als so manche Reiter sahen, was ich mit meinem Pferd Titus machte, fragten sie nach. Der Stein kam wieder einmal ins Rollen. Und zwar gewaltig.«

KFH mit seinen Pferden auf seiner Finca:
»Ich hatte schon zuviel getan, zu viele Wege durchaus erfolgreich eingeschlagen, als daß ich mich mit etwas Neuem sinnlos herumärgern wollte.«

Die vergessene Welt
Schwarz oder Weiß?

Jetzt beginnt etwas, das sich bis zum heutigen Tag durch das Leben des Klaus Ferdinand Hempfling hindurchzieht – etwas sehr Merkwürdiges. Man stelle sich vor: Da zieht jemand aus, der nach etwas auf der Suche ist, das sich nur im Geheimen, im Stillen finden läßt. Nach vielen Wegen und Reisen kommt er an einen Abschnitt seines Lebens, der ihm zu versprechen scheint, daß hier in Beschaulichkeit und Ruhe etwas Tiefes und Sinngebendes zu finden und zu erfahren ist. Auf diesem Abschnitt begegnet dieser Mensch tatsächlich einem Wesen, das ganz genau das alles erfüllt. Er wendet sich ihm zu, und plötzlich und ganz unerwartet explodiert etwas. Was ist geschehen? – Dieses Wesen steht ebenso geballt für das eine, für tiefstes innerliches Erfahren, wie für sein genaues Gegenteil.

»Eigentlich ist dieser ganze Irrsinn überhaupt nicht in Worte zu fassen. Ich sah die eine Seite und beschäftigte mich mit dieser. Alles andere habe ich außer acht gelassen, ja sogar deren Regeln. Der Knalleffekt war, daß ich mit meinem Herangehen Erfolge im Außen hatte. Wilde Pferde, schreckhaft gemachte, gefährlichgeprügelte usw. wurden in wenigen Minuten brav, folgsam und gefügig. Und wie mit einem Katapult wurde ich in diese Welt des Außen geschossen. Da aber fragt kaum einer nach Inhalten und Innerlichkeit. Da geht es um das nackte Überleben, um das Vorzeigen, um den Erfolg. Es prallten zwei Welten aufeinander. Man mache sich das klar: Mein ganzes bisheriges Leben war der Suche nach der ›anderen Welt‹, dem ›anderen Sein‹ gewidmet. Und noch nie war ich so dicht dran. In diesem Augenblick wurde ich nahezu unvorbereitet und mit aller Wucht mit der Welt des Außen konfrontiert. Jetzt ist mir das alles klar, und inzwischen habe ich gelernt, damit umzugehen. Zu jener Zeit aber war ich auf diesem Gebiet vollkommen unerfahren. Ich war ja – wie man mir vorgeworfen hat – absoluter Anfänger. Warum aber dann trotzdem diese gigantische Aufregung?

Weil viele instinktiv gespürt hatten, daß da etwas ganz anderes losgetreten wurde. Das war ihnen so fremd, daß es wirklich beängstigte. Schaut euch nur mal Berichte und Leserbriefe aus dieser Zeit an! Die größte deutsche Reiterzeitschrift kam mit dem Aufmacher: Wer hat Angst vorm bösen Wolf? Zu dieser Zeit wurde mir der Begriff Pferdeguru angeheftet. Das war der ›Stern‹. Biolek griff ihn für seine Talkshow auf, und von diesem Augenblick an gab es eine neue Kategorie in der Pferdewelt. Das Guruwesen war geboren.

So also saß ich plötzlich mitten drin. Konnte ich mich bisher doch recht gut in meiner Welt aus Kunst, Theater, Literatur und Geist von den Schlägen dieser Welt fernhalten, so befand ich mich in einem riesigen Desaster. Die Leute wollten, was ich ihnen nie geben konnte. Sie fragten mich, doch keine meiner Antworten konnte sie erreichen. In dieser Zeit habe ich noch

KFH mit seinem Andalusier-Hengst Yunque

verzweifelt versucht, nach geeigneten Worten zu suchen. Mein Freund Axel Meffert, der Verlagsleiter des Kosmos Verlages, drängte immer wieder auf ein Nachfolgebuch von ›Mit Pferden tanzen‹. Es solle unter allen Umständen ein handfestes Ratgeberbuch sein. Auch mit ihm hatte ich heftigste Wortwechsel.

Inzwischen glaube ich, daß er einer von den wenigen Menschen ist, die mich und meine Situation mehr und mehr verstehen. Der meistgeäußerte Vorwurf dieser Zeit war der, daß ich einfach nicht in der Lage sei, konkrete Anweisungen zu geben. Natürlich bin ich nicht so hartgesotten, daß ich das alles einfach mit links weggesteckt hätte. Denn viele sind auch in ihrer Wortwahl nicht gerade zimperlich mit mir umgegangen. Und da es an konkreten Argumenten fehlte, zielten die Angriffe nicht selten hinein ins Persönliche.

Heute weiß ich, daß alles das eine große Hilfe für mich war. Ich weiß auch, daß doch im großen und ganzen fair mit mir umgegangen wurde. Es führte dazu, daß ich beide Seiten immer besser kennenlernen konnte. Natürlich drängte mich das alles mit Macht weiter hinein in die Welt, die ich ja eigentlich zu ergründen suchte. Zugleich aber wurde ich mit all den Spielregeln vertraut, die mir ihre Welt begreiflicher gemacht hat.

Welche Anschuldigungen auch immer vorgebracht wurden – nie habe ich mit Gegenreden geantwortet. Der Sturm ist verklungen. Klaus Ferdinand Hempfling lebt und wird leben gelassen.«

In den Filmen, die Klaus produziert hat, wird deutlich, welch hohen Anforderungen seine Pferde gerecht werden. Ohne Zügel oder nur mit Halsring zeigen sie Lektionen, die gewöhnlich nur im »Schraubstock« möglich sind.

»Keine Frage – da bin ich auch der Gefahr erlegen, zu demonstrieren, etwas zur Schau zu stellen, zu beweisen. Vieles von dem sehe ich heute anders, differenzierter. So manches von dem lehne ich heute ab.«

»Keine Frage – da bin ich auch der Gefahr erlegen, etwas zur Schau zu stellen.«

Vom Wunsch zu lehren
Die zehn Ziele mit dem Pferd

KFH mit seinem Andalusier-Hengst Almendro: »Dieses Pferd war nicht nur verängstigt, es war das Abbild von Mißtrauen und Angst schlechthin.«

»Ihr wollt wissen, ob sich die wichtigsten Ziele im Zusammensein mit den Pferden zusammenfassen lassen? Das ist das Merkwürdige, daß so viele Menschen immer wieder nach solchen Gerüsten fragen. Gibt es denn Regeln für das Zusammensein mit einem Kind, mit einem Geliebten? Ich will versuchen, einige große Felder nebeneinanderzustellen und ihre Grenzen, in etwa wenigstens, zu markieren. Das Wichtigste dabei scheint mir die Tatsache, daß es sich bei diesen ›Feldern‹ nicht um Größen handelt, die speziell auf die Pferde zugeschnitten sind. Ganz im Gegenteil. Wenn etwas gültig ist und wahr, dann ist es in aller Regel auf viele oder nahezu alle Bereiche des Lebens übertragbar. Hinzufügen will ich auch noch, daß mit all diesen Betrachtungen Scheiben aus einer Pyramide geschnitten werden. Je weiter jemand nach oben dringt, um so kleiner wird diese Scheibe, um so weniger verwirrende Vielfalt gibt es. Oben an der Spitze bleibt nur noch ganz wenig. Zum Schluß bleibt eigentlich nur noch eine einzige Regel, ein einziges Gesetz. Dieses schließt dann alle nur vorstellbaren in sich ein.«

1. Ziel:
Vollkommene Entspanntheit

»Das ist ein Begriff, über den im allgemeinen viel Verwirrung herrscht. Gemeint ist nicht die Entspannung des autogenen Trainings, nicht die Art der Entspannung, die durch so viele Meditationsformen versprochen wird. Es ist in meinen Augen ein sehr komplexes Erleben, und ich will versuchen, einige Bestandteile daraus darzulegen. Der wichtigste ist das Gefühl der Angstlosigkeit. Hier will ich Angst und Furcht einmal voneinander trennen. Angst

»Angst und Furcht sind zwei vollkommen verschiedene Dinge. Angst hat nur der Mensch.«

ist jene Form des Sorgens, die in die Zukunft zielt. Es sind all jene Gedanken, die uns von dem augenblicklichen Geschehen wegzutragen drohen. Da ist Kleines und Großes, Wichtiges oder Unwichtiges. Die Folgen derartiger Gedanken sind immer gleich: meine Wachsamkeit ist nicht auf das augenblickliche Geschehen gerichtet, sondern auf mögliche – zumeist besorgniserregende – Ereignisse in der Zukunft. Solch ein Verhalten löst bei einem Kind, bei einem Naturmenschen oder bei einem Tier Furcht aus. Ein behutsam aufgewachsenes Kind, ein weiser Mensch oder ein Tier kennen keine Angst, sie kennen nur Furcht.

Furcht ist immer auf den Augenblick jetzt bezogen. Ein Pferd sieht einen fremden Gegenstand und fürchtet sich. Das ist ein Zeichen von Wachsamkeit, ein gutes Zeichen. Ein Mensch, der Angst in sich trägt, aber löst unbemerkt in einem Pferd eine unbestimmte Furcht aus. Die Nähe zu einem solchen Menschen signalisiert ihm eine drohende, aktuelle Gefahr. Die Möglichkeit, daß das Pferd direkt vor der Züchtigung dieses Menschen Furcht hat, schließen wir einmal ganz aus – solche Menschen werden ein Buch wie dieses ja sicher nicht lesen.

Unsere Aufgabe also ist es, das Phänomen der Angst in uns soweit zu bewältigen, zu überwinden, daß sich das Pferd in unserer Nähe sicher fühlt und zwar, ohne daß wir etwas tun. Allein die Gegenwart dieses Menschen wird das Tier beruhigen. Und jetzt kommt ein interessanter Schritt. Ist eine solche Entspanntheit im Menschen vorhanden, – die sich übrigens ganz schnell von der geistigen auf die körperliche Ebene überträgt – dann gelingt es dem Menschen leicht, dem Tier auch auftretende Furcht zu nehmen. Das Vorbildwesen, der Mensch eben, ist angst- und furchtlos, dem folgt in

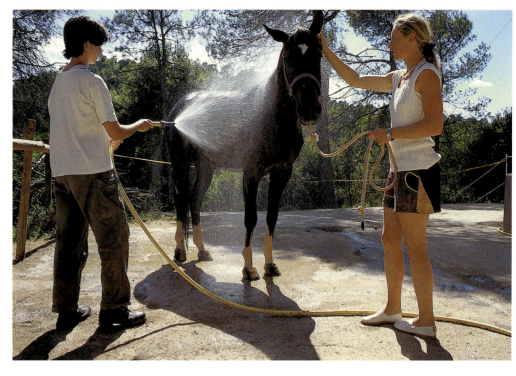

seinem Erleben auch das Pferd. Bis zu diesem Augenblick hat der Mensch nicht eine Handlung ausgeführt, und doch ist schon die gesamte Beziehung eingekreist und definiert. In meiner Arbeit mit verstörten Pferden ist an dieser Stelle bereits ›das Gröbste‹ vollbracht. Wenn man das ernst nimmt, und das erwarte ich von den Menschen, die sich wirklich mit sich und der Welt auseinandersetzen wollen, dann bedeutet das, viele große Schritte bereits getan zu haben, bevor überhaupt eine Begegnung mit einem Pferd konkret vollzogen wird. Alles Weitere ergibt sich dann eigentlich wie von selbst. Und die Felder, die wir jetzt betreten, sind darum alle viel kleiner und liegen, um in dem Bild zu bleiben, in unmittelbarer Nachbarschaft.«

2. Ziel: Das überlegene Einführen in die Welt der Menschen

»Eines ist sicher: Was auch immer ein Mensch mit einem Pferd anstellt, ist dieser erste Schritt nicht in ihm selbst vollzogen, entsteht ein sehr wackeliges Gebäude, das bei jeder Erschütterung einzustürzen droht. Das Pferd ist der Lehrmeister, und seine Werkzeuge sind Flucht oder Kampf. Von diesen beiden Parametern sind alle Beziehungen zwischen Menschen und Pferden

bestimmt, auch das zweite Ziel. Und daran darf ich nicht denken, was Pferde nicht alles in dieser Phase durchzustehen haben. Das heißt, genaugenommen gibt es in aller Regel diese zweite Phase ja überhaupt nicht. Dabei spielt auch ein ganz simpler Faktor eine sehr große Rolle mit, und dieser Faktor heißt menschliche Dummheit. Der Mensch weiß, daß ein Tuch zum Beispiel rot ist und daß ein Pferdeanhänger dem Transport dient und daß eine Wand aus Steinen gemauert ist. Das alles bleibt einem Tier jedoch Zeit seines Lebens eine abstrakte Größe. Es wird sich damit abfinden, aber es wird das alles niemals unmittelbar seinem eigenen Wahrnehmen zuordnen können. Dieser Umstand wird von den allermeisten Menschen, die mit Tieren zusammen sind, einfach ignoriert. Ein Beispiel: Hier bei uns lebt ein kleiner Hund mit einer genetisch bedingten Krankheit. Durch diese hat das Tier fast sein gesamtes Fell verloren. Im Augenblick lebt es damit prima, fühlt sich sehr wohl, ist sehr ausgelassen und voller Lebensfreude. In den kalten Monaten bekommt es ein kleines Mäntelchen übergezogen, wenn es nach draußen geht. Obwohl dem Hund das Berühren der Haut nicht angenehm ist, freut er sich inzwischen sehr darauf, die Prozedur des Eingepacktwerdens über sich ergehen zu lassen. Warum? Weil er weiß, daß er dadurch vor der Kälte geschützt wird? Nein, diesen Schritt wird der Hund nie nachvollziehen. Er hat nur gelernt, daß das Anlegen des Mäntelchens – so unangenehm ihm das auch ist – immer zur Folge hat, daß es ab nach draußen geht.

Das Sein mit einem Tier, das wirklich tiergerechte und nicht das sentimental dümmliche, gibt uns Menschen die große Chance, aus einer Welt der Vor-Stellung in eine ganz direkte, unmittelbar erfühlte Welt einzutauchen. Das ist ein aktiver Schritt, den der Mensch zu vollziehen hat. Das Gegenteil aber kann man allenthalben erleben: Der Mensch ist nicht im geringsten fähig, über seinen eigenen Rand hinaus zu sehen, und erwartet von dem Tier, in seine Welt zu kommen. Das ist mehr als grober Unfug, das ist furchtbare Quälerei. Bei allem verliert der Mensch den eigentlichen Zugang zu Welten, die uns die Tiere öffnen können – ohne Frage ganz besonders die Pferde.

Was also sind die Schritte, die auf diesem Feld getan werden müssen? Vor allem gilt es, zu erkennen. Ich kann aus einem Jagd- keinen Hütehund machen, aus einer Eiche keinen Apfelbaum und umgekehrt. Wenn ich also ein Tier, welcher Art auch immer, in meine Welt, in die Welt des Menschen hole, dann muß ich mir sehr wohl darüber im klaren sein, in welche Sektoren ich es einführe. Wesen, Charakter, Stimmungs- und Gemütslage, Stärken und Schwachpunkte, seelische, geistige und körperliche Prägungen, alles das wächst zu einem komplexen Bild in mir heran und zwar lange, bevor ich den ersten aktiven Schritt auf ein Pferd zum Beispiel zugehe.

Der Mensch erwartet in aller Regel vom Tier, es solle in seine Welt kommen. Die aber bleibt für das Tier zeitlebens eine abstrakte Größe. Der Mensch muß also in die Verständniswelt des Tieres eindringen, um sich dort führen zu lassen.
So wird er zu einer vertrauensvollen Brücke, mit dessen Hilfe sich selbst bedrohlichste Situationen meistern lassen.

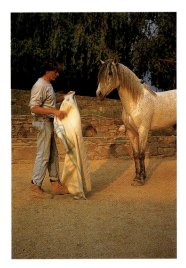
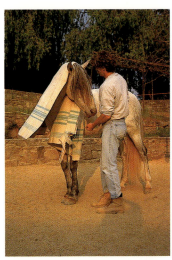

So habe ich die Möglichkeit, mit mir zusammen als vertrauensvolle Brücke, dem Wesen Pferd meine Welt zwar nicht erklärbar aber außerordentlich spannend und interessant zu gestalten. Darin gibt es Spiele und Betätigungsfelder, die der Schöpfungskonzeption eben dieses Wesens so genau wie möglich entsprechen. Das Tier findet mit meiner Hilfe in meiner Welt einen Sinn – in seiner Wahrnehmung. Es erlebt sich als einen Teil, ja, als einen wichtigen, sogar unverzichtbaren. Es erlebt mich, seinen Menschen, dann wie einen vertrauensvollen Führer und Beschützer in abenteuerlichen Welten. Der Hund will die Schafe hüten, das Haus bewachen; das junge Pferd will geritten werden, will sich ganz und gar einbringen.

Das sind die Vorbereitungen, um das nächste Feld betreten zu können. Ihr merkt, das alles hat mit dem Gewöhnlichen nur wenig zu tun. Immer ist in diesen Vorstellungen der Mensch zuerst und zuletzt gefragt. Und immer geschieht in ihm vor der eigentlichen Tat Gewaltiges. Die inneren Vorbereitungen, die absolute Zuverlässigkeit, die durch nichts zu erschütternde Verantwortlichkeit des Menschen bilden das Fundament. Das ist allzu häufig nicht da. Und es wird auch nicht gefordert, nicht danach gefragt. Ist das Fundament aber erst einmal geschaffen, dann wächst das andere mit solcher Kraft, daß man dabei zuschauen kann. Dieses Fundament zu errichten, ist zuallererst meine Welt. Das ist eine der wichtigsten Aufgaben des Pferdeschamanen.«

3. Ziel: Vollkommenes Vertrauen

»Noch immer nicht steigen wir auf das Pferd – und niemals werden wir es einfach benutzen. Jetzt kommt zuerst einmal ein weiterer Schritt. Alles, was bisher geschehen ist, war sozusagen das ›Normale‹. Natürlich ist das in unserer Welt heute nicht das Normale, aber hier für uns, in unserer Schule, ist es das. Jetzt aber heißt es, das Tier durch und durch zu stärken, und zwar innerlich. Es ist ja noch jung, womöglich ist es jetzt zwischen drei und fünf Jahre alt. Es hat noch alle Zeit der Welt, um zu spielen, sich auszuprobieren, sich kennenzulernen. Und in dieser Phase stehen wir ihm zur Seite mit all den bisherigen positiven

Linke Seite:
KFH mit Andalusier-Hengst Almendro.
»Ganz behutsam müssen die Grenzen erweitert werden.«
Rechte Seite:
Oberstes Ziel ist es, ein zufriedenes Tier an seiner Seite zu wissen. Bei den Dreharbeiten zu dem Film »Die erste Begegnung« bespricht Klaus mit dem Kameramann die nächsten Einstellungen. Das Pferd Janosch ist vollkommen frei, gelassen und zufrieden, und, wie man sieht, selbst außerordentlich an dem weiteren Fortgang »interessiert«.

Erfahrungen, um die Grenzen ganz behutsam zu erweitern. In innerlicher Zuneigung und im umfassenden Verstehen wird mit unserer Hilfe aus Spiel Mut, aus Furcht Vorsicht, aus Hingabe vollkommenes Vertrauen. Jetzt allmählich können die Wesen zu einer Einheit zusammenwachsen – der Himmel öffnet ganz langsam seine Pforten.«

4. Ziel: Das zufriedene Pferd

»Ihr seht, die einzelnen Felder haben im Grunde genommen ziemlich ähnliche Namen. Man kann sich kaum vorstellen, daß sich dahinter dennoch so Vielschichtiges zu verbergen vermag. Die Phase, die jetzt kommt, ist sozusagen der Abschluß des sehr ausgiebigen Kennenlernens. Das ganze dauerte inzwischen viele Monate, ja sogar Jahre. Jetzt gilt es, das Zusammensein zu einer absoluten Normalität ausreifen zu lassen. Das Tier ist jetzt Bestandteil des allgemeinen Lebens. Nichts Außergewöhnliches darf es mehr geben. Darum auch halte ich den Begriff von ›Pferdearbeit‹ für so unsinnig. Durch uns wird das Tier in die Normalität des Daseins hineingebracht, um dann in der Normalität Fragen stellen zu können, neugierig zu sein. Das Tier fragt sich dann: Warum tragen denn die älteren Pferde Sättel, warum ziehen jene einen Wagen? Ich will auch groß werden, ich will auch einen Sattel und einen Menschen tragen. Vorbild und Beispiel, Mut und Neugier, Vertrauen und das Wissen, erkannt und verstanden zu sein, bündeln sich jetzt nahezu automatisch zu einem Wachstumsprozeß, bei dem eigentlich niemand so genau merkt,

KFH mit Andalusier-Hengst Yunque vor einer rossigen Stute: »Wir müssen das Tier dominieren. Tun wir das mit Gewalt, dann zerbricht alles.«

wie die Früchte an den Baum kommen. Sie sind dann einfach da.«

5. Ziel: Innere Dominanz

»Jetzt haben wir ein durch und durch zufriedenes Pferd in unserer Welt. Das Tier an unserer Seite hat Selbstvertrauen, Mut, Kraft und ausgelassene Lebensfreude. Ist es ein männliches Tier, ein Hengst zum Beispiel, dann zeigt es uns jetzt ganz besonders deutlich: ›Ich bin da, ich habe Rechte, die will ich vertreten und durchsetzten.‹ Wir müssen das Tier dominieren. Tun wir das mit Gewalt, dann zerbricht alles, was wir geschaffen haben, zu einem Scherbenhaufen. Wieder ist der Mensch gefragt. Durch seine inneren Qualitäten obsiegt er über die animalischen Kräfte. Ein tiefes, geistiges Erleben bildet die Grundlage zu diesem menschlichen Vermögen. Dieses gesamte

»Eine wirkliche Gemeinschaft entsteht. Das geht nur durch Verständigung, durch einen Dialog.«

Buch wird davon handeln – ein Mensch, der sich auf diesem Feld bewegt, wird niemals ernsthaft behaupten können, er kenne es ganz und gar.«

6. Ziel:
Verständigung durch Körpersprache

»Jetzt wollen Mensch und Tier gemeinsame Wege beschreiten. Das Tier verläßt sich auf den Menschen, und der Mensch kann sich auf das Tier verlassen. Eine wirkliche Gemeinschaft entsteht.

Das geht nur durch Verständigung, durch einen Dialog. Wieder ist es der Mensch, der in die Welt des Tieres vordringen muß. Das Tier kennt den Klang der menschlichen Stimme, kennt die Melodie einzelner Worte, doch sie bleiben abstrakte Lautgebilde. Viel unmittelbarer geht die Verständigung über die Sprache des Körpers, über Haltung, Gestik und Signale. Der Mensch spiegelt sich jetzt selbst in seinem körperlichen, ja ›animalischen‹ Verhalten. Dies ist für beide eine lehrreiche und spannende Phase. Beide können voneinander lernen. Der eine erzählt dem anderen Geschichten aus seiner Welt. Von dieser Stufe an kennen die meisten Pferdemenschen mein Wirken. Und auf diesem Niveau wollen sie einsteigen. Daß davor fünf andere waren, und daß diese hier und die folgenden überhaupt erst zu begreifen sind, wenn man die ersten fünf Schritte nachvollzogen hat, das konnte ich bislang nicht vermitteln, glaube ich. Aber ich bin ja noch jung.«

7. Ziel:
Vorbereitung und Leistungsempfinden

»Auf dem siebten Feld befinden wir uns jetzt, und erst hier wenden wir uns dem zu, was man im allgemeinen als die Ausbildung bezeichnet. Was nicht alles ist bis hierher geschehen. Und natürlich – ich sagte das schon – hat das, was jetzt kommt, nichts mit dem zu tun, was so landläufig unter Pferdetraining verstanden wird. In der Tat geben wir dem Tier in dieser Phase, die sich ja über Jahre hinzieht, zusammen mit den Ereignissen der kommenden Stationen, vor allem Antworten auf seine eigenen Fragen: ›Wie kann ich mithelfen? Was kann ich zu allem beisteuern? Wie kann ich alles, was in mir ist, wirklich ausleben?‹ Und so weiter. Das sind die Fragen, die ein Pferd an uns

stellt. Und wir sollten in der Lage sein, Antworten zu finden und sie dem Tier verständlich zu machen. Dazu ist es notwendig, daß man sich gemeinsam an die Möglichkeiten des Pferdes herantastet. Beides ist nicht erstrebenswert – weder das Zuwenig noch das Zuviel. Das Tier und der Mensch müssen die Grenzen, die geistigen, psychischen und körperlichen gemeinsam herauszufinden und abzustecken trachten. Dann ist es möglich, sich innerhalb dieser Grenzen zu bewegen und sie dann auch Schritt für Schritt ganz vorsichtig auszudehnen.

Dabei ist das Entscheidende, daß das Tier dem Menschen mit allen ihm zur Verfügung stehenden Mitteln kundtun möchte, wie es sich selbst einschätzt, wie es sich sieht. Hat der Mensch Ohren und Augen dafür? Hat er überhaupt das Bewußtsein für eine solche Kommunikation?

Vielleicht ist dieses noch wichtig zu bemerken: Zumeist glauben die Tierbesitzer, daß ihr Schützling entweder unterfordert oder überfordert ist. Das stimmt aber in den meisten Fällen nicht. In aller Regel geht es den Tieren so wie jenem armen Menschen, der die ganze Woche vor einem Schreibtisch hockt, um dann am Wochenende ›die Sau rauszulassen‹. Aber die Unterforderung der Woche kann nicht durch die körperliche Überforderung am Wochenende ausgeglichen werden – das ist nur absurd. Das Maß zwischen Unter- und Überforderung liegt also in einer gleichmäßigen Balance. Kein Mensch kann für sich beanspruchen, daß ihm so etwas immer gelingt, und auch kein Tier in der Umgebung des Menschen. Die Frage ist aber auch hier die, welche Wege ist man bemüht zu beschreiten. Wie wir noch sehen werden, ist die Wirklichkeit, der wir auf diesem Felde begegnen, erschreckend. Ein Beispiel: Das, was Yunque auf den Bildern dieser Seite zeigt, nur einige wenige Minuten ausgeführt, ist eine Höchstleistung für den ganzen Tag! Der Rest des Tages gilt der Normalität, der ›Unter-

In dieser Phase wird auch das Phänomen von Gleichgewicht und Balance, von Takt und Rhythmus, von grundsätzlich individueller Neigung und Abneigung behandelt.
Immer wird das Pferd gestärkt und in seiner Lebensfreude bestätigt, niemals überfordert.

haltung‹, der Geselligkeit, dem Tratsch mit den anderen Pferden, dem Dösen, dem Fressen – kurz, der Liebe eines Pferdelebens.«

8. Ziel: Impulsion und Kraft

»Das Feld, das wir jetzt betreten, ist ebenfalls übersät mit Steinen des Irrtums. Da muß so manches weggeräumt werden. Hier an der Küste machen sie das so schön. Die Steine, die sie von den Feldern holen, die werden zu idyllischen Natursteinmauern aufgeschichtet.

Wie hoch wären die Mauern, würden wir ähnliches tun? Zunächst einmal muß man wissen, daß in kein Lebewesen auch nur ein Quentchen mehr Kraft und Impulsion hineingewirkt werden kann, als in ihm drin ist. Das wird aber allenthalben versucht. Durch

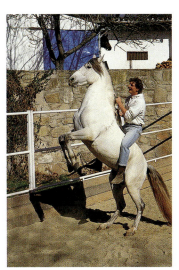

»Zunächst einmal muß man wissen, daß in kein Lebewesen auch nur ein Quentchen mehr Kraft und Impulsion hineingewirkt werden kann, als in ihm drin ist.«

Druck wird Angst erzeugt, und durch Angst entwickelt sich in den Tieren die Panik des Überlebens. Das ist aber dann nicht Kraft, das nenne ich dann das Verfeuern der lebenswichtigen Energien. Vielen Menschen geht das im Beruf und Alltagsleben so. Mit Chemie und Medikamenten wird dann versucht, ein Gleichgewicht zu erzwingen, das in Wahrheit schon lange zusammengebrochen ist.

Alles das, was wir an Vertrauen und Miteinander in den ersten zuvor beschriebenen Schritten zustandegebracht haben, das ist uns jetzt ein wunderbares Fundament. Denn angstfrei und voller Lebensfreude zeigt das Tier jetzt den größten Willen, das, was in ihm steckt, auch auszuleben. Das zu erkennen, zu würdigen, zu verfeinern und in geeignete Bahnen zu lenken, das ist die Aufgabe, die wir Menschen jetzt haben. Das ist reine Lebensfreude, das ist wirkliche Kraft und Energie. Da ergibt das eine das andere – da motiviert und fördert man sich gegenseitig. Da ist Bewunderung und Respekt, auch natürliche Konkurrenz, Spiel und das stetige Sich-ausprobieren-Wollen.

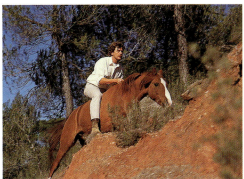

Immer wieder erlebe ich das Folgende: Da kommt ein Pferd mit seinem Besitzer – zumeist ist das in der Tat die Reihenfolge. Das Pferd ist scheinbar ein Energiebündel. Schnell wird mir klar, daß es sich in Wahrheit nur aus Angst und Panik so aufpeitscht. Solche Pferde betreten einen Platz und laufen ab wie ein aufgezogenes Uhrwerk. So ein Pferd habe ich gerade hier auf dem Hof zur Erholung. Wenn ein solches Pferd dann aus dem Schraubstock herausgenommen wird, sich die Feder entspannen kann, dann ist das Innere des Tieres ebenso ausgeleiert wie eine alte Uhrfeder. Wenn der überanspruchte Mensch einmal wirklich Pause

KFH mit seinem Pferd Janosch:
»Mit einem Pferd in Freiheit sich zu bewegen ist alles andere als Dressur.«

macht, dann bricht er förmlich in sich zusammen. Nicht selten haben bei Mensch und Tier diese Federn dann schon kaum mehr zu reparierende Brüche – stehen kurz vor dem Zerreißen. Mensch und Tier brauchen Monate und Jahre, um wieder ihre natürliche gesunde Spannung und Spannkraft aufbauen zu können. In diesen Strudel des Irrsinns ziehen wir die Pferde mit hinein. Und das alles hat bis hierher nichts mit wirklicher Tiefe zu tun – ein Hauch Menschlichkeit schon reichte aus, eine Spur Vernunft genügte schon, um für alle in diesem Reigen mehr wirkliche Lebensqualität erwachsen zu lassen.«

9. Ziel:
Das freie Pferd

»Hier wird es jetzt geistig und wirklich elementar. Mit einem Pferd in Freiheit sich zu bewegen ist alles andere als eine Dressur. Natürlich kann man das gelegentlich sehen, daß Vorführungen solcher Art in einem Parcours gezeigt werden. Das ist zu vergleichen mit einer Freiheitsdressur, zu der man gelangt durch das stetige Wiederholen einzelner Schritte, bis dann in einem begrenzten Rahmen das Tier mehr oder weniger gut funktioniert. Ist man dann mit dem Tier in Freiheit, ich meine wirklich draußen, tut es wieder, was es will.

Auch würde ich niemandem raten, wirklich, wie hier auf den Bildern gezeigt, auf einem vollkommen ungezäumten Pferd zu reiten. Das Schöne ist, den Grundgedanken, der dahintersteckt, zu erfassen und mit Leben zu erfüllen. Jeder Leistungsgedanke wurde von uns auf unserem Gang durch die Felder außen vor gelassen. Hat man sich dem Leistungsprinzip und dem Gedanken von Nutzen und Benutzen konsequent verweigert, dann stellen sich Begegnungen auf gänzlich anderen Ebenen ein. So wie die Tiere uns ihre Welt nicht durch Worte vermitteln können, so kann ich diese Welt nicht mehr durch Worte vermitteln. Sie ist im übrigen allen Menschen gar nicht so fremd – man hört nur nicht mehr auf diese feinen Zeichen und erkennt ihre Spuren nicht mehr. Was soll ich dazu noch sagen: Da geht einem kein Christbaum auf, da fällt man nicht in Entzücken und da verliert man sich auch nicht in höchster Erleuchtung. Da *ist*

man einfach und will es nicht anders haben. Ich erlebe mich dann als Geschöpfter in der Schöpfung. Es ist viel zu einfach, als daß man es erklären und beschreiben könnte.«

10. Ziel:
Natürliche Versammlung

»Jetzt erst kommt das, womit in aller Regel gleich zu Anfang begonnen wird. Das Pferd ist zu einer Säule geworden. In sich gefestigt, voller Vertrauen, Kraft und Impulsion, in einen Lebenszusammenhang gestellt, den es in seinen Strukturen unterzubringen weiß, sucht es mit dem Menschen zusammen immer weiter auch sein äußeres Gleichgewicht. Das Außen drückt aus, was sich innen abspielt. Es gibt kein Ziel, das erreicht werden will und soll. Mensch und Pferd wachsen so, wie es in ihnen angelegt wurde. Es findet sich, man findet sich. Jahre sind vergangen. Mensch und Pferd kennen winzigste Details voneinander. Man kennt Launen, Schwächen und Tücken. Längst kann man herzhaft übereinander lachen. Im gegenseitgen Respekt verliert sich jeder tierische Ernst. Gemeinsam durchstreunt und umreitet man all die Felder, über die wir hier gesprochen haben. Dem Menschen wird klar, daß er beim nächsten Mal, beim nächsten Pferd wieder alles zumindest etwas anders machen wird. Die vielen Fehler hat ihm das Pferd längst verziehen. Und auch das Pferd ist gewachsen, sogar an den Fehlern des Menschen. Jahrzehnte wird man miteinander verbringen, das Leben durchstreifen in dem Spannungsfeld zwischen Himmel und Erde.

Mit leichtesten Signalen und durch das Spiel von Gleichgewicht und Gravitation wird der reitende Mensch dem Pferd immer wieder helfen, sich optimal aufzurichten, eine Haltung zu finden, in der das Tier sich leicht und kräfteschonend zu bewegen weiß. Ästhetik stellt sich ein, Schönheit, die vor allem dadurch besticht, daß sie keinem Selbstzeck dient. Sie ist eine Huldigung an die Schöpfung.

Und der Beifall? Der versiegt in dem berauschenden Schweigen, das, wenn es sein soll, beide als etwas erleben, was man mit jenem Glück zu umschreiben sucht, das auch auf ihnen, den Pferden eben, zu finden ist.«

KFH mit Yunque: »Mit leichtesten Signalen wird der reitende Mensch dem Pferd immer wieder helfen, sich optimal aufzurichten.«

Das Erwachen
Die Realität

Die hier abgebildeten Personen sind sich nicht nur über die erkennbaren Probleme im klaren, sie tun auch alles, um sie sinnvoll aufzulösen. Die Normalität im alltäglichen Zusammensein vieler Menschen mit ihren Pferden war für KFH jedoch so etwas wie eine schockartige Erfahrung.

Wir haben Klaus Ferdinand Hempfling anders kennengelernt. Inwiefern anders? Wir konnten etwas miteinander verbinden, was vielen wie ein Bruch, wie eine Zerrissenheit tief in diesem Menschen erscheint. Das ist nicht so. Die Zerrissenheit ist nicht in ihm, sie ist zutiefst in der Welt, mit der er sich, in der Tat eher unfreiwillig, auseinandersetzen mußte. Was sieht man von außen betrachtet? Einen Menschen, der unwidersprochen eine tiefe innerliche, anrührend wahrhaftige Beziehung zu Tieren – insbesondere zu Pferden – herstellen kann. Man sieht einen Menschen, der in seinen Werken eine ebensolche Tiefe zu erzielen vermag. Und man sieht einen Menschen, der sich zurückzuziehen, der sich abzukapseln, der der normalen Welt der Menschen eher gereizt auszuweichen scheint.

Bei unserem Streifzug durch die Presseberichte der Jahre ist uns etwas aufgefallen: Klaus Ferdinand Hempfling greift niemanden persönlich an. Wenn uns bei unseren Recherchen nicht ein grober Fehler unter-

Die Realität

laufen ist – und davon gehen wir aus – dann müssen wir bekennen, daß dieser Mann nicht eine Tierquälerei öffentlich angezeigt hat. Nicht einen Mißstand hat er lautstark an den Pranger gestellt, nicht eine Beleidigung hat er ausgesprochen, ja, nicht einmal einem Angriff gegen ihn hat er widersprochen. Nur als man ihm in dem Editorial eines der größten deutschen Reitermagazines sieben uneheliche Kinder unterstellte, (was hat ein solches Magazin mit unehelichen Kindern zu tun?) schrieb er zum ersten und zum letzten Mal einen Leserbrief mit der Bitte, solche Absurditäten doch zukünftig durch ein kurzes Telefonat zu überprüfen. Mehr war nicht!

Der Abschnitt in seinem Buch »Mit Pferden tanzen«, der sich auf die allgemeinen Praktiken in der Sportreiterwelt bezieht, trägt die Überschrift: »Alle sind besten Willens«. Und weiter ist dort zu lesen: »… Das bedeutet auch, daß man Dinge ansprechen muß, die zwar leider Realität sind, aber durchaus nicht richtig und schön. Dies dient nicht dem Zwecke der Verunglimpfung, sondern dem der Aufklärung – denn ich setze voraus, daß alle besten Willens sind.« Ende des Zitates.

Niemals hat Klaus Ferdinand Hempfling Namen genannt. Die Fotos in jenem Buch, die sich auf zu beobachtende Grundlagen in der Sportreiterwelt beziehen, sind als Strichzeichnungen abgebildet – niemand ist auch nur andeutungsweise zu erkennen. Man zeige uns ein derart beispielhaft sanftes Vorgehen in der Kritik! Klaus Ferdinand Hempfling hat immer nur dargestellt, was er empfindet, was er glaubt, woran er glaubt – mehr nicht. Die Begriffe, mit denen er bedacht wurde, wollen wir hier nicht wiederholen – die meisten Leser werden da ohnehin ihre eigenen Erfahrungen gemacht haben.

Es ist auch nicht unsere Absicht, das zu tun, wovor sich Klaus Ferdinand Hempfling stets gehütet hat, nämlich Fronten gegeneinanderzustellen, sich zu verteidigen oder gar sich zu rechtfertigen. Unsere Absicht ist es vielmehr, den interessierten Menschen

Die Realität

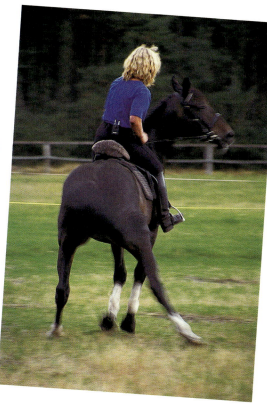

»Viel zu viele reitende Menschen können es sich kaum mehr vorstellen, ohne tägliche Kämpfe und Zwistigkeiten mit ihren Pferden zusammen zu sein. Die unterschiedlichsten Formen des Kampfes sind Normalität.
Die hier abgebildete Stute griff, bis auf die Besitzerin, alles und jeden an, der sich in ihre Nähe wagte.

etwas von dem an die Hand zu geben, was er persönlich erfahren könnte, würde er die Schichten der Oberfläche durchdringen. Wir konnten das. Und indem wir das taten, konnten wir für uns sehr wichtige Erfahrungen zusammentragen.

Gemessen an den Einsichten des Pferdeschamanen, ist die Realität, vor allem in der Pferdewelt, nicht irgendeine Abweichung, sie ist das schlichte Inferno. Gemessen an seiner Sensibilität, an seiner Würde und an der unbedingten Ernsthaftigkeit, ist diese Realität nicht eine Beleidigung, sie ist vernichtend. Gemessen an dem, was sein kann und was wir hier in der »Höhle des Löwen« erleben durften, sind die eben geschilderten Reaktionen eine bewundernswerte Leistung höchster menschlicher Überwindungskraft. Wenn jemand die Angriffe in eine Waagschale gibt, dann liegt in der anderen nichts weiter als das Bemühen, eigene Erkenntnisse darzustellen.

Aus heutiger Sicht, zehn Jahre danach, wirkt der Sturm, der medial losdonnerte, einerseits nur noch grotesk. Andererseits zeigt er die Hilflosigkeit der Welt, mit anderen als den eigenen Gedanken umzugehen. Und er zeigt die Wirkung, die ein einzelner Mensch zu erzielen vermag.

Wir glaubten zu Anfang noch, vor unserer Reise zu Klaus, ein großes Büro, eine bedeutende Werbeagentur und was nicht alles müsse hinter alledem stecken. Pustekuchen! Ein Minibüro, nur halbtags von einer Mitarbeiterin besetzt, ist mehr oder weniger alles! Damit bewegt seit zehn Jahren dieser Mann die Reiterwelt! Das erschien uns zu Anfang mehr als grotesk. Heute wissen wir, daß in der Tat ganz andere Energien quasi nur umgewandelt werden.

»Was soll ich euch erzählen? Das Buch ›Mit Pferden tanzen‹ habe ich in vier Wochen geschrieben. Das ist keine geniale Leistung, das ist nur Geduld. Ungeduld ist das Schlimmste, was einem Menschen widerfahren kann. Er verleugnet schlicht und einfach, daß durch ihn diese Welt nicht geschaffen wurde und nicht geschaffen wird. Es ist doch alles bereits da. Wenn Manager, auch aus großen Konzernen, zu mir kommen, dann glauben sie einfach nicht, mit wie wenig Zeit ich diesen Laden hier ob seiner Finanzen und

Verwaltung zusammenhalte. Schließlich setzen wir nicht unerhebliche Summen um. Wenn man aber wirklich erkennt, daß der Mensch nicht schafft, sondern daß durch ihn geschaffen wird, dann hat doch jeder Streß ein Ende. Unsere Gespräche zum Beispiel. Kein Mensch wird euch glauben, daß dieses Buch in einer Handvoll Tagen zustande kam. Ein richtiger Autor sitzt an so etwas Monate, ja Jahre. Wo, um alles in der Welt, sollte ich die Zeit hernehmen? Was ich euch hier erzähle, könnt ihr ziemlich genau so Punkt für Punkt und Abschnitt für Abschnitt übernehmen. Warum? Weil es jetzt so und nicht anders sein soll. Das heißt, geduldig zu sein. Ich sage, was ich jetzt zu sagen habe. Gibt es also überhaupt keine Anstrengung für den Menschen? Doch, genau zwei: Erstens geduldig zu sein und zu warten, bis das geschieht, was geschehen soll, um dann zu explodieren, wenn es sein muß. Zweitens die reale Ungeduld der Welt zu ertragen. Wißt ihr, daß es bis heute ein Gesetz gibt, nach dem der Jockey auf der Rennbahn ein Pferd – ich glaube sieben Mal – schlagen darf? Jeder weitere Schlag ist dann vor dem Gesetz und den Regeln der Veranstalter Tierquälerei. Wußtet ihr das? Ist ein solcher Zynismus zu ertragen? Wie könnt ihr damit leben, ohne etwas anderes als die Wahrheit daneben zu setzen?

Ihr kennt diese Neonröhren. Die geben ein erwiesenermaßen sehr ungesundes Licht ab, weil ihre Spektralkurven nicht, wie beim natürlichen Licht oder bei dem Licht der Glühbirnen, linear sind, sondern versetzt, sprunghaft. Als diese Dinger zum ersten Mal auf den Markt kamen, da wurden sie auch in Mastbetrieben, zum Beispiel für die Schweinezucht, eingesetzt. Das Ergebnis: Die Gewichtzunahme bei den Schweinen ließ signifikant nach. Darauf hin entwickelte man spezielle Röhren, die ähnlich sparsam waren im Verbrauch, die jedoch einen gleichmäßigen Spektralverlauf zeigten. Das Problem was beseitigt – nur, diese Röhren waren erheblich teurer. Glaubt ihr, daß man solche Röhren auch in den Schulen, in den Kindergärten und in den Großraumbüros findet? Pustekuchen!

Wollte ich damit fortfahren, dann könntet ihr euch hier für Jahre einnisten. Das wäre nicht in eurem und auch nicht in meinem Interesse. Ich will damit sagen: Es hat keinen Zweck, alles das zu benennen – es ist zu gewaltig und es ist ohnehin bekannt. Darum habe ich das nie getan. Wenn ich anfangen würde, über die Realität in der Reiterwelt zu berichten, mit der ich ja nun unmittelbarst konfrontiert bin, dann würde ich wahrscheinlich kein Ende mehr finden. Nein, wie sinnlos das ist, diese Art des Protestes, das sehen wir ja an der Entwicklung der sogenannten Protest- und Grünen Parteien. Wenn es darauf ankommt, dann haben sie dem ganzen Wahnsinn nicht das mindeste entgegenzusetzen.«

Unbestritten, Klaus Ferdinand Hempfling bewegt. Ohne Apparat, ohne Lobby, ohne Agenturen, ohne Beraterstäbe. Was ist das, was bewegt?

»Das läßt sich ja nicht planen. Ich war ja selber vollkommen überrascht. Womöglich kann man das so beschreiben: Ich habe mich in den Jahren von etwas leiten lassen, von dem ich selbst bis dahin nicht wirklich gewußt habe, ob das alles denn so halbwegs OK ist. Schließlich kam ein kleiner Teil davon öffentlich zum Vortrag. Durch Bücher und Filme. Und beim besten Willen kann ich mich nicht daran erinnern, jemanden beleidigt zu haben, aber wenn dann Massen, ja, eine ganze Zunft darauf so überzogen reagiert, dann muß das etwas mit Angst zu tun haben. Hatte ich meine Finger auf Wunden gelegt?

Wenn das aber so ist, dann muß mein Weg nicht so ganz falsch gewesen sein. Warum nur haben die eine solche Angst vor dir, fragte ich mich. Ganz einfach. Es ist nicht die Angst vor mir. Es ist die Angst vor ihrer eigenen Realität. Mit ihrer Unwahrheit wurden sie nicht durch einen platten Protest oder durch Aggression konfrontiert, sondern durch die Spur der Wahrheit. Von der aber will man am wenigsten etwas wissen. Denn wo die sich zeigt, da besteht die Gefahr, daß sie sich auch in einem selber rührt und aufrührt. Das könnte ja ansteckend sein. Und dagegen wehrt man sich bewußt oder unbewußt. So wurde ein kleiner Klaus zum Prügelknaben der Pferdewelt – ja, zum verhaßten Synonym. Ich stand kopfschüttelnd und ungläubig vor diesem Phänomen.

Macht doch einmal den Versuch. Geht in eine x-beliebige Reitsportanlage und bekennt euch dort als Hempflingianer – was ich übrigens grauenvoll finden würde. Die Wahrscheinlichkeit, daß ihr achtkantig hinausgeworfen werdet, ist überdurchschnittlich groß. Das Besondere an diesem Hinauswurf: Er läßt jede Diskussionsmöglichkeit, jede Erklärungsbereitschaft und jede Höflichkeit vermissen.«

Solche Erfahrungen hatten wir so und ähnlich in der Tat allesamt bereits gemacht. Umso neugieriger wurden wir jetzt, zu erfahren, wie denn jenes Fundament wohl beschaffen ist, auf dem sich diese Art, mit den Tieren umzugehen, aufbaut. Welche Magie im einzelnen oder was auch immer steckt dahinter? Welchen Weg muß man beschreiten, um dahin zu gelangen? Ist dieser Weg auch für andere Menschen erstrebenswert? Gibt es konkrete Hinweise und Regeln, die man beachten muß? Was hat es mit den anderen Äußerungen des Pferdeschamanen auf sich, mit seinen Bildern, mit seiner Musik? Sollten wir hier nachvollziehbare Spuren finden, die uns das Unkonkrete greifbarer machen konnten?

Doch wir wollten keinen Schritt überschlagen, keine Stufe überspringen. Jetzt interessierte uns zunächst, was für ganz persönliche Erfahrungen der Pferdeschamane aus der unmittelbaren Konfrontation mit dieser Realität für sich gezogen hat. Denn an dieser Stelle vermuteten wir große Ungereimtheiten, und denen wollten und mußten wir uns zuerst gemeinsam mit dem Pferdeschamanen stellen.

KFH auf dem Militärgestüt in Barcelona bei der Arbeit mit einem extrem angriffsfreudigen Bretonen und im Gespräch mit Colonel Blanket. »Wenn ich anfangen würde, über die Realität in der Reiterwelt zu berichten, dann würde ich wahrscheinlich kein Ende mehr finden.«

Die Konfrontation
Der Kämpfer und die Massen

KFH wie ihn so mancher auch kennt.

Vor einigen Jahren, wir kannten Klaus Ferdinand Hempfling nur dem Namen nach, waren wir Teilnehmer einer sehr merkwürdigen Veranstaltung. Es waren etwa vierhundert Menschen bei diesem Dreitageseminar zugegen – eine, wie uns schien, gewaltige Anzahl. Was wir erlebten, das war höchste Sanftmut mit den Pferden und zum Teil geballte Aggression den Menschen gegenüber, ganz anders also, als in seinen Schriften und Filmen. Wir waren erschrocken.

Nicht, daß wir nicht viel, ja sehr viel erfahren und mit nach Hause genommen hätten – ganz im Gegenteil. Aber das war ja der Konflikt, in dem wir uns befanden. Wie war das eine und das andere zugleich möglich? Wie kann ein Mensch sich einerseits von einer solchen Sensibilität zeigen, um dann im nächsten Augenblick derart harte und unnachgiebige Worte für Menschen zu finden? Etwas anderes war uns aufgefallen. Diese Härte, diese Unnachgiebigkeit hatte in sich noch etwas Bemerkenswertes. Sie war zum einen nicht durchgehend. Sie zeigte sich an ganz bestimmten Stellen sehr abrupt, um sich dann wieder genauso rasch zu verflüchtigen. Und sie schien vollkommen kompromißlos zu sein. Schließlich waren die Menschen solche, die für diese Veranstaltung eine Menge Geld bezahlt hatten – sie waren Kunden.

Das Handeln des Klaus Ferdinand Hempfling aber schien eher dazu angetan, zumindest einen Teil der Anwesenden nicht nur für dieses Mal zu vergraulen. Wir fragten uns: Ist dieser Mann eben einer, der mit Tieren kann und mit Menschen nicht? Ist eine solch einfache Erklärung ausreichend? Dann aber wieder überraschte uns der Mann in eben genau dieser Veranstaltung mit feinsten und tiefsten Wendungen, die bei anderen Kursteilnehmern geradezu so etwas wie Spontanheilungen hervorriefen. Diese Vielschichtigkeit schloß dann letztendlich für uns eine einfache, vordergründige Erklärung aus. Was steckte dahinter? Dieser Punkt war einer der wichtigsten auf unserer Reise. Ohne den Pferdeschamanen darüber befragen zu müssen, löste er für uns das Rätsel auf seine, durchaus überraschende Weise:

»Wenn ich über die letzten zehn Jahre nachdenke, dann kann man diese Zeit wohl am besten dadurch fassen, indem man sie in drei Phasen unterteilt. Und diese Phasen sind in der Rückschau nicht nur für mich sehr bedeutsam, in ihnen liegt so etwas wie

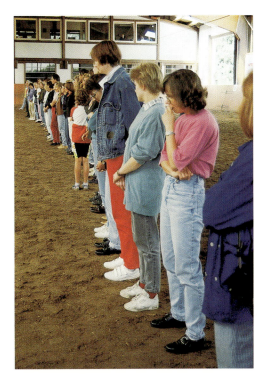

Kursveranstaltungen mit Teilnehmern von mehreren Hundert bis zu über viertausend ist in der Reiterwelt ein Phänomen, das unmittelbar mit dem Namen KFH verbunden ist.
»Ich war felsenfest davon überzeugt, daß ich das Meinige nur noch hinauszuposaunen bräuchte, und die Lösung auch für viele andere Menschen und Pferde sei schon gefunden.«

KFH bei seinen Unterrichtsaktivitäten. Ist dieser Mann einer, der mit Tieren kann, aber mit Menschen nicht?

eine allgemeine Gesetzmäßigkeit. Diese zehn Jahre waren sehr dramatisch und durchaus auch gefährlich. Der mittlere Teil war sicher der dramatischste.

Diese drei Teile lassen sich in etwa so benennen: Der erste Teil ist die Begeisterung. Für mich stand zweierlei fest: Erstens war ich auf dem richtigen Weg, denn die Reaktionen sprachen ja eine überdeutliche Sprache. Zweitens war ich felsenfest davon überzeugt, daß ich das Meinige nur noch hinauszuposaunen bräuchte, und die Lösung auch für viele andere Menschen und Pferde sei schon gefunden. Diese Begeisterung war überschwenglich und nahezu grenzenlos. Eine solche Begeisterung ist nicht nur vollkommen fehl am Platz, sie ist darüber hinaus auch sehr gefährlich für das eigene Leben. Das ist wie ein Feuer, das unkontrolliert brennt. Ich lief auf Hochtouren. Wirkliche Massen kamen zu meinen Veranstaltungen. Gott sei Dank hatte ich schon zu viel in meinem Leben erlebt und auch auf die Beine gestellt, als daß mir das ganze zu Kopf hätte steigen können. Nein, einen solchen Vorwurf habe ich auch niemals gehört. Doch dauerte es nur einige Jahre bis ich bemerkte, daß ich kaum etwas bei den Menschen habe erreichen können. Heute weiß ich warum. Doch seinerzeit stürzte ich aus der Begeisterung in die Tiefe. Immer heftiger wirkte ich zuerst noch auf die Menschen ein, einfach nicht begreifend, warum sie diese so einfachen Prinzipien nicht blitzschnell zu den ihren machten. Sie fragten doch alle danach – und wenn ich ihnen antworte, dann widersprachen sie nicht, im Gegenteil, aber wirkliche Veränderungen konnte ich auch nicht erkennen. So manche kamen über Jahre zu mir gemeinsam mit ihrem Pferd, und die Resultate waren praktisch gleich Null.

Ehe ich das alles begreifen konnte, braute sich in mir etwas zusammen aus tiefster Enttäuschung, aus Resignation, womöglich verletztem Stolz und schlicht und einfach aus Haß und Wut. Keine Frage – viele

Menschen kamen, die sich um meine Inhalte einen Dreck scherten. Sie kamen, um den Typen zu sehen, um mitreden zu können, um ein paar Tricks in ihr Zauberrepertoire aufnehmen zu können, um sich einen schönen Tag zu machen oder um zu schauen, ob nicht doch mal etwas Blut fließt bei der Arbeit mit ein paar verrückten Hengsten. Aber das war ja ihr gutes Recht. Die Veranstaltungen waren schließlich öffentlich, und jeder hatte das Recht, eben die innere Einstellung in die Veranstaltung zu tragen, die er eben da hineintragen wollte. Nein – ich war von dem Geschehen überwältigt. Tatsächlich wurde ich auch wieder körperlich krank. Nichtsdestoweniger war da nach wie vor die gleichbleibend große Nachfrage. Der Verlag drängte mich zu allen möglichen Veranstaltungen. Man muß sich das vorstellen. In Holland zum Beispiel gab es Veranstaltungen mit bis zu 4.000 Menschen. Wenn ich in so eine Halle kam, dann fühlte ich mich wie das heiße Blei, das zum Jahreswechsel in kaltes Wasser gegossen wird. Ich erstarrte. Ich merkte, daß ich mit meinen eigentlichen Botschaften kein Gehör fand. Und so probierte ich von allem etwas. Zu Anfang dieser Phase half mir noch mein Humor – von dem habe ich ja eine ganze Menge. Doch dann blieb nur noch der Zorn.

Heute erscheint mir das ganze wie eine gigantische Inszenierung. Denn das alles mußte wirklich durchlaufen werden. Gott gab mir eine große Bühne – und gewaltige Drachen.

Am Ende dieser Phase habe ich mich für Monate auf einen Berg zurückgezogen, um dann in mir die wichtigsten Erfahrungen meines Lebens überhaupt zu machen. Daraus dann erwuchs die dritte Phase, die des Annehmens. Das für mich am schwersten Anzunehmende war die Erkenntnis, daß sich meine Erfahrungen eben nicht unmittelbar auf andere übertragen lassen. Und damit öffneten sich mir gewaltige neue Wege. Das Ergebnis dieses Prozesses war das Buch ›Frau und Pferd‹. Jetzt begann

»Wirkliche Massen kamen zu meinen Veranstaltungen. Gott sei Dank hatte ich schon zuviel in meinem Leben erlebt, als daß mir das ganze zu Kopf hätte steigen können.«

sich alles zu relativieren. Nicht, daß ich auch nur ein Quentchen meiner Erkenntnisse abschneiden wollte – ganz im Gegenteil.

Aber in mir reifte etwas anderes, ganz Wichtiges: Ich kann doch ein gutes Brot essen, ohne daß ich weiß, wie man ein solches backt. Ich kann einen guten Wein trinken, ohne daß ich weiß, wie man diesen keltert, und ich kann in einem wunderschönen Haus wohnen, ohne es selbst gebaut zu haben. Mir schien das Meinige so einfach zu sein. In nur wenigen Wochen hatte ich mir das Wichtigste aus der Welt der Pferde für mich zusammengesteckt – zu all den Dingen der vorigen Jahre. Ich war wie der kleine Zigeunerjunge, der auf dem Dachboden eine Geige findet, ein paar Fingerübungen macht und drauflosspielt. Dann kommt einer und fragt ihn: Was tust du, und wie tust du das? Der Zigeunerjunge sagt: Du machst ein paar Fingerübungen und spielst drauflos. Der andere versucht es und nichts wird draus. Der Zigeunerjunge beschreibt noch ein paar Mal, wie er es zuwege bringt. Schließlich, als alles nichts hilft, nimmt er die Geige und schlägt sie dem anderen über den Schädel.

Heute ist der Zigeunerjunge ein Mann geworden. Er weiß, daß nicht jeder Geige spielen muß, um ihm dabei mit Freuden lauschen zu können. Ich will dabei um Himmels willen nicht sagen, daß man mir bei der Pferdearbeit zuschauen soll – bitte nicht. Da bin ich trotz all der Jahre nach wie vor sehr scheu.

Ich weiß aber, daß das Leben dann lebbar ist, wenn es gelingt, aus dem Chaos in die Ordnung zu gelangen. Das ist ein allgemeines, geistiges Urprinzip. Dabei muß eben nicht jeder diese Prinzipien in sich tragen. Es genügt, wenn jemand an diesen Prinzipien Anteil nimmt. Und das ist das Urwesen des Schamanen. Er verhilft den anderen in seiner Umgebung, die sich ihm freiwillig nähern, zu jener Ordnung, die ihnen womöglich immer wieder entgleitet. Darum muß ich mir keinen alten Fellmantel überziehen, und ich muß auch nicht sonderbare Dinge tun. Es ist eine andere, eine durchaus neue Ebene, diese Prozesse zu initiieren. Mich führte der Weg über so manches, schließlich über die Pferde zu den Urquellen. Das schamanische Wesen ist zu allen Zeiten zutiefst mit der Symbolik der Tiere verknüpft gewesen. Der Schamane ist ein Tiermensch. Er bezieht viele seiner Erkenntnisse aus ihrer Welt.

Natürlich wird dieser Begriff wieder ein gehöriges Rumoren verursachen. Womöglich tröstet es so manchen meiner mir hochgeschätzten Widersacher (das ist ernst gemeint), daß die Sage geht, die Schamanen seien immer die Dümmsten und die Willensschwächsten einer Gemeinschaft gewesen. Damit ist in der Tat etwas ganz Bestimmtes gemeint – aber ich will das hier einfach mal so stehenlassen.

Eines will ich dabei aber nicht unerwähnt lassen: Ein Weg will und muß begangen werden, und er wird darum nicht falsch, nur weil man sich auf ihm einmal einen Nagel in den Fuß tritt oder weil man sich einen Wolf läuft. Die Begeisterung, der Haß und die Akzeptanz – dieser Kanon ist so etwas wie ein Urgesetz. Nichts davon hätte ich umgehen können und dürfen. Und da das so ist, waren auch immer genau die Zuschauer und Zuhörer zugegen, die das alles gebraucht haben. Nichts verflüchtigt sich. Abgesehen davon, war es ja auch immer sehr unterhaltsam – zumindest für die, die nicht direkt angesprochen waren.«

An diesem Abend sitzen wir gemeinsam auf der Terrasse, um in das vor uns liegende Vulkantal zu schauen und über das Erlebte noch ein wenig nachzusinnen. Wir sehen den Pferdeschamanen, wie er die kleinen Pfade entlangstreift, so als würde er nach irgend etwas Ausschau halten. Es herrscht wie immer eine natürliche Ruhe, und auch in uns hat sich in diesen Tagen eine angenehme Stille ausgebreitet. Wir sind froh, daß Klaus uns das alles so freimütig mitteilt.

Denn hinter dem Bild des Großen tritt für uns immer mehr ein Mensch hervor. Jemand, der wirklich nicht wollte, sondern wurde, und der darum aus keiner seiner Stationen auch nur den geringsten Hehl macht. Über diese Offenheit sind wir überrascht und auch darüber, daß der Mann nicht im geringsten etwas dagegen hat, wenn alles das für das Buch herangezogen wird.

Wenn Klaus von Schüchternheit spricht, dann möchte man zuerst kopfschüttelnd loslachen. Doch jetzt erkennen wir, daß das wirklich so ist. Natürlichkeit, Rauhheit, Offenheit und Ehrlichkeit kann sich wirklich mit einer guten Portion Scheu und Schüchternheit paaren. Und Selbstbewußtheit ist nicht gleich Arroganz. Keine unserer Fragen wird peinlich oder elegant unter den Teppich gekehrt, keine menschliche Regung, die nicht Einzug finden kann in unsere gemeinsamen Unterredungen. Vor uns ist ein Mensch, der ganz gewiß einen Unterschied macht, aber kein Ungleichgewicht.

Unser Vertrauen ist gestärkt – ja alle unsere Zweifel sind ausgeräumt. Mit diesem Mann wollen wir gemeinsam in seine Geheimnisse eindringen – so weit wenigstens, wie es uns zuträglich ist. Wir nehmen uns vor, am nächsten Tag, so es möglich ist, über einen Punkt mit dem Pferdeschamanen zu sprechen, der uns im Augenblick noch nahegeht. Denn in der Tat ist es ja nun einmal so, daß viele Tausend Menschen sich ihren Pferden nähern nach den Anweisungen, die ihnen Klaus Ferdinand Hempfling vor Jahren, ja vor einem Jahrzehnt gegeben hat. Das war vor jenen drei Phasen. Sein erstes Buch ist in viele Sprachen übersetzt und bis heute international ein Bestseller. Es liegen in vielen Ländern etliche Auflagen vor, aber keine von diesen ist bis heute überarbeitet worden. Wie kann der jetzige Klaus Ferdinand Hempfling damit leben? Bereitet ihm das Kopfschmerzen? Steht er noch zu den Dingen, die er einst geschrieben hat und die nach wie vor immer neue Anhänger finden?

KFH bei einer Vorführung auf einer Messeveranstaltung. KFH sprach hier so offen über die katastrophalen Zustände in der Pferdehaltung auf der Messe, daß die Veranstalter androhten, ihm inmitten der Vorführung das Mikrophon auszuschalten. Davon ließ sich der »Kämpfer« nicht beeindrucken. Während er das extrem hektische Pferd in kurzer Zeit beruhigte, fuhr er mit seiner Kritik unverhohlen fort.

Im Anfang oder ...
Zehn Jahre danach – »Wie ich es heute sehe«

»Das stimmt, eure Frage ist berechtigt. Und es ist durchaus in meinem Sinne, das an dieser Stelle einmal in einer kompakten Form darzustellen. Kaum ein Schriftsteller, kaum ein Künstler wird sich nach Jahren noch in der Weise mit einem Werk identifizieren, wie er es tat, als er es geschaffen hat. Ganz im Gegenteil. Ich glaube Pinter hat einmal gesagt – oder war es Becket? – jedenfalls sagte einer von beiden einmal: ›Ich habe noch nie ein Werk geschrieben, von dem ich wahrhaft überzeugt war. Das ist ja der Grund, warum ich weitermache. An dem Tage, an dem ich von einem meiner Produkte gänzlich angetan bin, an dem Tage werde ich aufhören weiter zu schaffen.‹

Nun mag es ein Unterschied sein, ob ein Roman oder ein Theaterstück zur Perfektion gelungen ist oder eben nicht, oder eine Arbeit, die doch im wesentlichen konkrete Hinweise und Anweisungen für den Umgang mit Lebewesen enthält. Wenn dann noch dieses Werk über Grenzen hinaus Zuspruch findet, dann ist es meine Pflicht, mir über eben diesen Punkt sehr ernsthafte Gedanken zu machen. Das habe ich getan. Erwachsen aus dem Buch ›Mit Pferden tanzen‹ positive oder negative Früchte? Wenn ich von meiner Arbeit insgesamt der Meinung bin, daß sie bis heute kaum Früchte gezeigt hat, dann stellt sich natürlich die Frage, wie ist es dann um das Buch bestellt?

Wir wollen differenzieren. Für mich steht fest, daß beides der Fall ist. Es gibt Positives und Negatives. Zunächst einmal bin ich selbstbewußt genug zu sagen, daß seit Erscheinen dieses Buches die Pferdewelt eine andere ist. Die Axiome, die einst zweifelsfrei galten – gehst du zum Pferd, vergiß die Peitsche nicht – diese Grundaxiome sind erschüttert worden. Inhaltlich und sogar in der Gestaltung von Pferdebüchern wurde eine deutliche Zäsur geschaffen. Der ›Markt‹ veränderte sich radikal. Denn dieser KFH behauptete von sich, von keinerlei Ausbildung im herkömmlichen Sinne getrübt worden zu sein. Seither gibt es kleine und große Meister an jeder Ecke. ›Wenn der das kann, dann kann ich das auch.‹ Das gesamte Ausbildungswesen ist seither verrutscht. Auch das hat positive und negative Auswirkungen – darauf will ich jetzt nicht weiter eingehen.

Fakt ist, gerade der Freizeitreitermarkt explodierte – und inzwischen ist das eine bekannte Tatsache: Alle profitierten davon, auch und besonders in wirtschaftlicher Hinsicht. Eine der größten Reiterzeitschriften in Deutschland, zum Beispiel, startete mit Riesengetöse vor drei oder vier Jahren mit der Titelgeschichte: ›Klaus Ferdinand Hempfling – Guru oder Scharlatan?‹

Ein Pferd ist allerdings kein Massenprodukt. Ein Tier – jedes Tier – braucht einen Sinnzusammenhang. Heute aber wird das Pferd eingegliedert als Funfaktor in ein Daseinsniveau, das nur noch das eigene Ego zum Maßstab hat und den Grad des eigenen kurzzeitigen, rauschhaften Vergnügens. Deutschland lacht.

Nach einer solchen Party aber bleibt in aller Regel eine seltsam dumpfe Leere zurück. Nach der manischen Ekstase kommt

Auch das Zusammensein mit Pferden nahm in Spanien seinen Anfang. Hier machte KFH die ersten praktischen Erfahrungen.
»Ich war zutiefst berührt von der Landschaft, zu der die Pferde gehörten wie die Sonne zum Tag.«

Zu einer halbwilden Pferdeherde in den Pyrenäen…

die Depression. In Wahrheit ist ja beides immer zugleich da. Mein Anteil ist der, daß ich Traumschlösser errichtet habe, die es schon auch wirklich gibt, die dennoch für die allermeisten Halluzinationen bleiben.

Als ich das Buch schrieb, als ich diese Weisheiten hinausposaunte und sich Hinz und Kunz der Reiterwelt daran erregte, da war ich ja felsenfest davon überzeugt, daß das jeder im Handumdrehen für sich umsetzen kann. Ich war der Meinung, eine leichte Bauanleitung für ein Traumschloß abgeliefert zu haben. Warum gibt es dann immer wieder neue Auflagen und Übersetzungen? Müßte ich dann nicht die Notbremse ziehen? Euch brauche ich nicht zu sagen, daß ich das gewiß nicht aus wirtschaftlichen Erwägungen tue – ganz anderen, wirtschaftlich wesentlich bedeutenderen Projekten habe ich den Garaus gemacht wegen inhaltlicher Dissonanzen.

Nein – dieses Buch und all diese Gedanken haben natürlich bis heute ihre Berechtigung. Ich würde es ja nicht einmal anders schreiben – nur viel später. Es ist eben die Spitze des Eisberges. In all diesen Jahren versuche ich, das Fundament nachzuliefern. Hier, mit unseren Gesprächen jetzt zum Beispiel. Nur in dem Dschungel da draußen hätte vor zehn Jahren auf das hier keine Fliege gehustet. In der Tat betrachte ich das ganze als eine Art komplexe Plastik. Die ist so groß, daß es Jahre dauert, sie zu hauen. Ich habe halt bei den Haaren angefangen.

Und – Hand aufs Herz – ist nicht zwischen den Zeilen doch schon alles gesagt? Lediglich die Proportionen sind verschoben. Solch ein Buch wie das hier, das wir gerade gemeinsam erarbeiten – ein solches Buch hat wirklich gute Chancen, verkauft und gelesen zu werden. Mit all den Gedanken, mit den Tiefen, auf die wir ja mit Macht zusteuern. Da hätte sich doch jeder vor einigen Jahren nur an den Kopf gefaßt. Heute kann ich Dinge sagen, die mit Sicherheit auf Kritik stoßen, aber auch genauso auf ein nicht kleines, interessiertes Publikum. Und nicht, weil ich so toll, sondern weil ich ein Teil einer Strömung bin, die sich nicht mehr einordnen läßt, nicht einmal mehr in Kategorien wie Protestler, Esoteriker oder Spinner. Das geschieht heute auf vielen Ebenen, und die meinige ist die Pferdewelt – die reale ebenso wie die mystisch-mythologische.

Eine Waschmaschine oder ein Fernsehapparat wird immer zugleich an verschiedenen Stellen der Welt erfunden. Da sind immer einige, die sich an der Spitze einer zeitlichen Strömung befinden. Und dann kommt eben zutage, was zutage kommen muß. Und so ist es auch mit dem Meinen. Wäre ich es nicht, dann wäre es eben jemand anderer. Die Schöpfung folgt ihren Gesetzten. Das erste Buch ist so etwas wie eine außergewöhnliche Vorbereitung und eine Art Schlußpunkt zugleich. Eine der letzten Raketen des Feuerwerkes habe ich eben zuerst gezündet. Dem Feuerwerk macht das zum Schluß wenig – im Gegenteil –, es verleiht ihm die Würze.

Ich will aber die Gelegenheit nutzen, um auf ein paar ganz konkrete Punkte einzugehen. Es ist heute in der Reiterszene ganz allgemein üblich geworden, sich aus fertigen Gerichten etwas eigenes zusammenzukochen. Das ist durchaus eine sehr neue Erscheinung. Das ist so, als würdet ihr die Karamellen vom Pudding mit dem Essig vom Hering zu den Spargeln aus der Suppe geben, um von allem das zu haben, was euch im Augenblick gutdünkt. Das geht mit Sicherheit vollkommen in die Hose. Das folgt dem Trend der Unentschlossenheit.

Wenn man sich für die Methode eines Pferdeflüsterers entscheidet, etwas, was ich für sehr grausam halte, werden die Pferde doch dadurch gefügig gemacht, daß sie an die Grenze ihrer körperlichen und psychischen Belastbarkeit gequetscht werden, dann wird das nicht besser, indem man es mit anderem kombiniert, ganz im Gegenteil. Das bedeutet ja auch, daß keinem dieser Menschen vertraut wird. Wer aber kann eine Ganzheit überprüfen, indem er nur Teile zur Anwendung bringt? Ein Auto mit zwei Reifen fährt nicht halb so schnell, es fährt überhaupt nicht mehr.

Begibt sich ein Mensch auf ein neues Feld, dann sollte er sich so weit gefächert wie möglich informieren. Er sollte sich einen großen Überblick verschaffen. Vernunft und Intuition, innere Übereinstimmung und Vertrauen wird diesen Menschen dann auf womöglich noch zwei oder drei Grundrichtungen verweisen. Diesen kann man dann ein Stück weiter folgen, um sich schließlich für einen klaren Weg zu entscheiden. Den aber gehe man so lange, bis man entweder auf ihm zur Meisterschaft gelangt, sich ganz von ihm löst oder einen von ihm beeinflußten, eigenen Weg findet.

Das letzte ist das Allerschwierigste und darum seit altersher nur sehr wenigen Menschen möglich. Wer zum Beispiel das Meine in dem von mir so benannten Picadero, mit Klassischem, mit Sportlichem, mit Spanischem, mit Pferdegeflüstertem oder mit was auch immer mischt, der wird sein Pferd in Kürze ruiniert haben – und seinen Geist auch. Das spontane erste Stoppen wird noch gelingen. Zuerst auch bewegt sich das Pferd durch die Ecken, doch bald schon wird das dann methodischer Ersatz, und das Pferd findet in dem von mir geschaffenen Rahmen weit mehr Möglichkeiten, sich zu wehren, als in allen mir bekannten. Da ist die Bahn womöglich rund, da liegt die Kette auf der Nase, da ist das Maul zugesperrt, da hilft die Gerte nach und was nicht alles. Welchem Weg man sich auch verschreibt – gehe ich den nicht konsequent, komme ich an kein Ziel – nicht einmal an das, festzustellen, daß ich mich geirrt habe. Denn, um auf die Suppe zurückzukommen, warum schmeckt sie denn nicht? Wegen des Essigs, wegen des Spargels oder wegen der Karamellen?

Würde ich jenes Buch neu schreiben, dann würde ich diesem warnenden Aspekt mehr Raum zuordnen. Mit Sicherheit würde ich einiges verändern, so manches Mißverständnis aufklären und Unklarheiten beseitigen. Das große und ganze aber bliebe unverändert. Bringt jemand auch nur etwas von dem mit, was das Buch als geistiges

...knüpft KFH zu Beginn seiner Pferdezeit ein ganz besonderes Verhältnis.

Die Bilder dieser Doppelseite entstammen dem Buch ›Mit Pferden tanzen‹. »Ich war der Meinung, eine leichte Bauanleitung für ein Traumschloß abgeliefert zu haben.«

Fundament eben noch nicht ausführlich anspricht, und hält sich, zusammen mit seinem aktiven, intuitiven Beobachten und Umsetzen an die dort beschriebenen einfachen Grundsätze mit all der notwendigen Geduld, dann wird er seinem Pferd auf einer anderen Ebene begegnen können. Und er wird auf seine Weise die Erfahrung machen, daß das Sein mit dem Pferd nicht zu trennen ist von dem Rest seines Daseins. Und wenn er dann weitersucht, wird er das ihm Gemäße finden.

Die Menschen und die Menschheit befinden sich in einer großen Gefahr. Trennung, Isolation, Einsamkeit, völlige Orientierungslosigkeit, bei allem der Verlust des Gefühls, mit der Umgebung, mit sich selber, mit der Welt bekannt zu sein und in einem sinnhaften Zusammenhang zu stehen, das alles hat einen Zenit erreicht. Dagegen nehmen sich die hochgepeitschten militärischen, politischen und ökologischen Bedrohungen vergleichsweise harmlos aus.

Das Pferd geht durch alle Epochen und durch alle Kulturen dieser Welt mit dem erhobenen Zeigefinger des Propheten. Es ist kein Zufall, daß in dieser Zeit das Pferd allenthalben eine solche Bedeutung auch in den Medien gewinnt. Das Meine ist wie ein Brennglas, das die Zeigefinger aller Pferde der Welt groß und sichtbar erscheinen läßt. Wer diesen Zeigefinger aber nicht sehen will, aber dennoch das Brennglas benutzt, dem erscheint etwas anderes, womöglich Furchtbares plötzlich riesengroß. Und statt zu verstehen, wird er zerstören. Denn Wahrheit läßt sich nicht instrumentalisieren. Man muß sich schon darüber im klaren sein, welche Geister man ruft und in welche Umgebung man sie stellt.«

» Wie ich es heute sehe «

Schon die frühen Bilder machen deutlich, wie der Mensch über die Präsenz von Körper und Geist eine Einheit mit dem Pferd zu bilden vermag.
»Über die Bedeutung dieser Voraussetzungen war ich mir lange Zeit nicht im klaren.«

Statt Resignation neue Wege
Das Pferd im Unterricht

»... wie einen Kleiderschrank über den Platz.«

Wir, die wir hier zu Gast waren, haben es uns untereinander zur Aufgabe gemacht, immer wieder einmal den Advocatus Diaboli zu spielen. Irgend jemand mußte dann so viele Argumente wie möglich gegen das anführen, was wir gerade gehört hatten. In dieser Zeit klang das etwa folgendermaßen: »Der macht es sich womöglich doch ganz schön leicht – läßt er denn nicht so manchen einfach ins offene Messer rennen?« »Sollte er nicht viel mehr in der Öffentlichkeit unternehmen, um deutlich zu machen, wo auch die Gefahren liegen, die mit dem verbunden sind, was durch seine Bücher und Filme propagiert wird?« »Warum hält er denn dann überhaupt noch Kurse ab, wenn doch Erfolge kaum zutage treten?« Und wahrhaftig, gegen das letzte Argument konnte niemand etwas Korrigie- rendes vorbringen. Nein, leicht macht er es sich wirklich nicht. Und in der Öffentlichkeit ist er gerade so aktiv, daß sich Protest und Information, Interesse und Aufnahmebereitschaft die Waage hält. Mehr geht nicht. Und in der Tat ist er der Mahner und Warner vor dem Herrn, dem zum Schluß auch nichts anderes bleibt als dem Messerschmied, der darum keine schlechteren Messer herstellt, nur weil damit die objektive Gefahr verbunden ist, daß sich jemand unbeabsichtigt verletzt oder sogar absichtlich verletzt wird. Das ist nun einmal die Konsequenz dieses Lebens.

»Meine Veranstaltungen habe ich rapide verändert, und ich bin mit Macht dabei, sie immer weiter zu modifizieren. In diesem Jahr habe ich alle geplanten Seminare außerhalb der Schule abgesagt, obwohl sie schon zig-tausendfach angekündigt waren. Da spielten zugegebenermaßen andere Dinge auch noch eine Rolle mit, aber das tut hier nichts zu Sache. Wohl niemand wirft mir vor, daß ich in dieser Hinsicht nicht wirklich radikal genug vorgehe. Zum einen ist da ja diese Schule hier. Sie ist von Anfang an in der Kapazität der Schüler begrenzt gewesen. Die Dinge, die hier gelehrt werden, sind sehr speziell und sehr tiefgehend. Ob der Veranstaltungen für eine breitere Öffentlichkeit orientiere ich mich gerade vollkommen neu. Da sind die Magical Horse Rituals, die sich inzwischen zu einer ganz eigenen Form entwickeln, da sind die Überlegungen, unser ›Dorf‹ mit all seinen Aktivitäten gezielt und geführt zu öffnen. Aber da bleibt natürlich der Teil der öffentlichen Veranstaltungen, bei denen die Betrachter etwas sehen, was sie kaum richtig einordnen können und darum mit großer Wahrscheinlichkeit falsch zuordnen.

Aber das nützt ja alles nichts. Was bleibt, ist einfach dieses: Auch bei den Veranstaltungen, bei denen ihr zugegen ward, wurden Menschen Zeuge von etwas, was sonst nur in Filmen, Sagen, Märchen geschieht. Da jedoch gibt es keinen Schnitt, keinen Cut, keinen Computertrick. Ein innerliches Geschehen wird im Außen durch ein Medium sichtbar gemacht. Wo auch immer das bewußt hingesteckt wird, das Bewegtsein ist echt und wahr. Die Rührung geschieht, und sie bleibt. Das vergißt man auch so schnell nicht. Und wie eine Medizin, die man eingenommen hat, wirkt das. Wenn ich sage, daß ich nicht so viel bewege, wie ich es mir wünschen würde, dann weiß ich letztlich dennoch nicht, welches Sandkorn sich im Unsichtbaren auf welches Sandkorn legt. So wie ich im Augenblick die Dinge sehe, komme ich wohl nicht darum herum, wenn auch verändert, so doch in ähnlicher Form weiter zu wirken. Das gehört wahrlich nicht zu meinen geliebtesten Beschäftigungen.

Der Schwerpunkt, den ich mir in der letzten Zeit gesetzt habe, ist sehr einfach: Es geht dabei um das Phänomen der Natürlichkeit. Kaum einer nachvollziehbaren Regel folge ich mehr. Das sage ich auch laut und

deutlich vorher, damit niemand nach ihr sucht. Ich versuche zu demonstrieren, wie unerheblich äußere Abläufe dann sind, wenn sich im Inneren eines Menschen, zusammen mit seiner Natürlichkeit und Naturhaftigkeit, ein stabiler Kern gebildet hat. Der ist womöglich von einer feinen Haut umgeben. Aber gerade dadurch ist diese Hülle zart, weich, nachgiebig und sehr beschützt. Ich schiebe zum Beispiel ein vollkommen aufgedrehtes Pferd wie einen Kleiderschrank über den Platz, und dieses bewegt sich von da an nicht einen Millimeter mehr. Ich versuche auf das Einfachste und Natürlichste zurückzukommen.

Im Grunde schließt sich hier ein Kreis, ein erster Kreis unserer Gespräche, und womöglich sollte man auch den ersten Teil des Buches mit diesen Sätzen beenden. Denn im

»... welches Sandkorn sich im Unsichtbaren auf welches Sandkorn legt.«

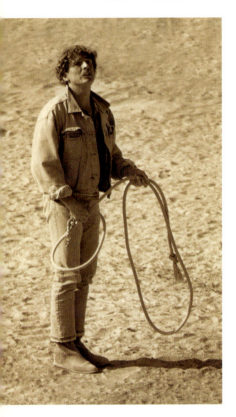

KFH in der Pose des Verzweifelten: »Nur weil wir die Gesetze des Himmels nicht mehr unmittelbar nachvollziehen können, heißt das ja nicht, daß sie nicht mehr wirksam sind.«

Grunde bin ich bei diesen Veranstaltungen nicht mehr und nicht weniger als jener kleine Junge, der auf der Straße sitzt und dem nichts weiter bleibt, als sich auf seine Natürlichkeit und auf seinen Glauben an diese Welt zu verlassen. Dahin bin ich in all den Jahren zurückgekehrt, zumindest was meine Demonstrationen anbelangt. An dieses erste, an dieses Einfachste, an diese zarte Seite eines jeden Menschen versuche ich zu appellieren. Weniger mit Worten als mit einfachen Gesten und Handlungen.

Dabei hoffe ich auch, daß ich inzwischen meinen Frieden mit diesem Teil meiner Realität gefunden habe. Sicher bin ich mir dabei nicht. Laurens van der Post hat einmal über die Buschmänner etwas sehr Feines gesagt, es war etwa sinngemäß dieses: ›Wenn uns doch nur klar wäre, was wir im unverdorbenen Gemüt eines Buschmannes alles anrichten. Unsere Arroganz ist so groß, daß in dem Buschmann kein Fünkchen Selbstachtung zurückbleibt.‹

Das ist ein Gedanke, der nur in wenigen Menschen aufkeimen kann. Ich bin kein Buschmann, und ich will wirklich nicht behaupten, von unverdorbenem Gemüt zu sein. Aber wer mich beobachtet, auch und besonders bei meinem Sein mit Pferden, der wird die Zartheit des Geschehens und seine tiefe Naturhaftigkeit kaum in Frage stellen. Für mich als Mensch heißt das, mit geöffneten Scheunentoren inmitten derer zu stehen, die vieles und so manches suchen, nur nicht das, was hinter den Scheunentoren zu finden ist. Ich weiß aus meiner nun Jahre dauernden Erfahrung, daß ich in vielen Momenten sehr verletzbar bin. Auch das hat zu der Vehemenz geführt, mit der ich so manchen Menschen zurückgestoßen habe.

Wenn wir jetzt gemeinsam zu den Inhalten vordringen, dann würde ich mir wünschen, daß meine bisherigen Berichte dazu beigetragen haben, daß das Folgende leichter in eine reale, menschliche und zeitliche Ebene verankert werden kann. Womöglich konnte deutlich werden, daß zum Schluß

immer menschliche und auf den Menschen bezogene Brennpunkte das auch irreal Erscheinende zur gelebten Realität werden läßt.

Nur weil wir die Gesetze des Himmels nicht mehr unmittelbar nachvollziehen können, heißt das ja nicht, daß sie nicht mehr wirksam sind. Sie wirken ebenso wie zu allen Zeiten, nur ist sich eben kaum mehr jemand dessen bewußt. Mein Leben

jedenfalls, und das war ja das Thema dieser ersten gemeinsamen Tage, erlebe ich ganz unmittelbar in diesen tiefen Zusammenhängen. Da ist kein Spielball des Zufalls, der mich gelegentlich, mal sanfter, mal fester trifft. In mir wirkt eine einzigartige Konzeption wie in jedem anderen Menschen auch. Was den Unterschied macht, ist meine bedingungslose Bereitschaft, sie tatsächlich zu leben. Die Veranstaltungen sind ein Zeichen dieser Bereitschaft.

Klaus Kinski hat einmal einem fragenden Reporter etwa so geantwortet: ›Fragen Sie mich doch nicht so blöd, warum ich Schauspieler geworden bin – das macht doch überhaupt keinen Sinn. Das war doch schließlich nicht meine Entscheidung. Das hat mich doch nur vor Schlimmerem bewahrt. Womöglich hätte ich sonst noch jemanden umgebracht – Sie zum Beispiel.‹«

Magie 3 *Weder Fisch noch Fleisch*
Die magische Welt des Pferdes

amanen

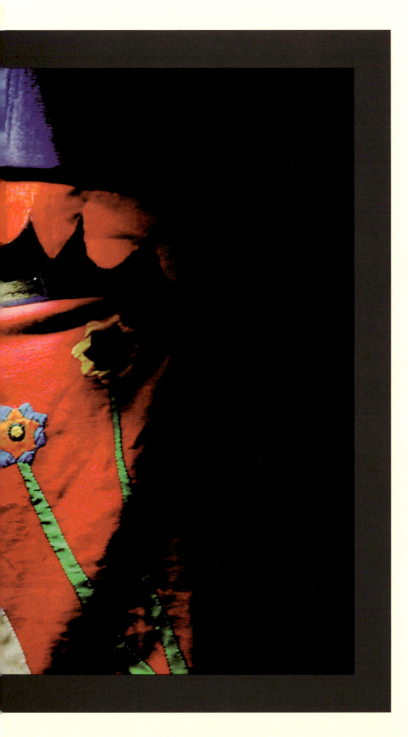

KFH mußte schon als Jugendlicher lernen zu »überleben«. Das gelang ihm genauso durch Abgrenzung wie durch Vertrauen, Urvertrauen. Und genau darum geht es ihm, wenn er von Urquellen und magischen Ritualen spricht. Das sei nach außen hin verwechselbar – ebenso wie das Zusammensein mit Pferden. Bei genauer Betrachtung aber zeigt sich eine sehr feine Form der Abgrenzung. Nicht die hin zum Sektierertum, sondern ganz im Gegenteil, die hin zur vertrauensvollsten Bejahung der Welt. Versteht man diesen Teil des Pferdeschamanen auch nur ein wenig, so ist man seinem Sein mit Pferden einen gewaltigen Schritt nähergekommen.

Wie ein roter Faden
Der Pferdeschamane und die Ursprünge

KFH inmitten eines großen Voodoo-Rituals, das in dieser Form zum ersten Mal außerhalb Afrikas durchgeführt wurde.

Am Ende unserer Reise durch die Welt des Pferdeschamanen waren wir uns vor allem über dieses einig: Noch niemals zuvor ist uns das, was man die »Magische Welt« nennen kann oder die Welt der Rituale, so tiefgehend, so durchdringend nahegebracht worden. Klaus Ferdinand Hempfling hat uns symbolisch an die Hand genommen und uns einen Einblick vermittelt in eine Welt, in seine Welt der Ursprünge, so daß sie uns nicht nur bekannt, sondern auch vertraut wurde.

Uns ging es nicht anders als vermutlich den meisten Lesern: Unkenntnis, Fremdheit, Befürchtung, Abneigung auf der einen Seite stand einer merkwürdigen Neugierde

In einer mehrtägigen Zeremonie wurde KFH von seinen Gästen aus Afrika ›geläutert‹.
»… sich wirklichen Gewalten so zu stellen, daß man sie unbeschadet meistert.«

seltsam ungleichgewichtig gegenüber. Am Ende jedoch überwog die schlichte Scheu, uns auf etwas einzulassen, dessen Anfangs- und Endpunkt, dessen Weg, Hürden und Gefahren uns mehr oder weniger unbekannt waren.

»Diese Grundeinstellung, die ihr mitbringt, ist die beste, die man sich wünschen kann. Wir betreten jetzt einen Bereich, der so harmlos und so schön ist wie ein kleines spielendes Kätzchen. In den Händen der meisten aber wird daraus ein reißendes Raubtier. Feuer ist etwas wunderbar Wärmendes, und das menschliche Leben wäre ohne es nicht denkbar. So ist es auch mit den Dingen, denen wir uns jetzt zuwenden wollen. Mit beidem kann ich ganze Welten vernichten – und das geschieht. Worin liegt das Hauptproblem? Es ist wie bei den Pferden – im Grunde sind sich die Dinge oftmals sehr verwandt. Wir sprachen über die zehn Ziele. Mindestens die ersten fünf galten nichts weiter als der Vorbereitung des Menschen. Wird das eingehalten, dann ergibt sich der weitere Weg nicht nur fast wie von selbst, er ist darüber hinaus auch leicht zu gehen. Ja, es ist eine reine Freude. Es ist der Kern des wahren Lebens. Wir wollen darum auch hier ganz langsam beginnen.

Zuerst sollten wir uns darüber im klaren sein, daß ebenso, wie jedes Kind von Natur aus reiten kann, auch jedes Kind die Prinzipien dessen in sich trägt, über die wir uns jetzt unterhalten wollen. Wenn euch das heute so vollkommen fremd erscheint, ihr allenfalls einige verwirrende Bilder aus Filmen, Zeitschriften und Büchern in euren Köpfen umherschwirren seht, dann heißt das ja nicht, daß das alles in Wahrheit nicht ganz real und greifbar in euch existiert. Es ist geparkt in irgendwelchen verstaubten Winkeln eurer Persönlichkeit. Und genau da wollen wir es auch lassen. Denn daß es dort ist und nicht in bewußteren Ebenen, das ist bei allem auch ein wunderbarer Schutz. Wenn jemand einen Dachboden nach Jahrzehnten wieder aufräumen will, dann tut er das in aller Re-

»Meine frühen Bilder, die Welt der Pferde, die Welt der Mythen, Sagen und Urquellen …

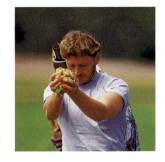

gel mit großer Bedachtsamkeit – jedenfalls dann, wenn er die einzelnen Schätze Stück für Stück wieder entdecken will. Ganz vorsichtig geht er zu Werke. Sachte befreit er die Funde vom Staub der Jahre. Immer wieder wird er sich niedersetzen und gedankenversunken die Spuren verfolgen und zu einem geordneten Ganzen zusammenfügen.

Wenn das schon bei einem Dachboden wichtig ist, wie bedeutsam ist es dann erst mit den tiefen Daseinsstrukturen eines Menschen? Da ist Furcht und Sorge mehr als angebracht. Eine weitere Parallele zu dem Dachboden drängt sich uns auf: Ein jeder dieser Orte sieht anders aus. Das ist ja das Tolle und das Spannende. Mögen auch die Wohnungen darunter mehr und mehr einem Massengeschmack angeglichen sein – auf den Dachböden findet sich das wahre Leben. Da finden sich die Spuren der individuellen Schicksale. Alles das, was das geordnete äußere Bild nicht erträgt, nicht zuläßt, weil es alt, zu privat, unangenehm und was auch immer ist, das alles verschwindet in den dunklen Tiefen der Dachböden. Da ist die wahre, die innere Geschichte der Menschheit verborgen. Wir werden noch sehen, daß sich die Rituale dort abspielen – in einer Welt des wiederhergestellten Glanzes. Denn auch das ist eine Parallele zu unserem individuellen Leben. Sind die Fundstücke erst einmal sorgsam geborgen, gereinigt und wiederhergestellt, dann sind es nicht selten schönste Schmuckstücke. Die Arbeit hat sich wirklich gelohnt. Machen wir uns also auf – nein, keine Angst, nicht hin zu euren Dachböden. Das wäre vermessen, dumm und viel zu riskant. Nein, machen wir uns auf, einen vorsichtigen Plan zu erarbeiten, wie man denn wohl am besten dabei zu Werke geht, den eigenen Dachboden nach verstaubten Schätzen zu erkunden.

Meine Arbeit mit den Pferden ist eine sehr reale. Auf diese Binsenweisheit komme ich jetzt zu sprechen, weil das für mich

… und das Eintauchen in diese Ursprünge ist für mich ein und dasselbe.«

immer ein gewaltiger Schutz war. Es ist eines, sich in Welten zu flüchten, die, gelinde gesprochen, jede Bodenhaftung verloren haben und in die Isolation, in das Sektierertum und in den Wahn führen, oder aber sich wirklichen Gewalten so zu stellen, daß man sie unbeschadet meistert. Das Letztere ist mein Weg, und ich erlaube mir zu sagen: Es ist der einzige. Dazu braucht es selbstverständlich keine Pferde, aber es braucht die Vernunft und den immer realen Bezug zum Geschehen dieser Welt.

Ich schlage vor, daß wir gemeinsam den schon eingeschlagen Weg weiterverfolgen. Ich will versuchen, meine eigenen Erfahrungen so aneinanderzureihen, daß dadurch so etwas wie eine Wegbeschreibung entsteht. Was auch immer ihr damit anstellt, ist dann eine zweite Frage.

Wie ich euch schon dargelegt habe, war dem kleinen Klaus das Erwachsenwerden nicht als etwas Furchtbares dargestellt worden. Aber er wollte eben auf eine ganz bestimmte Weise erwachsen werden. Das Wesen des Großvaters diente ihm als Vorbild. Warum kommen Großeltern oftmals so viel besser mit den Kindern klar als die Eltern? Weil Anfang und Ende des Lebens eins ist! Das kleine Kind will noch nicht, der Großvater will nicht mehr. Die Welt des Benutzens, die Welt des sinnlosen Zusammentragens ist beiden gleichermaßen fern – zumindest dann, wenn der Großvater sein Leben wenigstens halbwegs hat meistern können.

Beide leben in der Zeit, nicht in der Zukunft. Der eine, weil er sie nicht mehr, und der andere, weil er das Paradies noch nicht verlassen, noch nicht vom Baum der Erkenntnis geraubt hat. Das ist auch das Verhältnis vom Lehrer zum Schüler – wobei zumindest diese erste Reinheit vom Schüler verlangt wird. In meiner Jugenderfahrung, getrennt vom Elternhaus, fehlt schlicht und einfach das Stück dazwischen. Und mit dem konnte ich mich auch bis heute nie mehr abfinden, nie mehr anfreunden – Gott sei Dank. Da mir dieses Stück immer sinnlos erschien, versuchte ich, von meinem Sein eine unmittelbare Brücke zu den Erfahrungen gemeinsam mit meinem Großvater zu schlagen. Die Bilder, die so in mir

Für KFH ist es sehr bedeutsam, die Begriffe Magie und Zauberei klar voneinander zu unterscheiden. Die Reithalle, in der die Bilder aufgenommen wurden, wurde zu einem magischen Ort, nicht zu einem Ort der Zauberei.

entstanden, und die Kunst, die ich nahezu reflexartig erschaffen mußte, die entdeckte ich später wieder. Und zwar in den Masken, den Verkleidungen, den Ritualen, den Rhythmen und Tänzen so mancher Naturvölker. Das war mir nicht fremd. Aber: Jenes Angelehnte in meiner Nachbarschaft, jenes Bestreben so vieler, in diese fremden Welten auf unzulässige Weise einzudringen, die bizarren Spuren eines Hermann Hesse, schlimmer noch die eines Carlos Castañedas, das war mir von Anbeginn an extrem zuwider. In all diesen Aktivitäten fand ich mich nicht zurecht. Darin fand ich meine Welt nicht wieder. Das erschreckte mich. Denn in der Welt, die ich soeben mit dem ›Zwischenstück‹ bezeichnet hatte, war ich ja nicht zuhause. Und jetzt war ich es auch nicht in jener, die sich mit so Ähnlichem auseinandersetzte wie ich. Heute weiß ich, daß keiner von ihnen in der Gegenwart eines Pferdes bestehen kann. Mich warf das allerdings in die Isolation.«

Dem jungen Klaus Hempfling von 15 oder 17 Jahren fiel auf, daß er in der einen wie in der anderen Umgebung ähnliche Mißstimmungen und Mißklänge erlebte.

»Sie gebärden sich scheinbar gänzlich unterschiedlich, ihre Wirkung auf mich aber war exakt identisch. Für mich waren sie gleich. Diese Erkenntnis hat sich mir bis heute vielfach bestätigt. In ›Frau und Pferd‹ bin ich sehr ausführlich auf dieses Phänomen eingegangen. Die politische Wirklichkeit heute bestätigt ja drastisch das Zusammenlaufen der scheinbar gegensätzlichsten Tendenzen bis hin zum gänzlich unfaßbaren Überholmanöver. Die Pazifisten brachten dieser Republik, der deutschen meine ich, die erste kriegerische Auseinandersetzung. Steckt womöglich dahinter ein Gesetz? Ja, das tut es! Und obwohl ihre Auswirkungen so überwältigend vielgestaltig sind, ist es im Grunde doch so einfach und klar.

Gehen wir den ersten ganz konkreten Schritt auf unsere ›Dachböden‹ zu, indem wir uns dieses seltsame Gesetz einmal genauer anschauen.

Fest steht, daß wir ganz offensichtlich in gänzlich anderen Kategorien denken müssen als in Links oder Rechts, in Konservativ, Revolutionär, Bürgerlich, Alternativ, Ökologisch oder Intellektuell. Durch die Nähe zum Ursprung, konnte ich zwei sehr interessante Worte finden. Diese finden immer wieder auf merkwürdige Weise Einzug in die Urquellen aller Kulturen und Zeiten. Diese Worte sind Magie und Zauberei. Das klingt entsetzlich banal, und gleich stellt sich die Frage, ob das nicht ein und dasselbe ist. Ich bin sicher, daß ihr mir später zustimmen werdet, daß das ganz und gar nicht banal und daß das auch ganz und gar nicht dasselbe ist. Im Gegenteil – beide Begriffe stehen sich diametral gegenüber. Und beide Begriffe sind bis in die heutige Zeit hinein fundamental. Warum scheint die Bibel so sehr gegen Hexen und Zauberer zu hetzen? Das Mittelalter im Bann der Kirche sah darin eine ganz reale Attacke vor allem gegen die Frauen. Millionen wurden dahingemetzelt. In einfachen Worten läßt sich folgendes sagen: Es ist überraschend, daß die Begriffe Magie und Zauberei in nahezu allen Urkulturen als Gegensätze erscheinen. Mein Freund Djalé, einer der bedeutendsten Voodoopriester Westafrikas, ist Magier. Er ist ein Heiler, ein Schamane. Eine seiner bedeutendsten Aufgaben ist es, sein Dorf gegen alles zu schützen, was dort Djudju genannt wird. Ein Djudjumann ist das Schlimmste, was jemand sein kann, er ist ein Hexer oder Zauberer. Er, der Magier, schützt das Dorf vor den Hexern und den Zauberern.

Wenn wir das nicht gleich abtun wollen als absurdes Geplänkel von ›Wilden‹, dann muß an dieser Stelle ein fundamentaler Unterschied zu finden sein. Und obwohl er so einfach, so ins Auge fallend ist, kennt ihn kaum jemand. Zauberer oder Hexer ist jeder Mensch, der vom Baum der Erkenntnis ißt. Es ist der Mensch, der, auf welchem Wege auch immer, aus sich heraus große oder kleine Macht schöpft, um zu wirken. Er setzt *sein*e Ideen, *seine* Vorstellungen um. Das ist der moderne Mensch genauso wie der Regenmacher, der Schwarzmagier, der Links- wie der Rechtsorientierte, der Konservative wie der Intellektuelle. Und jetzt kommt es: *das ist auch in der Welt der Naturvölker die Masse!* Darin sind wir Menschen uns nämlich alle gleich. Denn beileibe nicht alles, was Naturmensch ist, glänzt! Viele, nahezu alle diejenigen, die heute auf der Suche nach den Ursprüngen sind, verlieren sich dann in diesen Strukturen der Macht, auf den Wegen der Zauberei. Die Magie ist immer im Verborgenen. Was tut sie? Sie wirkt immer in Abhängigkeit vom Himmel. Der Magier reduziert sich auf ein Nichts. Er ist lediglich Werkzeug und Handlanger des Himmels, der schöpfenden Kräfte. Er heilt keinen Kranken, sondern er heilt einen Kranken nur dann, wenn es der Himmel will. Der Himmel heilt durch ihn, nicht er heilt! Das ist ein fundamentaler Unterschied. Auch der Zauberer heilt, der Homöopath, der Arzt. Sie wollen womöglich Gutes, doch sie wollen es in ihrem Namen. Der Magier ist mächtig in seiner grenzenlosen Ohnmacht. Er verliert sich, er gibt sich auf, um sich im Willen des Himmels zur gänze neu zu finden. *Die beste Absicht führt ins hoffnungslose Chaos, ins Unheil, wenn sie als Ursache im Menschen entsteht.* Der Wille ist nichts, auch der beste nicht. Er verkehrt sich immer in sein Gegenteil. Mein Großvater sagte zu mir in seiner oft überzeichnenden, ja, auch rohen Art: ›Mein Junge – hüte Dich im Leben vor den Leuten, die es gut mit Dir meinen.‹«

Wenn am Ende der Anfang ist
KFH und die Welt der Rituale

Ein wahres Ritual ist nicht selten etwas Erschreckendes. Es ist jedesmal die Reise an den Uranfang. »Würden moderne Machtmenschen nur ein einziges, wirkliches Ritual mitmachen, dann müßten sie fürchten, auf der Stelle zu sterben.«

»Gestern haben wir über Magie und Zauberei gesprochen, die Gegensätze in allen Kulturen zu allen Zeiten. Das Bemerkenswerte dabei ist, daß diese Begriffe unabhängig sind von den jeweils gelebten Gesellschaftsstrukturen. Bei uns will jeder Macht und jene Erkenntnisse, die ihn in den Mittelpunkt zu setzten vermögen. ›Jetzt glauben sie, sie seien Gott.‹ Die Menschen der westlichen Welt sind nahezu allesamt Zauberer. Moderne Zauberer einer modernen Welt. Meine Welt ist die der Magie und der Rituale. Wieder kommen wir zu einem Wort, zu einem Begriff, der vollkommen mißverstanden wird.

Da bedauern sie so nebenbei den Verlust der Rituale. Es sei ja so traurig, daß all diese alten Strukturen verlorengingen. Würden moderne Machtmenschen nur ein einziges wirkliches Ritual mitmachen, dann müßten sie fürchten, auf der Stelle zu sterben. Sie sprechen nämlich zuallermeist nur von sentimentalen Bräuchen und Nostalgie. Ein magisches Ritual aber ist etwas ganz anderes. Wenn ich mit einem verrücktgemachten Hengst bin, dann ist das ein magisches Ritual. Warum? Weil ich nur so überlebe. Was also ist ein Ritual? *Es ist jedesmal die Reise an den Ur-Anfang.* Nur das ist der Sinn eines Rituals.

Wie können wir das verstehen? Von den Zauberern sagten wir, daß sie bestrebt sind,

ihren Willen durchzusetzen. Das kann etwas Kleines oder etwas Großes sein, etwas Gutgemeintes oder nicht. Am Ende ist das eine wie das andere schlichtweg Hexerei.. Darin sind sich alle Urquellen der Welt einig. Und jetzt kommt etwas Spannendes: Setzt sich der Wille eines Menschen durch und nicht der des Himmels – wobei das zum Schluß auch der des Himmels ist, aber darauf wollen wir jetzt nicht eingehen. Setzt sich also der menschliche Wille durch, dann passiert sozusagen Geschichte. Der Ur-Zustand eines Naturvolkes wird durchbrochen. Es entsteht so etwas wie Fortschritt, Historie.

Ich will das genauer erklären: Naturvölker haben eigentlich keine Geschichte –

Immer wieder wurden die Götterfiguren, die in der Reithalle aufgebaut waren, mit rituellen Handlungen bedacht.

Der Vorgang des Opferns, hier sind Nahrungsmittel in Tücher eingewickelt, spielt in ursprünglichen Ritualen eine wichtige Rolle.
Rechte Seite:
Zeichen auf dem Boden der Reithalle dienen den Göttern zur Orientierung.

sie sind geschichtslos. Das ist die Folge ihrer Rituale. Ein Mensch denkt sich etwas aus – meint es gut oder böse und setzt es in die Tat um. Eine Erfindung entsteht oder was auch immer. Die aber verändert sichtbar die Zusammenhänge in einer Lebensgemeinschaft. Das Rad der Geschichte setzt sich in Bewegung. Die Urquellen sprechen davon, daß sich eine Zauberei an die nächste fügt. Um das zu verhindern, kommt der Magier, der Schamane, der Priester und bestimmt ein Ritual. Die Attrappe eines Bären wird zum Beispiel ›getötet‹.

Das Wirken des Schamanen, des Priesters ist jetzt mindestens zweierlei: *Zum einen ist dieses Ritual für ihn immer die Umsetzung des himmlischen Willens.* Nicht er sucht und bestimmt das Ritual, es wird ihm immer gegeben. Das Ritual ist also die unmittelbarste Umsetzung des göttlichen Willens. Der ist immer zeitlos, der ist immer gültig. Zum zweiten wird ein Ritual immer derart durchgeführt, daß die Reise des Schamanen zu den Ur-Anfängen von einer solchen Kraft ist, daß die Umstehenden miterleben, wie nicht *ein* Bär getötet wird, sondern *der erste Bär aller Zeiten*. Das Ritual bringt alle Anwesenden an den ersten Anfang menschlichen Daseins zurück.

Wenn ich so mit einem Pferd bin, das in der Tat Leib und Leben bedroht, dann kann ich mich nicht nur mit *diesem* Pferd auseinandersetzten. Dann bräuchte ich Tricks. Dann würde womöglich ein wildes Gehetze im Roundpen erfolgen – ich wäre dann ein Zauberer, ein Pferdeflüsterer zum Beispiel. Keine Frage, die haben Macht.

Ich aber habe keine unmittelbare Macht – im Gegenteil. Bin ich mit einem solchen Pferd, dann entsteht die Rührung bei den Zuschauenden, die man ja sogar noch in meinen Filmen nachvollziehen kann, dadurch, daß das Geschehen vollkommen zeitlos wird. Das ist dann kein Geschehen des 20. Jahrhunderts mehr oder des Mittelalters. *Hier begegnet zum ersten Mal ein Mensch einem Pferd.* Das Pferd wird so für diesen Moment ebenfalls geschichtslos. Es ist ursprünglich, neu, unberührt. Das Ritual bringt die Menschen, die das aktiv wollen, vom Baum der Erkenntnis zum Baum des Lebens zurück, zumindest in diesem Augenblick. Das ist bewußt oder unbewußt eine tiefe Erfahrung. Nichts ist mehr wichtig. Wir kehren zurück zum Ur-Zustand des Seins. Es gibt keine Fragen mehr und keine Antworten, also auch keine Zeit. Die Uhren stehen still.

Darum sind solche Rituale auch nicht, wie man glaubt, in ihren Abläufen fixiert. Was so manche Völkerkundler vorgetischt bekommen, ist ein Riesenspaß, den sich Menschen machen, die wissen, daß der da ohnehin nichts begreift. Rituale sind immer wandelbar, immer abhängig von der Zeit.

Bleibt die Frage, warum denn dem Himmel so sehr daran gelegen ist, daß kein Fortschritt geschieht? Eine vordergründige Antwort liefern uns schon jene Urlauber, die in ihrer freien Zeit des Jahres den Wohlstand verlassen, um für hart erarbeitetes Geld den Ursprung zurückzuerkaufen. Sicher nicht den wahren, aber zumindest einen Hauch davon. Und wenn ich meine Gäste hier auf die Terrasse dieses über 700 Jahre alten Hauses führe, dann höre ich sie immer wieder sagen: Mein Gott, wie unberührt, wie wunderbar, wie ursprünglich. Ja, warum um alles in der Welt: Wenn auch euch das so gefällt, warum vernichtet ihr es dann?

Eine tiefgründigere Antwort liefert uns zum Beispiel die Urform der Bibel. Wie ich immer wieder betone, hat diese nur wenig mit der uns geläufigen, vor allem mit ihrer Auslegung zu tun. Da heißt es nach jedem Schöpfungstag: ›Es wurde Nacht, es wurde Tag, der soundsovielte Tag.‹ Nach der Schöpfung des siebten Tages aber fehlt dieser Zusatz. An jenem ruhte Gott. Die Welt war zu Ende geschaffen. Wir leben in der Welt des siebten Tages. Darum sind es immer sieben Raben oder sieben Geißlein oder sieben Kerzen. Die Welt ist in Wahrheit zu Ende geschaffen. *Wir leben in der Welt der göttlichen Ruhe.* Es ist das Paradies. Nur das Wollen des Menschen, die verlockende Frucht vom Baum der Erkenntnis, stört diese paradiesische Ruhe. Wenn ich mit Pferden bin, und wenn ich es im Sinne des Himmels bin, dann entsteht eben seine Ruhe. Dann ist nichts, dann gibt es keine Zeit mehr. Das ist der Glanz der Magie. Das zeigt, wie es sein könnte.

Ein Ritual ist darum immer allgemein und immer absolut. Es geht dabei nicht um einen Bären oder um ein Pferd. Es ist immer allumfassend. An dem Beispiel einer Heilung, der eines Menschen oder der eines Pferdes, wird der Ur-Zustand aller wieder erlebbar und in Erinnerung gebracht. Ein Ritual ist darum nie Selbstzweck oder sogar nützlich. Ein Regenritual ist in Wahrheit kein Ritual. Tatsächlich wirkt so etwas, aber es ist Zauberei. Und das Tragische: Was hier die Menschen für Ritual halten ist zuallermeist das Gegenteil, ist Hexerei. Es ist Demonstration der eigenen Macht, es ist Geschäft, es ist schwarze Magie. Darum werden die Grünen bei uns so schnell Schwarz, die Roten so schnell Braun und so weiter. Es sind in Wahrheit alles Vertreter unterschiedlichster Gruppen, aber einer einzigen Zunft. Und jede von ihnen will den Oberzauberer stellen.«

»… ihnen dient der Schmuck als eine Art Huldigung an den Himmel.«

Praktische Übung

»Probiert das einfach einmal aus. Das hat nichts mit einem Ritual zu tun. Aber die Wirkung kann schon gewaltig sein. Wenn ihr das nächste Mal zu euren Pferden geht, dann stellt euch einfach vor, es sei das erste Mal. Ihr ›wißt nichts‹ über das Pferd, habt ›keinerlei Kenntnis‹ darüber und ›keine Erfahrung‹ mit ihm: Ich bin sicher, daß ihr eine Veränderung wahrnehmen werdet. Verhaltensweisen begründen sich sehr häufig auf Vorurteile. ›Der ist so, die ist so, mein Pferd ist so.‹ Wird ein Tier dann verkauft, geschieht es nicht selten, daß es sich bei dem neuen Besitzer von einer ganz anderen Seite zeigt. Das Pferd hat sich verändert? Nein, es reagiert auf das ihm Entgegengebrachte. Ein erster winziger Schritt.«

Schmuck, Symbol, Verkleidung

Wir verfolgten miteinander weiter gespannt die Spur, auf die uns der Pferdeschamane geführt hatte. Noch hatten wir ja nicht viel in den Händen. Darum wollten wir uns zunächst an das halten, was schon im Außen augenfällig und besonders ist. Das ist das Äußere der Menschen, die wir bei allem ja zuerst mit den wahren Ritualen in Verbindung bringen. Hat das in den Augen des Pferdeschamanen eine tiefere Bedeutung? Kann das ein weiterer, sinnvoller Schritt sein auf unserem Weg?

»Das hat in der Tat eine gewaltige Bedeutung. Doch bevor wir zu diesen Menschen kommen, zu diesen, wie ich immer sage, schönen Menschen, ungeachtet jeder Kulturnorm, will ich noch etwas in unserer Kultur verweilen. Wie ist das mit dem Schmücken bei uns? Erkennen wir da nicht häufig wieder zwei Extreme? Die einen schmücken sich, um damit nicht zuletzt

Stellung und gesellschaftliche Schichtenzugehörigkeit zu symbolisieren. Das mag dann gelegentlich sogar tatsächlich nett aussehen – vor allem aber dient es der Repräsentanz der eigenen Person. Die anderen aber, nicht zuletzt im Strom der Frauenbewegten, sind die nicht auffallend ungeschmückt? Bin ich da allein auf weiter Flur mit meinem Eindruck, daß aus der Folge des Protestes Statussymbolen und Rollendifferenzierungen gegenüber nahezu der Zwang geboren wurde, in einer asexuellen Schmucklosigkeit androgyn einherzuwandeln? Und ist es nicht diese Unfähigkeit, mit sich selber urtümlich zu gestalten, die in dieser Zeit Auswüchse gebiert, die weniger dem Schmücken, als der körperlichen Negierung dienen, kurz: herrscht nicht vollkommene Orientierungslosigkeit?

Warum sind die ›Anderen‹ so schön? Und zwar unabhängig von allen möglichen körperlichen Kulturmerkmalen und Idealisierungen? Außerhalb einer ästhetischen Norm kommt bei ihnen etwas ganz Bedeutendes zum Tragen. Beziehen wir den Schmuck immer auf den Geschmückten, also auf uns selbst, so dient ihnen der Schmuck als eine Art Huldigung an den Himmel. *Sie gestalten sich einem Geschenk gleich.* Der sich auf diese Weise Schmükkende schmückt sich selbst und andere wie etwas, das in Wahrheit außerhalb von ihm selbst zu finden ist. Es dient niemals einem Zweck, der Individualität, der Eitelkeit oder dergleichen. So hat jener Schmuck immer eine Bedeutung, die von dem Einzelnen weg- und nicht hinführt. Man gibt sich dem Himmel dar, durch den man geschaffen wurde. Und dieses Geschenk wird eben dem Anlaß entsprechend wunderschön dekoriert. Die Magie, also das wahre Ritual, führt immer weg vom Individuum hin zum großen Ur-Beginn der Welt. Erst dann erfüllt

Jedes Ritual verlangt nach anderen Kleidern, Farben und Schmuckstücken. Solcherart Schmuck ist nicht Zeichen individueller Neigung, sondern Ausdruck der Verbundenheit mit den Gottheiten.

»... dem doofen Anthropologen sagt er, das seien Götter.«

sich das persönliche Schicksal – nicht weil man verzweifelt danach strebt, sondern weil man sich der Schöpfung zurückgibt. Es ist das genaue Gegenteil von dem, was wir heute *Selbstfindung* nennen. Das ist eines der Worte der Zauberer. Die Erfüllung ist ein Geschenk, das einem zuteil wird, wenn man sich gibt.«

Die Götter

»Eine andere nach außen tretende Größe dieser Daseinsform ist unendlichen Irrtümern unterlegen und zwar in allen Kreisen. Beten diese Menschen tatsächlich Holzfiguren an? Hatten die grausamen Kreuzzügler recht und die, die sich anmaßten und anmaßen zu missionieren? Selbstverständlich nicht. Was hat es mit den Figuren auf sich?

Ebenso wie in der hebräischen Bibel ist es in nahezu allen Naturkulturen, die man noch als solche bezeichnen darf, untersagt, sich ein Bild von Gott zu machen. Denn die Abbildung ist ja das Wesen der Materie, des Erscheinenden. Aber jetzt kommt etwas ganz Wichtiges und nahezu vollkommen Unbekanntes, selbst bei Anthropologen. Der Schamane, der wirkliche Priester, der Magier bekennt sich zu der größten seiner Aufgaben, nämlich das Wollen und Wirken des Himmels, also Gottes zu ergründen. Das tut der Zauberer nicht. Oder wenn, dann nur auf sich, auf sein persönliches Schicksal bezogen. Das sind die Millionen Ängstlichen, die sich der Tarot-Karten bedienen und der Astrologie und ich weiß nicht was, um ihr eigenes, kleines Dasein bewahrt zu wissen. Da wird die Angst, von der wir gesprochen haben, nicht besiegt, sie wird zum kleingeistigen, nur noch winselnden Motor einer verlorenen Generation. Der Zauberer klettert auf den babylonischen Turm, um Macht über den Himmel zu bekommen. Der Magier würde sich niemals

einfallen lassen, den Himmel wie auch immer zu beeinflussen. Er will ihn ergründen. Und das beileibe nicht aus kleinen, egozentrischen Gründen. *Dafür schafft er sich die unterschiedlichsten Energiekonzentrate.* Das sind so etwas wie Trittsteine auf dem Weg zum Himmel. Dem doofen Anthropologen sagt er, das seien Götter. Das sagt er ihm, weil der etwas anderes sowieso nicht begreifen würde. In Wahrheit sind das alles Elemente der Erinnerung. Die Anthropologen und die Wissenschaftler knallen da vollkommen durch. Die gehen mit der Waagschale des Zauberers ans Werk. Mit der aber durchdringt man diese Wahrheit niemals.

Das ist den Zauberern dieser Welt natürlich schon darum vollkommen unbegreiflich, weil sie ja in Wahrheit an dem Wollen des Himmels nicht interessiert sind. *Denn das würde ja heißen, daß sie ihr gesamtes Ich hinten anstellen müßten und alles, was dieses Ich auf dem Buckel so mit durchs Leben schleppt.* Und noch etwas ganz Bedeutsames: Jene Wissenschaftler gehen

immer davon aus, daß es hier und dort immer eine Religion gibt. Das ist vollkommener Unsinn. In Wahrheit halten sie zuallermeist die herrschende Zauberwelt für die einzige Religion. Die wahre Urquelle aber verbirgt sich viel tiefer. Hier wie dort leben Menschen und hier wie dort haben diese die Aufgabe, den wahren Weg zu finden. Und hier wie dort scheitern die meisten. Diese Erkenntnis ist viel zu wenig bekannt. Es heißt immer: Da ist Naturreligion und hier ist nichts. Hier ist wirklich nichts, aber dort ist auch viel Schatten. Gott lebt im Verborgenen, hier wie dort.«

Götterfiguren aus Benin, aufgebaut in der Ecke der Reithalle. Die kleinen Figuren stellen die verstorbenen Ahnen dar.

Die Äste eines Baumes
Ursprung statt Esoterik

Die Priesterin Wekenou zu Gast bei KFH in Spanien.

An dieser Stelle hatten wir uns eine Art Auszeit genommen. Das heißt, genaugenommen blieb uns gar nichts anderes übrig, denn Klaus mußte sich diesen Tag über schlicht und einfach anderen Dingen widmen. Uns war das sehr recht, hatten wir doch so die Gelegenheit, all das bisher Erfahrene zusammenzufassen und zu ordnen. Es war ein wunderschöner Sommertag, und wir genossen die Ruhe und die Eigenheiten dieser Landschaft, die seltsamerweise mit nichts zu vergleichen war. Da schwebte über allem die glühendheiße Sonne des Südens. Ja, in diesem Teil der Pyrenäen ist es nicht selten in den Sommermonaten heißer als in Andalusien. Im vorigen Jahr kletterten die Temperaturen bis auf über 45 Grad. Unter der heißen und wabernden Luftschicht jedoch ist der Boden mit saftigem Grün bedeckt. Diese sonderbare Mischung erstreckt sich auf nur wenige Quadratkilometer. Weiter nach Osten, Süden und Westen wird die Vegetation wesentlich mediterraner, kleiner, knorriger und trockener, und weiter nach Norden, den Bergen zu, wird sie spärlicher, lichter und zurückgezogener. Hier erlebt man eine einzige Explosion. Gewaltige, meist kurze Regengüsse schieben die Feuchtigkeit unter die Glut der Sonne. Das zusammen ergibt nicht selten eine Art subtropische Mischung, die den Boden überall mit immer frischem Grün aufbersten läßt.

Ist es ein Zufall, daß der Pferdeschamane hier zuhause ist? Er kannte das ganze Land beinahe in- und auswendig, bevor er sich dazu entschlossen hat, sich hier niederzulassen. Klaus erzählte uns von den vielen Menschen, die er kenne, die sich einen Traum erfüllen wollten und darum in dieses Land zogen. Beileibe nicht alle würden aber glücklich dabei. Denn die Hitze und das Braun des verbrannten Bodens sei zwar für einige Zeit etwas Neues und Exotisches, dann aber würde es der Natur der meisten Nordeuropäer zuwiderlaufen. Ihm sei das genauso gegangen. Andalusien sei ein prachtvolles Land, aber man müsse dort geboren sein, um dort auf Dauer glücklich werden zu können. Hier hingegen vereinigt sich vieles auf recht einmalige Weise. Diesen Landstrich hier würden die Einheimischen die Schweiz Kataloniens nennen.

Und wie wir auf dieser sonnigen Terrasse verweilen, da kommt uns eine Gemeinsamkeit zwischen dieser Landschaft und dem Mann in den Sinn, dessen Gäste wir sind. Geht es ihm nicht auch so, daß er in so vielem weder das eine noch das andere ist, vielmehr etwas dazwischen, beziehungsweise etwas gänzlich anderes? Er ist kein Freizeitpferdemann, kein Sportpferdemann und kein Pferdeflüsterer. In der Pferdewelt, bewohnt er da nicht auch so etwas wie einige Quadratkilometer, die es sonst in dieser Form nirgendwo zu finden gibt? Und geht es ihm in der geistigen Welt nicht ähnlich? Die einen sagen, er sei ein Esoteriker, er aber sagt, damit habe er nicht im Mindesten etwas zu tun. Diese Spur wollten wir unbedingt am nächsten Tag weiterverfolgen. Was hat es also mit der Esoterik auf sich in der Vorstellung des Pferdeschamanen und warum wehrt er sich so vehement dagegen?

»Nehmt doch einmal einen einfachen, bescheidenen Mitteleuropäer. Meine Mutter zum Beispiel war ein solcher Mensch. Sie

Der Pferdeschamane verwahrt sich dagegen, ein Esoteriker genannt zu werden. Für ihn gibt es ganz direkte Bezüge zwischen den Urquellen und der Realität des Daseins. Der ist er immer verhaftet – ebenso wie der Suche nach den Spuren der Väter.
Hier Szenen seiner Reisen durch die Pyrenäen.

Zeichen wie dieses keltische Symbol würden heute nahezu immer mißverstanden und mißbraucht.

war weithin beliebt, hatte einen Rechtsanwalt geheiratet und war geschätzt ob ihrer Bescheidenheit und ihrer Freundlichkeit. Sie versuchte, Streitigkeiten aus dem Wege zu gehen, war immer bereit, sich vehement gegen erkennbar auftretendes Unrecht einzusetzen. Sie war von edlem Gemüt, tolerant und den Zeitströmungen gegenüber bis zuletzt immer positiv und offen eingestellt. Sie verachtete die Extreme, die Exzesse und war jedem Fanatismus gegenüber äußerst skeptisch. Ein solcher Mensch wird weder in der einen noch in der anderen Welt ein wirkliches Zuhause finden. Sie würde niemals ein karriereorientiertes Streben an den Tag legen, noch würde sie sich zu jedwelchen esoterischen Angeboten hingezogen fühlen. Darin liegt eine große Wahrheit, denn intuitiv erkennen Menschen, wie meine Mutter es war, daß beides sie aus jener Gelassenheit werfen würde, in der sie sich ja schon befinden.

Zusammenhänge dieser Art waren meiner Mutter nicht bewußt. Darum hatte sie sich auch nicht bemüht. Wenn ein Manager aus seiner Welt irgendwann in die sogenannte Welt der Esoterik wechselt, und das ist ja nicht so unüblich, dann ist das für ihn in Wahrheit kein großer Schritt. Auf dem neuen Gebiet wird er dann wie vorher sammeln. Zuvor sammelte er Kapital und Reputation als Formen der Macht, jetzt sammelt er spirituelle Erkenntnis und ›übernatürliche‹ Fähigkeiten, die zu heilen zum Beispiel, also andere Formen der Macht. Jetzt aber mit einem Unterschied: Durch geistige Kraft zum Erfolg, heißt es u.a. in der esoterischen Welt. Hatte dieser Mann zuvor nur materielle Macht angestrebt, so liegt ihm jetzt daran, beide Formen der Macht anzuhäufen, nämlich materielle Macht als Folge der ›spirituellen Anreicherung‹. Was sich da gegenübersteht, das sind in Wahrheit nur unterschiedliche Formen von Macht. Das ist nicht Magie und Schamanentum, das ist immer nur Zauberei. Das Ich, das eigene Ego steht im Vordergrund.

Das Wort Esoterik ist etwas Wunderbares – bezeichnet es doch die ›Schau nach Innen‹. Aber ebenso wie die Worte Liebe, Friede, Gesundheit und Endlösung ist es der Freiheit des Menschen ja möglich, alle denkbaren Begriffe über ihre Vorstellungen als Überschrift zu stellen. Die Worte allein sagen noch nichts über die tatsächlichen

Inhalte aus, denen sich die Menschen dann zuwenden.

Ohne Zweifel liegen die Ursprünge der Esoterik und der New-Age-Bewegungen in den Ausläufern der Gnosis und des Dualismus begründet. Das will ich hier nicht weiter ausdehnen – das habe ich in ›Frau und Pferd‹ zur Genüge getan. Das Grundprinzip dort ist dieses: Die Welt sei schlecht, das Leben sei ein unausweichliches Leid, aus dem man sich, wie auch immer, zu befreien habe. Das aber gehe nur, indem man sich ›erleuchte‹, in sich selbst also göttliche Qualitäten schafft. Darum ist es bis heute so, daß nahezu ausnahmslos alle esoterischen Praktiken immer auf den Ausübenden verweisen. Auf *seine* Erleuchtung, auf *seine* Gotthaftigkeit, ja Gottähnlichkeit, selbst wenn die einstigen Grundlagen kaum mehr bekannt sind und darum nicht mehr unbedingt direkt wirken.

Der Schamane, der Magier und der

Ur-Priester – und da spreche ich von den echten und nicht von all denen, die ein eitler Esoterikmarkt so tituliert – erkennen aber zutiefst, daß sie Teil einer Schöpfung sind, die das Wunderbarste ist, was die Vorstellung nur zuläßt. Sie sind sozusagen Ur-Positiv. Und in der Anerkennung der Schöpfung mit ihren beiden Aspekten aus Licht und Dunkelheit erkennen sie sich als einen geschöpften Teil des Ganzen an. Ihre Aufgabe ist es darum nicht, auch nur spurenweise göttliche Tendenzen in sich zu entwickeln oder so etwas wie Erleuchtung, sondern ganz im Gegenteil die unbedingte Fähigkeit, sich ›gnadenlos‹ als winziges Menschlein unter das göttliche Postulat zu stellen. Sie weisen immer nur mit aller Kraft auf die Schöpfung, auf Gott, auf die Urquellen und auf den großen Zusammenhang all dessen und niemals auf sich selbst. Darum auch kann man kein Schamane werden – was für ein Unfug. Da werden einschlägige Kurse angeboten und man hört sie sagen: Ich will Schamane werden. Der Schamane aber will doch überhaupt nichts, im Gegenteil. Eines will er sicher nicht: Schamane sein! Denn das ist ziemlich furchtbar. Sicher findet er darin seine Entsprechung, aber was für ein Leidensweg hat er zu durchlaufen?

Darum werden auch in der Ur-Bibel immer die sogenannten falschen Propheten angeprangert. Denn diese stellen sich nicht nur in den Mittelpunkt innerhalb der Menschenwelt, sie greifen auf die eine oder andere Weise nach dem Himmel. Und anstatt auf diesen zu verweisen, zeigen sie letztendlich auf sich selbst.

Verweise ich nicht auch auf mich? Bin ich nicht auch eitel? Gehöre ich nicht in Wahrheit genauso dazu wie alle anderen? Wenn mein Freund Djalé, der Priester aus Benin, hier in Deutschland ist, dann fällt er auf. Reich beschmückt und von einem Troß seiner Dorfbewohner begleitet, schreitet er scheinbar machtbeladen daher. Die Priesterin Wekenou – man kann wohl sagen, die bedeutendste Voodoopriesterin der Welt – kommt etwas unscheinbarer daher. Was unterscheidet diese von jenen seltsamen Gurus? Sie nehmen ihren Finger und zeigen auf den Himmel – und sie nehmen ihren Finger durchaus hoch. Beide, der falsche Prophet und der wahre Schamane also, stellen sich gewissermaßen in einen Mittelpunkt, in eine Ansammlung von Menschen.

Beide zeigen auf etwas, nur der eine auf sich und der andere auf den Himmel. Wenn der Schamane trommelt, dann ist auch das laut. Denn wenn der Himmel ihn bestimmt hat, dann darf er nicht weglaufen. Wenn der Himmel ihn zum Sprachrohr gemacht hat, dann darf er nicht schweigen, auch wenn es ihm oft lieber wäre, denn die Menschen sind nun einmal zuallermeist die Feinde des Himmels. Und damit sind sie auch indirekt die seinen.

Der Schamane bekommt die Schläge zu spüren, die gegen den Himmel gerichtet sind. Darum ist alles mit und um ihn so abstrakt. Darum bin ich eine so abstrakte Größe in der Pferdewelt. Und nun zu meiner Eitelkeit. In dieser Welt, vor allem in der Welt der Pferde, gilt jede erhobene Hand nahezu immer sich selbst. Mich sieht man als einen, der auch seine Hand erhoben hat. Das habe ich in der Tat. Darum wird ja auch zum Beispiel dieses Buch erst möglich. Die

»Ein Pferd ist Zeuge für das eine wie für das andere. Es ist gnadenlos und unbestechlich.«

»Das Erleben eines jeden Menschen ist von Anbeginn an Ohnmacht und Angst.«

Zeit erst wird erweisen, daß mein Finger nicht auf mich gerichtet ist. Dann, wenn sich der Staub etwas lichtet und man die Hand deutlicher wahrnehmen wird, dann wird man zweifelsfrei erkennen, wohin der Finger zeigt. Bis dahin bin ich den unkonkretesten Angriffen ausgeliefert. Ich habe gelernt, damit zu leben.«

Natürlich fällt es uns schwer, all das Gehörte gleich auf Anhieb einzuordnen. Doch bei allem erkennen wir in der Tat einen Sinn dahinter. Es wird uns bewußt, daß ja womöglich tatsächlich da, wo scheinbare Alternativen angeboten werden, in Wahrheit keine sind. Das stimmt uns sehr nachdenklich. Und es wird uns klar, daß, so gewaltig die Unterschiede in den einzelnen Kulturen auch anmuten, diese in Wahrheit offensichtlich überhaupt nicht zu existieren scheinen. Das ganze hat jedoch auch etwas sehr Beruhigendes für uns, wird uns das wahre Dasein des Menschen hier doch nicht als eine Art Leistungsmarathonübung dargestellt, sondern vielmehr als das bescheidenste Einfügen in die Schöpfungskonzeption dieser Welt.

»Und jetzt noch etwas zu diesem Verlag und seinem esoterischen Angebot. Natürlich schwimmt auf jeder Suppe auch so manches fettige Tröpfchen. Das Problem der Esoterik ist ja, daß sie die Innenschau für sich quasi gepachtet hat. Im Internet würde man sagen, dieses Domain ist vergeben – tut uns leid. So ist nur weniges, was unter dem Begriff Esoterik mitschwimmt, tatsächlich eine Schau nach innen, eine Schau in die wahren Gesetze der wunderbaren Schöpfung. Will ich nicht einen eigenen Verlag gründen, dann muß ich mich zwischen die Extreme quetschen und mich weder hier noch dort wohlfühlen. Gott sei Dank habe ich auch in diesem Verlag wieder einen Verlagsleiter gefunden, der das alles nicht nur geduldig erträgt, der sogar gar nicht einmal so weit von alledem entfernt ist. Das macht dann Spaß, selbst das Sich-Aneinander-Reiben.

Doch etwas ganz anderes erscheint mir an dieser Stelle noch wichtig.

Wenn sich die Extreme bei sehr genauem Betrachten doch als etwas aus ein und demselben Ursprung Entstandenes erweisen, was ist das dann für ein seltsam bedeutungsvoller Ursprung? Warum ist er so mächtig, daß er so ganz unterschiedliche Auswüchse zutage fördert?

Das Erleben eines jeden Menschen ist von Anbeginn an Ohnmacht und Angst. Mehr oder weniger deutlich durchzieht diese Wahrnehmung von den ersten Lebenssekunden an das Dasein eines jeden Menschen. Vom Neugeborenen an erlebt er sich in der Abhängigkeit von Wesen und Kräften, die stärker sind als er selbst. Das mag nicht immer tragisch sein, denn womöglich sind diese Wesen ja durchaus hingebend und sorgsam in ihrem Umgang. Die Abhängigkeit von ihnen aber bleibt. So reift als Konsequenz und nur zu natürliche Folge in jedem von uns der Drang, mächtig zu sein. Das erscheint der einzige Ausweg, dem Grunddilemma des Daseins zu entkommen. Macht über Materie, Macht über Krankheit und Gesundheit, Macht über das Schicksal, Macht über andere Menschen, die ja sonst Macht über einen selbst erlangen könnten. Wie diese Macht nun aussieht, wie sie beschaffen ist, als was sie sich verkleidet, hinter welchen Masken sie sich versteckt – das ›Zauberwort‹ ist und bleibt Macht. Die kaleidoskopartige Fülle des Lebens entpuppt sich zum Schluß als nichts weiter als das individuelle Streben nach Macht. Nun zeigt mir jemanden, der dadurch wirklich das Glück gefunden hat, und jemanden, der an einem gewissen Punkt der Macht zur Ruhe kommt! Das Streben nach

»Das Pferd ist ein Tier, das immerzu herausfordert, beherrscht zu werden.«
Das Pferd fordert die Umkehr des Menschen, fordert die Macht der Ohnmacht.

noch größerer Macht kennt so lange keine Grenzen, bis man sich allmächtig fühlt. Die Fantasien der Omnipotenz sind grenzenlos. Das Streben nach Macht kennt also weder Grenzen noch Ruhe. Es kennt vor allem keine Erfüllung. Die ist nur auf einem Weg zu finden. Und der führt in die genau entgegengesetzte Richtung. Das liest sich womöglich leicht – ich versichere euch aber, daß es das Schwierigste überhaupt ist.

Das Pferd ist ein Tier, das immerzu herausfordert, beherrscht zu werden. Es scheint mit der Ohnmacht der Menschen nur so zu spielen und sie zugleich anzustacheln, immer mehr äußere Machtmittel anzuwenden. Die Sagengestalt aber legt dem wütenden Hengst ein goldenes Zaumzeug auf, woraufhin dieser sich sofort beruhigt. Gold symbolisiert die Zahl Eins, und die Zahl Eins weist auf die Einheit und die einzige Macht des Himmels hin. Das Pferd ist also das Tierwesen überhaupt, das die Umkehr des Menschen nicht nur symbolisiert, sondern in der Wirklichkeit auch unnachgiebig fordert. Der Weg des Schamanen ist der Weg in die kompromißlose Ohnmacht. Ist er ein wahrer Schamane, dann zeugt und kündet er von nichts anderem.«

Die 10 x 10 Meter-Wahrheit
Die Macht der Ohnmacht

KFH mit seinem Hengst Yunque. Wie gelangt ein Mensch in das Gefühl der Stärke, ohne auf äußere Macht zu bauen?

Bis hierher also waren wir vorgedrungen. Und das, was wir hörten, erschien uns auch nachvollziehbar. Doch wie sieht das ganze in der Wirklichkeit aus? Tatsache ist doch, daß der Pferdeschamane anerkanntermaßen ›Macht‹ über Pferde ausübt. Das ist es ja gerade, was seinem Ruf vor allem vorauseilt. Wenn er, in welches Land auch immer, zu einer seiner Demonstrationen kommt, dann werden gerade jene Pferde bevorzugt ausgewählt, in deren Gegenwart ihre Besitzer und auch andere Reitprofis durchaus machtlos sind. Verschiedene spanische Fernsehprogramme berichteten vor Jahren ausführlich darüber, als Klaus Ferdinand Hempfling in der ehemaligen Militärhengststation in Barcelona an zwei aufeinanderfolgenden Tagen mit drei der bekanntermaßen gefährlichsten Hengste der Station konfrontiert wurde. Allesamt Pferde, die nur unter bestimmten Vorsichtsmaßnahmen überhaupt noch gepflegt und versorgt werden konnten. Colonel Blanket, seinerzeit der Leiter der Station, nannte diesen, bis dahin noch unbekannten Mann schlicht »das Phänomen«.

Denn im Anschluß an diese Begegnung waren die Pferde zwar für die Soldaten nicht minder gefährlich, der Pferdeschamane aber spielte mit ihnen wie mit »kleinen Kätzchen«. Klaus nennt das einfach die »Macht der Ohnmacht«. Für uns ist diese Aussage wie ein Schlag ins Gesicht. Vielen Pferden gegenüber fühlen wir uns ja gerade ohnmächtig. Die Ohnmacht also kennen wir zu Genüge. Wir haben auch keine Scheu, uns zu ihr zu bekennen, sie ohne jedes Zögern einzugestehen. Und doch wird uns diese Erkenntnis nicht in die Lage versetzen, mit Pferden solchen Kalibers umgehen zu können. Nicht einmal mit Pferden, die bei weitem harmloser sind. Was also steckt dahinter? Wir schilderten diese Gedanken unserem Gastgeber und bemerkten sogleich eine gewisse Ungehaltenheit. War er bis jetzt immer mit äußerster Geduld auf unsere Anliegen eingegangen, so reagierte er dieses Mal so, als fühlte er sich belästigt.

»Was ihr von mir verlangt, ist ungefähr so, als verlangtet ihr von einem Menschen, einem anderen, der leider einen Schnupfen hat, genau zu beschreiben, wie die Bratwurst jetzt schmeckt. So etwas ist unmöglich, und der Versuch würde, nähme man ihn ernst, ins Uferlose ausarten. Ich kann nur sagen, sie ist gut oder schlecht, angebrannt, warm oder kalt. Damit wird aber der Verschnupfte nicht in die Lage versetzt, die Bratwurst auch nur annähernd zu erleben. Das bleibt ihm nun einmal versagt. Er muß warten, bis der Schnupfen vorüber ist und er selbst wieder schmecken kann. Den Geschmack einer Bratwurst kann man eben nur erfahren. Ich will euch nun noch einige Anhaltspunkte geben – womöglich können wir uns ja etwas dichter an die Wurst herantasten.

Zum einen also geht es um die Ohnmacht. Ihr sagt, ihr wißt, was das ist. Das halte ich für unwahrscheinlich. Wirkliche Ohnmacht erfahren Menschen in einer Initiation oder manchmal am Rande des Todes oder durch wirklich schreckliche Schicksalsschläge. Daraus erwachsen dann durchaus Veränderungen in jenen Menschen. Jemand, der erfährt, daß er womöglich nicht mehr viele Jahre zu leben hat, der wird nicht nur seine Lebensgewohnheiten, seinen Rhythmus ändern, sondern oftmals auch die ganze Einstellung zum Leben. Er geht durch das Gefühl der Ohnmacht, um als anderer Mensch Erfahrungen zu machen, die ihm zuvor versagt geblieben sind. Der Sinn der Initiation ist es, aus einem Gefühl wahrer Ohnmacht heraus, geführt Erkenntnisse zu gewinnen. Jede Ohnmacht bis zu einer gewissen Grenze führt ohne Führung nur dazu, immer

KFH mit einem fremden Araber-Hengst während einer Kursveranstaltung.
»Er vertraut mir vollkommen, weil er weiß, daß geschieht, was geschehen soll, und daß es für ihn geschieht.«

schen, die der Held zuvor in seiner machtbesessenen Arroganz verletzt hatte. Die nahmen ihn wieder auf als einen veränderten, quasi initiierten Menschen. Der Film war ein Hollywoodprodukt mit all seinen Nebenerscheinungen, aber dennoch eine durchaus intelligente Fabel über das Phänomen der Initiation und der Ohnmacht. Erst das Ausgeliefertsein in nicht mehr steuerbare Zusammenhänge zeigte dem Helden den Weg in das Sich-Fallenlassen. Vollkommen überzogen, aber symbolisch durchaus passend, bestand die letzte Erfahrung vor der Auflösung in einem gigantischen Sturz, in einem Fall in den Tod, der diesmal keiner werden sollte.

Es gibt also eine Ohnmacht, die einen Menschen nicht nur an seine äußersten Grenzen bringt, sondern darüber hinaus zu einem Durchbruch. Der zweite Aspekt unserer Betrachtung jetzt ist der des Geführtwerdens. In unserer Welt gilt das Bestreben danach, andere Menschen zu führen, als normal, ja sogar als vorbildlich. In der Welt des Schamanen ist das nicht der Fall. Der will nicht einmal sich selbst führen. Daß wir jetzt hier beisammensitzen, zu diesem Zeitpunkt, das scheint die Folge unserer persönlichen Abmachungen zu sein. Das ist aber nicht der Fall. Denn wäre es so, dann könnten wir nicht in einer solchen Geschwindigkeit und Vehemenz ein solches Projekt aus dem Boden stampfen. Ich habe mich und lasse mich schlicht und einfach führen. Weder der Termin, noch der Umstand, noch meine Aussagen zuletzt wachsen auf meinem ›Mist‹. Eine solche Regie ohne Vorbereitungen und Konzeption könnte ich gar nicht führen. Und dadurch, daß ihr hier so dicht mit mir seid, werdet ihr hineingezogen in den Strom des Geführtseins. Ihr habt euch doch sehr darüber gewundert, mit was für einer Minibesetzung wir hier zurechtkommen, oder? Jetzt erkennt ihr die Ursache!

Aus der Erfahrung einer solchen ›geheiligten Ohnmacht‹ kommt das Erkennen, das Erfahren von Zusammenhängen, auch dem

vehementer dieser Erfahrung durch Macht entfliehen zu wollen. Vor kurzem lief in den Kinos der Film ›Das Spiel‹ mit Michael Douglas in der Hauptrolle. Eine Art inszeniertes Spiel stürzte den Helden in einen Strudel von bedrohlichsten Ereignissen, die ihn zum Schluß dazu brachten, sich vom Hochhaus zu stürzen. Doch selbst dieser Sturz war von den Initiatoren dieses Spieles geplant, der Held überlebte. Zu den Initiatoren jenes Spieles zählten viele Mendes wahren Geführtwerdens. Das ist nicht mit all dem Engelquatsch zu verwechseln und mit den Schutzgeistern und mit all dem aufgeblasenen Zeug, das nur eines in aller Regel sicherstellen soll, *nämlich das geführte Gelingen der eigenen Pläne!* Der eine macht sich Gedanken, hegt Wünsche, Pläne und Ideen *in sich*. Aus der Angst heraus, daß die sich nicht erfüllen könnten, aus der Angst heraus, krank zu werden zum Beispiel oder arm und dumm, bedient man sich solcher Bilder, die vermeintlich einen derartigen Schutzfilm über die eigene Existenz legen, damit ja alles gutgehen möge. Das ist der Gipfel der Zauberei!

Der Schamane ist bereit, alles aufzugeben – auch seine Gesundheit, auch sein Leben. Das alles ist ohnehin nicht selten in Gefahr. Ohne eigenes Wollen macht er sich zum Werkzeug, läßt sich bedingungslos auch in jede Gefahr führen.

Kommen wir zurück zu den Pferden. Schon der Augenblick, in dem ich ihnen begegne, ist niemals von mir bestimmt. Ich versuche, mich ständig so zu verhalten, als wäre ich wie ein Blatt auf einem Strom. Mein einziges Bemühen ist es, den Weg des Stromes zu erkennen. Der führt mich genauso über ruhige Stellen wie durch gewaltige Stromschnellen. Das habe ich genau so zu nehmen, wie es kommt. Ich sorge dafür, so wachsam, so hingebend und geduldig wie möglich zu sein. *Die Begegnung mit einem Pferd ist also niemals das Produkt meines Wollens, meines Planens.*

Hier ist der große erste Unterschied zu euch. Denn natürlich kannst du nicht einfach zu einem Pferd in die Box gehen und sagen: »Ich bin machtlos, tu mir nichts.« *Denn schon dein Vorsatz, in die Box zu gehen, war ja bereits Ausdruck deiner, man kann durchaus sagen, ›anmaßenden‹ Macht.* Womöglich wird immer deutlicher, wie einschneidend der Weg des Schamanen für ihn selber ist. Ihm bleibt nichts – nur das Sein. Also in der Begegnung mit einem Pferd zeigt sich nicht meine Ohnmacht, sondern schon in dem gesamten Geschehen, das überhaupt dazu führt. Darum werdet ihr nicht sehen, daß ich in der Begegnung mit einem Pferd nervös oder gereizt bin oder Angst hätte. Denn das Erleben in diesen Minuten unterscheidet sich ja in Wahrheit nicht von dem davor oder dem danach. Es ist nur eine andere Stelle des Flußes, auf dem das Blatt schwimmt. Womöglich könnt ihr jetzt meine Verschlossenheit zu Beginn dieses Gespräches nachvollziehen. Der Betrachter glaubt, daß das Geheimnis der Pferdearbeit in dem augenblicklichen Geschehen zu suchen und zu finden ist. In Wahrheit aber ist das Geschehen viel weiter gespannt. Der Betrachter fokussiert einen winzigen Ausschnitt und hält alles andere für unwichtig. Ich erlebe es genau umgekehrt. In der Begegnung mit einem Pferd bündeln sich unzählige Ereignisse, die alle viel bedeutsamer sind, als dieser winzige Punkt.

Und warum greift mich das Pferd dann nicht an? Oder wenn, dann nur so, daß ich nicht verletzt werde? Häufig weiß ich das selbst nicht. Das entzieht sich sehr oft meiner Erkenntnis. In den Begegnungen mit den Pferden tue ich ja auch immer weniger – und die Überraschung über die Ergebnisse liegt nicht nur beim Betrachter. Ich stehe dann erneut vor etwas Geschöpftem und kann nur denken: Es ist wieder einmal unglaublich. Es ist unglaublich, wie es sich immer wieder fügt. Ich bin machtlos in meiner Ohnmacht, aber ich erkenne die unbegrenzte Macht der Schöpfung, die sich mir dann wieder wundersamerweise in einem solchen, letztlich winzigen Detail offenbart. Der Picadero ist wieder einmal zu den 10 mal 10 Metern Wahrheit geworden.«

Gut, wir konnten diese Worte nachvollziehen und erst einmal auf- und hinnehmen. Wie das allerdings in der Realität für einen Menschen aussieht, im tagtäglichen Sein, das konnten wir uns zu diesem Zeitpunkt noch überhaupt nicht vorstellen. Doch wir wollten nicht ungeduldig sein. Immerhin

KFH im Militärgestüt Barcelona in der Arbeit mit dem Hengst Naranjero. Er galt als einer der gefährlichsten Hengste des Gestüts. Klaus führt ihn am Halfter und mit durchhängendem Strick zu einer rossigen Stute.
Die Macht der Ohnmacht.

»… das ist nicht mein Weg – wenngleich sich die unterschiedlichsten Wege sehr ähnlich sind in ihren letztendlichen Früchten.«

hatten wir das Gefühl, daß wir in der Tat auf dem Weg zum Verstehen des Pferdeschamanen ein ganzes Stück weitergekommen waren. Und das Verhältnis von Macht und Ohnmacht, so wie diese Begriffe im Verständnis des Pferdeschamanen verankert sind, stand uns inzwischen auch deutlicher vor Augen. Es ging offensichtlich eben nicht darum, in einem ganz bestimmtem Augenblick die Entscheidung zwischen Macht und Ohnmacht sozusagen wählen zu wollen oder zu können. Vielmehr wollte uns Klaus verständlich machen, daß in einem Menschen zuvor ganz grundsätzlich die Bereitschaft erwachsen muß, sich führen zu lassen. Natürlich waren wir ungeduldig zu erfahren, wie denn eine solche Führung durch die Schöpfungskonzeption aussehen würde. An Stellen wie diesen aber mußten wir uns immer wieder gegenseitig klarmachen, daß es wenig sinnvoll ist, den einzelnen Schritten vorgreifen zu wollen. In der Tat ging es uns allen inzwischen wirklich ein wenig so, wie Klaus es immer wieder beschrieben hat: Es fügte sich in den Beschreibungen des Pferdeschamanen sehr organisch und für uns immer wieder überraschend das eine so zum anderen, daß sich tatsächlich eine Form herauskristallisierte, die wir niemals hätten vorbestimmen können, waren wir doch Fremde auf diesem Weg. Auch Klaus schien in seinen Ausführungen keinem von ihm erdachten Plan zu folgen. Dennoch fügte sich seltsam harmonisch das eine so zum anderen, daß die grundsätzliche Struktur für das Buch in keinem Punkte verändert werden mußte. Wir fragten uns nach der Führung und erschraken plötzlich. Waren wir nicht selbst schon mittendrin? Waren wir nicht schon ein Teil dessen?

Die Formen der Ohnmacht

»Ihr fragt euch nun sicherlich, wie denn das ganze zustandekommt. Da redet der Kerl von Schöpfungskonzeption und von Führung, von Ohnmacht und von vielen toten Drachen, die mal so ganz nebenbei in dieser Ohnmacht erlegt worden sind.

Bekannt ist die Tatsache, daß die meisten Schamanen über den Zustand der Trance gehen. Das ist der unmittelbarste Weg, jegliche Macht des eigenen Willens auszuschalten. Ja, das Ausschalten des eigenen Willens geht dabei so weit, daß eben der bekannte, quasi unkontrollierbare Zustand selbst der Bewegungen einsetzt. Als eine Gruppe von Priestern im letzten Sommer bei mir zu Gast waren, konnte ich diesen Vorgang sehr deutlich und ausgiebig beobachten und mich ihm nähern. Dieser Zustand ist für mich ebenso fremd wie für euch. Das ist nicht mein Weg, wenngleich sich die unterschiedlichen Wege sehr ähnlich sind in ihren letztendlichen Früchten.

Bevor wir zu meinem Weg kommen, wollen wir einen Augenblick bei dieser bekannten und doch so unbekannten Variante bleiben. Der Priester, der Schamane oder seine Gehilfen, die in Trance fallen, bestimmen jedenfalls das Geschehen des Rituals. Deutlich wird zu allererst, daß jedes bewußte Gestalten ausgeschlossen werden soll. Es handelt sich also auch und vor allem um ein Symbol, ein Zeichen. Das deutet für jeden ganz klar darauf hin, daß menschlich kontrollierter Wille hier nichts zu suchen hat. Der ungebrochene menschliche Wille ist dem Heiligen fremd. Die westlichen Betrachter eines solchen Vorgangs finden das nicht selten entsetzlich. Warum ist das so? Weil sie jener anderen, irrealen Traumwelt in ihrem bewußten und kontrollierten Dasein keinen Platz einräumen wollen. Von dieser Welt sind sie wie durch eine dicke Mauer getrennt. Jede Erinnerung daran macht ihnen Angst.«

Die Welt begreifen durch ihr Gegenteil

»In meiner Schule mache ich mir diesen Umstand in vielen Übungen zunutze. Dabei gehe ich einen ganz einfachen Weg, der einen Menschen aber tief bewegen kann. Gleich nenne ich einige erste Übungen. Aber schon jetzt will ich deutlich machen, daß jeder einzelne Schritt mit großem Bedacht ausgeführt werden muß. Die meisten Übungen dieser Art würde ich nicht in einem Buch beschreiben. Denn, so leicht sie auch erscheinen mögen, so wichtig ist doch die Führung, die immerzu korrigiert, nie zu schnell vordringen läßt und jede kleine Irregularität unmittelbar beschneidet.

Und etwas anderes will ich an dieser Stelle deutlich machen. Der eine schreibt einen sehr ernsthaften Roman, der andere bringt ein pubertäres Geschmiere zu Papier. Der eine komponiert eine tragende, große Sinfonie, der andere trällert ein Liedlein, das nicht einmal die Qualität eines hübschen Kinderliedes hat, wenngleich es auch die Hitlisten landauf, landab anführen mag. Sie nennen sich jedoch alle Musiker, Schriftsteller, Künstler, Maler und so weiter. Ich will es niemandem verübeln, Übungen wie die, die noch im Laufe dieses Buches beschrieben werden, mit anderen Übungen zu vergleichen oder zu verwechseln. Das ist

»Wir sogenannten modernen Menschen sind Augenmenschen. Ob der Übende will oder nicht, er ist in der unmittelbaren Zeit.«

ihr gutes Recht. Ich weise aber darauf hin, daß meine Übungen im Guten wie im Bösen auf tiefste Menschheitsgrundlagen zurückgreifen. Als ich mein erstes Buch geschrieben habe, habe ich auch solche warnenden Hinweise gegeben. Die hat kaum jemand ernstgenommen. Jetzt, nach zehn Jahren, tun sie es. Nur mache mich nicht erneut jemand dafür verantwortlich, daß deutlich ausgesprochene Warnungen mißachtet werden. Bleibt man bei dem, was ich beschreibe, dann ist alles ein Spiel mit einem kleinen Kätzchen. In diesen allerersten Schritten ist dann nur Freude und erstes spielerisches Erleben, das einmal real gelebtes Dasein werden kann.

Wir sogenannten modernen Menschen sind Augenmenschen. Naturmenschen sind Ohrenmenschen. Der Gehörsinn funktioniert jedoch auch physikalisch gänzlich anders als der Gesichtssinn. Nur eine einfache Tatsache sei in Erinnerung gerufen: Das Bild wird im Gehirn des Menschen zu dem geschaffen, was wir Sehen nennen, durch Millionen von sogenannten Rezeptoren. Das Gehörte aber, und das ist das so Unglaubliche und bisher auch nicht Ergründete, entsteht in uns in seiner unermeßlichen Fülle auf nahezu gegenteilige Weise, durch nur *einen* einzigen Impuls. Wir haben hier wieder die Einheit im Gegensatz zur Vielheit. Die Schöpfung ist zuerst Musik, und aus ihr entsteht das Bild, die Materie.«

Praktische Übung

»Schließt ein Mensch seine Augen, dann ist es so, als würde er in gewisser Hinsicht aus der Welt der Fülle herausgerissen in ein eher einheitliches Erleben. Das heißt beileibe nicht, daß diese Welt nicht wunderschön anzusehen ist und so vieles in ihr. Aber auch die Fülle kann irgendwann zur Einheit werden. Den Lesern rate ich, zuerst einmal im Sitzen die Augen zu schließen und zwar für eine längere Weile. Er wird bemerken, daß Geräusche plötzlich intensiver wahrnehmbar werden, ebenso Gerüche und das Empfinden von Kälte oder Wärme. Das Verblüffendste aber ist, daß sich sein Gesichtsausdruck verändert. Der wird zusehends entspannter und gelöster. Von einem Vertrauten kann man sich schließlich blind führen lassen, ja, sogar im Schutze der begleitenden Person die bekannte Umgebung mit geschlossenen Augen erkunden. Immer sollte man solche Übungen nur so lange durchführen, wie sie einem als angenehm erscheinen. Falsch ist es, in irgend ein Leisten- oder Könnenwollen abzudriften.

Jede Bewegung ist jetzt auf sich selbst konzentriert. Ob der Übende will oder nicht, er ist in der unmittelbaren Zeit. Er ist aus seiner gewohnten Erlebniswelt herausgerissen. Hier gibt es keine Vergangenheit und keine Zukunft mehr. Darum der entspannte und erholte Gesichtsausdruck. Die Angst weicht, um der Furcht zu genügen, nämlich der Furcht, nicht auf die Nase zu fallen oder anzustoßen. Furcht aber ist nichts Schlimmes, Angst schon. Der Übende erlebt durch diesen kleinen ›Trick‹ die Welt nahezu durch sein Gegenteil, als das gewöhnlich der Fall ist. Er ist in einer gewissen Weise ohn-

mächtig. Kaum daß er die Augen wieder geöffnet hat, verflüchtigt sich dieses Wahrnehmungsempfinden. Die Erfahrung aber bleibt ihm zeitlebens.

In meiner Schule werden solche Übungen in mannigfaltigster und nicht selten in rasantester Form durchgeführt. Das erste Erfahren, was es heißen kann, befreit zu leben, ist dadurch sehr ermutigend. All diese Übungen sind aber nichts weiter als sehr zaghafte Versuche, in die Welt der Gelöstheit, der überwundenen Zeit und der Ohnmacht einzutauchen. Denn was es heißt, wirklich ohnmächtig zu sein, davon bekommt man erst eine Ahnung, wenn sich die Frage beantwortet: Was, um alles in der Welt, will denn der Himmel von mir?«

»Das erste Erfahren, was es heißen kann, befreit zu leben, ist sehr ermutigend.«

Die Steuerung des Lebens
Wenn der Himmel spricht

Djalé gehört zu den mächtigsten Orakel-Priestern Westafrikas.

»Mit der Ordnung des Himmels hat es natürlich etwas ganz Besonderes auf sich. Stellt euch vor, ihr dringt in einen Urwald ein. Dort herrscht in euren Augen das Chaos. Es ist ein Fressen und Gefressenwerden. Alles überschlägt sich, scheint ineinander einzudringen, sich zu begrenzen und zu bekämpfen. Gelangt ein Mensch in einen solchen Lebensraum, dann wird es ihm auf Anhieb unmöglich sein, eine erkennbare Ordnung ausfindig zu machen. Das verunsichert, ja, ängstigt ihn. Mit allen ihm zur Verfügung stehenden Mitteln versucht er, eine für ihn durchschaubare Struktur herzustellen, kurz: er verändert. Aber erst viel später wird zumeist deutlich, bis in welch kleinste Verästelung das ganze ein gigantisch präzises Zusammenspiel war. Denn jetzt ist es sehr wahrscheinlich recht weit gestört, mit all seinen dramatischen Folgen. Das Leben ist genauso.

Der planende, also ›mächtige‹, bzw. mächtig sein wollende Mensch befindet sich ebenso wie der geführte, der nicht planende, der ohnmächtige Mensch in einem solchen ›Urwalddickicht des Lebens‹. Der Magier, der Priester ebenso wie der Zauberer, der Anhänger der schwarzen Magie. Wie nun ergeht es dem Schamanen, dem Magier dort in diesem Durcheinander des Lebens? Ganz einfach: Er gibt sich dem scheinbar totalen Durcheinander vollkommen hin. Das heißt konkret: Vieles von dem, was er tut, macht für ihn kaum oder sogar überhaupt keinen unmittelbaren Sinn! Er erkennt ja überhaupt nicht all die Zusammenhänge des ihm nur chaotisch erscheinenden Umfeldes. Er stellt sich ganz hinten an – auch den Wunsch, er möge das Große erkennen. Sein Leben ist dann eben nicht von der Frucht des Baumes der Erkenntnis geprägt, sondern von den Früchten des Baumes des Lebens. Seine Erfahrungen sind dann geprägt durch die Früchte seines Wirkens. Es heißt in der Überlieferung, der Baum des Lebens ist Frucht und macht Frucht. Das Leben ist Fülle, weil man Teil der schöpfenden Fülle ist. Der ängstliche Mensch hingegen, der sich versichernde – durch materielle Macht oder durch allerlei Hokuspokus, der möchte gerne *seine* Form der Ordnung in den Urwald bringen. Der will es ›überschaubar‹ haben. Der ißt, seiner Not, seiner Angst gehorchend, vom Baum der Erkenntnis. Und indem er das tut, zerstört er in Wahrheit, was er doch durch seine Ordnung durchdringen will. Was also ist die Forderung an den Menschen? *Zu handeln, obwohl er womöglich kaum oder sogar keine Ahnung hat, was er da tut und warum er es tut!* Das klingt absurd, aber es ist der erste Ansatz, dem Himmel wirklich zu folgen.

Was ist dann Weisheit? Von der nämlich ist in allen Urquellen ständig die Rede. Offensichtlich ist Weisheit etwas ganz anderes als menschliches Erkennenwollen. Der

Schamane wird zu einem Weisen dadurch, daß er das durch ihn gewirkte Geschehen immer tiefer der Ganzheit zuzuordnen weiß.

KFH in einer Orakelkonsultation mit dem Orakel-Priester Djalé.

Kommt jemand in den Urwald, dann ist da nur Chaos. Geht derjenige aber dennoch davon aus, daß das schon seine Richtigkeit hat – und zerstört er nichts, sondern bemüht sich, das, was er nicht versteht, einfach mitzuleben, dann entsteht in ihm mit den Jahren ein bewußt unbewußter Zusammenhang. Er kann dann einen Baum womöglich nicht benennen, aber er ahnt, ja, weiß zum Schluß, welche Rolle dieser Baum im Zusammenhang des Ganzen spielt. Dem vertrauensvoll mitlebenden Schamanen eröffnet sich mehr und mehr auch die Ganzheit des ›Urwaldlebens‹, weil er wahrhaft mitagierender Bestandteil wird. Darum ist der Weg zum Schamanen das ›Furchtbarste‹ überhaupt. Denn zuerst einmal versteht er nichts. Zuerst ist da nur unüberwindliches Chaos, furchtbare Ängste, Verletzungen, Vergiftungen, wilde Tiere, Unordnung, Ungastlichkeit und vollkommene Fremdheit. *Ihm aber bleibt ja nicht erspart, das alles vertrauensvoll anzunehmen, denn Weisheit kommt erst danach!* Erst durch das Annehmen kommt das wahrnehmende Erleben, kommt die Erfüllung des Daseins. Was also ist der Wille des Himmels? Zuerst einmal sich vollkommen fallenzulassen und das gänzliche Nichtmehrverstehen zuzulassen.

Und nun schaut euch bitte all die tarotwerfenden kleinen ›Zauberer‹ an, die Hobbyastrologen und dergleichen mehr. Was wollen denn die in aller Regel zuerst? Sicherheit!!! Die wollen nicht nur wissen, was jetzt ist, sondern auch morgen und nächstes Jahr. Bin ich dann auch noch gesund? Habe ich dann endlich einen Partner? Ist meine Kleinheit auf dieser Welt dann auch noch wirklich gesichert? Komme ich auch ganz bestimmt nicht in einen schlimmen Urwald? Doch, in dem bist du mitten drin und der macht mit dir was er will. Jetzt aber erlangst du weder von dem einen noch von dem anderen Bewußtheit. Das Leben ist dann so, wie wir es allenthalben erleben. Und die Pferde tun fleißig das ihre zu diesem ›Chaos‹ dazu. Darum sind sie ja in diesen Urwald geschickt worden. Doch diesen Sinn erkennen die allermeisten Menschen nicht. Statt dessen wollen sie auch den Pferden ihre Ordnung aufbürsten. Da stehen sie alle mit den Staubsaugern des Fortschritts im Urwald – betrieben durch Atom- oder Solarstrom.

Bevor also ein Mensch zu einem Pferd gehe oder bevor ein Mensch den Himmel wirklich befrage, mache er sich klar, daß davor das absolute Nichts zu stehen hat. Denn was, wenn der Himmel dir sagt ›Spring‹ und du nicht den Mut hast zu springen? Darum war in aller Urwelt weder das Pferd noch das Orakel für den unvorbereiteten Menschen gedacht. Denn beides wird dann zu einem reißenden Tiger – mit gewaltiger Kraft wird beides vernichten – erbarmungslos!

Das ist die Spirale der Angst, der Unsicherheit all der Hobbyorakelisten, der Minizauberer, von denen wir ja Abertau-

Das Orakelbrett KFH´s. Seine Orakeltechnik hat sich in über 20 Jahren sehr individuell entwickelt.

sende haben – auch dieser Verlag muß achtgeben, dies nicht mit Büchern zu unterstützen wie: ›I-Ging für den Vorgarten im Urwald‹, ›Das Tarot und wann bekommst Du Deine dritten Zähne?‹ oder: ›Die kleine Hexe und der Liebestrunk – wie bekommst Du Deinen Angebeteten ins Bett‹.«

In diesem Augenblick haut Klaus mit der flachen Hand auf den Tisch, daß wir zusammenzucken und auf dem Tonband nur noch ein entsetzliches Krachen zu hören ist.

»Bullshit. Was maßen die sich nur an? Sie begreifen nicht das Mindeste. Lesen die denn nicht einmal ihre eigene Geschichte? War es nicht Krösus, der das Orakel befragte vor einem großen Angriff? Sagte ihm das Orakel nicht, daß ein großes Reich verlorengehen würde? Und war es nicht eben dieser Krösus, der erst in der Schlacht merkte, daß das Orakel von seinem eigenen Reich gesprochen hat? Was für eine Scheißentdeckung muß das sein? Warum sind die Menschen so anmaßend? Erst in der Überwindung, in der vollkommenen Aufgabe des Selbst entsteht die Bereitschaft, überhaupt die Nachricht des Himmels aufnehmen zu können. Und das geschieht nur über die unvorstellbar kompetenteste Führung. Warum denn nur hat jedes Ur-Dorf eigene Orakelpriester, die sich mit nichts anderem auseinandersetzten als mit dem wahren Willen des Himmels? Damit hier jeder ängstliche Gartenzwerg die Esoterikverlage bereichern kann, um sich ein Heftchen zuzulegen wie ›Die Kunst des Orakellernens für Schwindsüchtige in 13 Tagen‹? Was auch immer sie daraus lesen, sie werden immer so handeln wie Krösus, sie werden die Reiche ihres Lebens verlieren. Voll zunehmender Ängstlichkeit werden sie immer unsicherer ob all des Unheiles, das ihnen ja auch vorausgesagt wird.

Das wahre Leben, die Freude, die Zuversicht, alles das schwindet immer mehr dahin unter der Last, das in Wahrheit nicht Verstandene irgendwie der Kleinheit des eigenen Seins zuzuordnen. Der Fleischermeister um die Ecke, von nichts in seinem

Leben getrübt, der wird mit 65 einem Herzinfarkt erliegen – noch einen schmutzigen Witz auf seinen Lippen. Dick und fett gefressen hat er wenigstens gelebt und zigmal mehr Frieden und Freude genossen als jene zitternden Himmelsstürmer, die verzagt an Körper und Geist von dem Grau ihrer Uneinsichten immer weiter ausgesogen werden. Da nützt es auch nichts, der erste, grüne Außenminister zu sein.«

Das Tonband verzeichnet jetzt nur noch Gelächter. Wir unterbrechen für heute das Gespräch, und für diesen Nachmittag ziehen wir wieder unserer eigenen Wege. Ja, wir müssen noch immer Lachen über die Art und Weise, wie uns der Pferdeschamane seine Vorstellungen verdeutlicht. Wir fragen uns, ob sich solcherart gesprochener Text wohl in geschriebener Form lesen lassen wird. Ist es überhaupt möglich, so etwas zu drucken? Schließlich ist es ja ein Unterschied, ob jemand in einer kleinen Runde sich solcher Worte bedient oder ob es dann zum Schluß schwarz auf weiß nachzulesen ist. Wir sind uns aber darüber im klaren, daß der Mann ganz genau meint, was er sagt. Und wir glauben auch, daß unsere Leser sich der Tatsache, nämlich einem Gespräch zu folgen, durchaus bewußt sind. Nein, wir wollen das einmal gewählte Konzept nicht über den Haufen werfen. So verstreicht der Nachmittag, und gut gelaunt ergibt das eine Wort das andere.

Schließlich erinnern wir uns an jene Veranstaltung, an der wir alle teilgenommen hatten. Es war während des Jahreswechsels zum zweiten Jahrtausend. Eine Priesterin war zu Gast. Und für jeden Einzelnen befragte sie ihr Orakel. Die Worte jedoch, die sie den Teilnehmern mit auf den Weg gab, die waren für alle vollkommen unverständlich. Es waren Bilder afrikanischen Seins. Schließlich entschloß sich Klaus, etwas zu tun, was er noch niemals zuvor getan hatte: Er bot an, öffentlich sein eigenes Orakel zu befragen – und zwar im Anschluß an die Befragung der Priesterin. Das war für alle ein ganz ungewöhnliches Erleben. Klaus erklärte den Teilnehmern, daß sein Orakel eine eigene, ganz individuelle Konzeption sei, die auf einem alten chinesischen Orakel fußen würde. Der Anfang hierzu läge in der Zeit, als er als 14-jähriger »quasi auf der Straße« lebte. Die Bilder und Beschreibungen, die sich in dem Orakel des Pferdeschamanen widerspiegelten, schienen zuerst von denen der Priesterin verschieden. Dann jedoch stellte sich heraus, daß unterschiedliche Gebilde ein und dasselbe bedeuteten. Die Priesterin verfolgte das alles sehr aufmerksam. Schließlich bekannte sie den Teilnehmern gegenüber, daß wir alle von jetzt an diesem Mann mit höchstem Vertrauen begegnen sollten, denn er sei ein wahrer Orakelpriester. Den einen oder anderen, in dem sich noch etwas Mißtrauen spiegelte, forderte die Priesterin auf, dem Pferdeschamanen die Hand zu schütteln. Fortan wünschte sie den Pferdeschamanen immer an ihrer Seite, wenn sie das Orakel befragte. Dieses Haus wurde zu einem Tempel. Die Nacht des Jahreswechsels wurde für alle Teilnehmer zu einem unvergeßlichen Ereignis. Der Ernsthaftigkeit stand die größte Ausgelassenheit, die überschwenglichste Freude gegenüber. Fern von jeder Arroganz, von jeder Abgehobenheit, von jeder Künstlichkeit wurden Tage gelebt, die wohl auch der Himmel als lebenswert bezeichnen würde. Das Erstaunliche für uns war, daß dieser Mann also nicht nur in »unserer« Welt besteht und das Seine nach wie vor verkünden darf – und zwar mit Getöse. Nein – dieser Mann besteht eben auch in den ursprünglichsten Zusammenhängen menschlicher Existenz. Er vermag wirklich das eine mit dem anderen zu verbinden. Wir sind inzwischen davon überzeugt, daß ihm in der Tat – zusammen mit der Symbolkraft der Pferde – eine ganz außergewöhnliche Aufgabe zuerteilt wurde.

Klaus Ferdinand Hempfling ist der Pferdeschamane.

Wenn der See an die Erde stößt
Der Gott des Krokodils

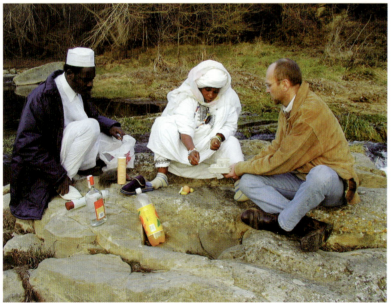

Als wir uns wieder trafen, brachte Klaus zum ersten Mal eine Bibel mit. Vermutlich aufgrund der Erziehung, die wir, wie unterschiedlich auch immer, genossen hatten, löste dieses Buch eher ablehnende Reaktionen bei uns aus. Wir wissen aber, daß der Pferdeschamane zwar ein und dasselbe Buch in der Hand hält, daß er es jedoch in einer vollkommen, uns durchaus noch sehr fremden Art und Weise anwendet. Für ihn ist die Ur-Bibel ebenso ursprünglich wie so manche andere Urquelle aus fernen Kulturen.

»Wir sprachen über das Phänomen der Zauberei. Wir sagten, daß dieser Begriff in allen Urquellen zeitlos ist und immer ein solches Handeln meint, das die eigenen Ziele und Pläne durchzusetzen versucht. Der Zauberer fragt nicht nach dem Wollen des Himmels, und die Zauberei ist das Mittel. Und das kann jede beliebige Handlung sein. Wir sprachen über Astrologen als Synomym für jene, die im Außen Zeichen zu deuten versuchen, die den Menschen in eine vorausbestimmbare Zukunft verweist. Der Schamane hat erfahren, daß sich die Welt in jedem Augenblick neu schöpft. Nun wollen wir einen kleinen Versuch wagen, und ihr könnt darüber entscheiden, ob ihr den Lesern zwanzig Zeilen Bibeltext ›zumuten‹ wollt oder nicht. Ihr, beziehungsweise die Leser, müssen allerdings etwas Aktives dazu beitragen. An der Stelle, an der von Sternguckern und Zauberern die Rede ist, da setzt bitte unsere gefundene zeitlose Begriffsdeutung ein. Es geht los:

Aber nun wird über dich Unglück kommen, das du nicht wegzuzaubern weißt, und Unheil wird auf dich fallen, das du nicht durch Sühne abwenden kannst. Und es wird plötzlich ein Verderben über dich kommen, dessen du dich nicht versiehst.

So tritt nun auf mit deinen Beschwörungen und der Menge deiner Zaubereien, um die du dich von deiner Jugend auf bemüht hast, ob du dir helfen und es abwenden kannst.

Du hast dich müde gemacht mit der Menge deiner Pläne. Es sollen hertreten und dir helfen die Meister des Himmelslaufs und die Sterngucker, die an jedem Neumond kundtun, was über dich kommen werde!

Siehe, sie sind wie Stoppeln, die das Feuer verbrennt, sie können ihr Leben nicht erretten vor der Flamme Gewalt. Denn es wird nicht eine Glut sein, an der man sich wärmen, oder ein Feuer, um das man sitzen könnte.

So sind alle, um die du dich bemüht hast, die mit dir Handel trieben von deiner Jugend auf: ein jeder wird hierhin und dorthin wanken, und du hast keinen Retter.
Jesaja, 47/11-15

Ist das nicht wunderbar einfach? Ist das nicht sehr deutlich und sehr klar? Und wenn ihr euch umschaut, trifft das nicht den Nagel auf den Kopf? Ist denn zum Schluß in dem einen wie in dem anderen wirklich so etwas wie Sicherheit verborgen? Da ist ein Mann 16 Jahre Bundeskanzler einer der mächtigsten Staaten der Welt. Nützt ihm selbst diese Macht zum Schluß etwas? Ist nicht die Schande, die der eine wie der andere über sich schüttet zum Schluß der Tod der Ehre, der Tod des Lebens, der Tod des Glücks?

Solange wir Worte wie Zauberei nur in der Oberfläche betrachten, dann scheinen sie uns nicht zu berühren. Geht man aber den Urquellen bis in ihre Tiefen nach, dann wird deutlich, wie zeitlos fundamental sie sind. Das Unglück, auf das verwiesen wird in diesem Zitat, konzentriert sich auf einen kleinen Satz. Und der heißt: ›Du hast dich müde gemacht mit der Menge deiner Pläne.‹ So einfach ist das. So einfach ist das wirklich! Bei den Pferden läßt es sich ja nahezu beweisen!«

Ein Wort ist uns noch deutlich in Erinnerung geblieben von jenem Ereignis zum Jahrtausendwechsel. Auch Andreas ließ sich von Wekenou ein Orakel geben. Sie sagte ihm: »Achte besonders auf Dein Wesen, denn Du bist ein Krokodil.« Damit konnte der Arme nicht viel anfangen. Für Andreas war dies ein Wort, das ein Tier bezeichnete. Für die Priesterin lag sicherlich etwas ganz anderes dahinter, aber was?

Schließlich befragte der Pferdeschamane im Beisein der Priesterin das Orakel für Andreas. Dies sagte zu Klaus, Andreas sei die Grenze, an der das Wasser an die Erde reicht. Diese Grenze wirke bedrohend, aber das ist sie nicht. Diese Grenze wirke kalt, aber in Wahrheit ist sie fließend, sanft und weich. Diese Grenze wirke materiell, aber in Wahrheit sei sie zutiefst geistig. Für uns wurde deutlich, daß alles das das Wesen des Andreas auf den Punkt getroffen hat. Der atmete erleichtert auf, wurde ihm doch bewußt, daß jene Kontroversen, die er in sich wahrnahm, nicht etwas Bedrohliches sind, sondern zutiefst zu seinem Wesen gehören. Und ihm wurde klar, daß sich viele Menschen in ihm so täuschen mußten, wie wir uns in dem Wesen eines Krokodiles täuschten. Denn die Priesterin erklärte uns, daß alles das in dem von Klaus Beschriebenen eben das in Wahrheit verkannte Wesen des Krokodils sei. Andreas konnte das jetzt leicht annehmen und sich darum bemühen, fortan eine andere Kraft, eine andere Bestimmung zu finden. Die weite Symbolik der Worte ist uns verlorengegangen. Bringt sie uns der Pferdeschamane in Erinnerung?

Das Orakel des Andreas jedenfalls zielte von den beiden Schamanen weit über ein nur vordergründiges Ziel des Augenblickes hinaus. Diese Orakel zeigten ihm seine fundamentale Lebensstruktur, seine himmlische Schöpfungskonzeption. Und die gilt es eben im Sinne des Himmels im Leben zu verwirklichen. Diese Anbindung immer wieder zu vollbringen, das ist die Aufgabe der Schamanen. Aber das gilt nur bei jenen, die sich anbinden lassen wollen. Gäbe ein Schamane denen ein Orakel, die etwas ganz anderes suchen, nämlich ihre fokussierte Bestätigung und Sicherheit – in dem Augenblick würden sie aus dem Himmel der Schamanen stürzen. Sie wären keine Magier mehr, sondern Zauberer.

Noch nie wurde uns dieser Umstand so deutlich vor Augen geführt!

Andreas nutzt die Gelegenheit, sich auf der Finca KFH´s von Wekenou ein Orakel geben zu lassen.
»… Ist das nicht wunderbar einfach?«

Wie ein Märchen oder Hollywood?
Wie sie das Unglaubliche erleben

Wir konnten nicht umhin, einige der Anwesenden dieser Veranstaltung nach ihren Eindrücken zu befragen. Wie erlebten sie das, was sich in diesen Tagen abgespielt hatte? Es war für alle etwas Neues, etwas durchaus Fremdes. Das Verblüffendste aber war sicherlich das Zusammenwirken der Priesterin und Klaus. Darin lag in der Tat für uns Anwesende eine spürbare, durchaus neue Kraft begründet.

Angelika ist Konzertsängerin und Gesangspädagogin. Ihre Eindrücke des Geschehens sind die folgenden:

»Man könnte sagen, daß in unserem Kulturkreis Menschen weitgehend den Kontakt zu ihrem Ursprung verloren haben. Die Folgen sind dramatisch und traurig. Dadurch entsteht Orientierungslosigkeit, Isolation, Einsamkeit, Egoismus, Geltungssucht, Kampf in sehr negativer Form. Es braucht einen edlen, glaubwürdigen und korrekten Menschen, der für den Zusammenhalt sorgt, der sozusagen als Korrektiv dient; Menschen, die für diese Aufgabe bestimmt sind und die einen langen Weg der Läuterung, Prüfung und Ausbildung dafür gehen. Fehlt dieses Korrektiv, brechen die Strukturen einer Lebensgemeinschaft auseinander.

Nun zu Wekenou: Noch vor Sylvester begann sie mit den Konsultationen, das heißt sie befragte das Orakel. Sie begann die Zeremonie immer mit dem Parfümieren und Pudern der Hände des Konsultierenden. Dann griff sie in eine kleine Schale, in der eine Reihe von Muscheln, aber auch ein paar Münzen lagen, nahm eine Anzahl heraus und warf sie auf den Boden. Erst dann wurde man aufgefordert, in die linke und rechte Hand jeweils vier Muscheln zu nehmen. Mittendrin wollte sie den Namen des Konsultierenden wissen; manchmal unterbrach sie sogar, um eine Zigarette anzuzünden, den Rauch in verschiedene Richtungen zu pusten oder sich Parfüm über die Schulter zu schütten, einmal nahm sie sogar einige kräftige Schlucke Parfüm zu sich. Nach einer Weile dann wurde man aufgefordert, die Muscheln auf den Boden zu werfen.

Nun muß man wissen, daß die afrikanische Art und Weise zu denken anders ist als hier in Europa. Um ein Beispiel zu geben: Die Frage nach dem Frausein und die Identifikation als Frau für uns hier im Westen ist aus afrikanischer Sicht kaum oder gar nicht nachvollziehbar. Ihre Rollen und Aufgaben sind klar und eingebettet in das gesellschaftliche Leben und Gefüge. Mädchen werden lange und ausführlich vorbereitet auf ihr Frausein, auf das Heiraten und Ehefrau-Sein, auf das Muttersein und die Erziehung der Kinder. Für jedes Baby wird das Orakel befragt, damit die Eltern wissen, wo ihr Kind im Leben steht. Sie haben die große Verantwortung, ihr Kind dementsprechend zu begleiten und großzuziehen, damit es zu seiner Lebensaufgabe bzw. Lebenskonzeption gelangen kann.

Die Sprache ist geprägt von sehr vielen Bildern, eine Sprache, die für uns nicht leicht verständlich ist. Es besteht die Gefahr von Fehlinterpretationen. Hier knüpfte Klaus an und erläuterte Wekenou ausführlich und in sensibelster Form, daß er nun versuchen wolle, quasi Transmitter zu sein mit Hilfe seines Orakels. Wekenou reagierte begeistert.

Klaus' Orakel für Carola am 2.1.00 zeigte, daß sie sich in großer Gefahr befand und noch befände. Wekenou hatte ebenfalls bei der Konsultation am 30.12.99 mit großer Sorge höchste Gefahr für sie gesehen, weshalb sie für Carola schnellstens ein besonderes Reinigungsritual durchführte. Ein Ritual mit Waschungen, die ihre Not und Sorgen und alles Ungute wegnehmen sollten. Es

Eine Gruppe von Schülern KFH´s zusammen mit Wekenou.

wurde dann noch ein Ritual für ihre Ahnen gemacht, die sie, wie Wekenou sagte, beschützen sollten. Sie solle aufhören zu weinen, denn das nehme ihr und Carola die Kraft.

Klaus zeigte ihr auf, daß sie unbedingt aufhören müsse, wider besseres Wissen und entgegen allen inneren Überzeugungen in ihrem Beruf weiterzuarbeiten. Ferner, daß es wichtig für sie sei, sich zu öffnen und ihr feminines Wesen, ihre Weiblichkeit zu leben. Die Resultate von Klaus' und Wekenous Orakel deckten sich, Wekenou nickte zu allem vollkommen einverstanden. Carola nahm das ihr Gesagte an, und es kam sogar endlich wieder ein Lächeln in ihr Gesicht. Viele Aspekte wurden für Carola und uns alle durch die sprachliche Transmitter-Funktion von Klaus und seinem Orakel einfach klarer und verständlicher. Durch dieses ›Verfahren‹ tut sich aber auch umgekehrt ganz langsam ein Weg auf, allmählich wieder in die Bildsprache einzutauchen.

Und hier war ein unglaublich bewegender, großartiger Moment gekommen: Wekenou war höchst erfreut und glücklich, nachdem sie mit großer Spannung und höchstem Interesse Klaus beim Orakelwerfen zugesehen hatte und sie die Resultate in vollem Umfang bestätigen konnte und keine Einschränkung übrig blieb. Begeistert lachend und in höchstem gegenseitigen Respekt reichten sich Klaus und Wekenou die Hände, und es schien, als bekräftigten sie damit einen Bund, einen gemeinsamen Auftrag vielleicht, Urwahrheiten und Urweisheiten zusammenzubringen.

Klaus verglich das Geschehen mit einem großen Berg, der von zwei verschiedenen Seiten bestiegen wurde, und oben auf dem Gipfel findet diese großartige Begegnung statt; es ist derselbe Berg, den man sozusagen einmal vom Nordhang, einmal vom Südhang erklommen hatte! Im Moment ist das Erleben der Wahrheit dessen, was sich hier offenbart hat, fundamental! Es müssen nun in Zukunft alle auftauchenden Fragen vorsichtig und aufrichtig behandelt werden. Euphorie und blinde Begeisterung haben hier keinen Platz. Das, was sich hier bei Klaus ereignet hat, ereignen mußte, läßt Mut und echte Hoffnung schöpfen.

Die Spannung riß nicht ab. Bei Andreas zum Beispiel, der im Zeichen des Krokodils steht, ergab sich im Orakel von Klaus das Wesen der Annäherung, das Krokodil, das im Wasser lebt, sich dem Land nähert, dort seine Eier in dem Sand ablegt (Amphibie); auch bei ihm zeigte sich Gefahr. Er solle sich bei einem Streit mit seinen Arbeitern ruhig verhalten, gar nichts drum geben und nicht reagieren; auch in diesem Punkt zeigte das Orakel ganz klar, daß äußerste Zurückhaltung vonnöten sei. Wekenou sprach von einer Hilfe oder Förderung, die ihm zuteil würde. Andreas konnte dies zunächst nicht recht einordnen. Den Streit bezog er auf eine zukünftige Situation, die eintreten könnte. Klaus' Orakel zeigte dann deutlich, daß es um ein gegenwärtiges Problem ging, was Andreas unbewußt nicht sehen wollte.

Was mich selbst betrifft, so ist es schon bemerkenswert, wie ich überhaupt die Gelegenheit für meine Konsultation bekam. Als ich die Muscheln zu Boden rollen ließ, lachte Wekenou, und ich mußte herzhaft mitlachen. Zuvor hatte sie sich eine Zigarette angezündet, das fand ich auch schon lustig, denn ich rauche selbst gern mal. Sie wirkte so heiter und sie lachte so herzlich, das machte mir ein leichteres Gefühl, und doch konnte ich es nicht einordnen, denn meine Situation fand ich absolut nicht so witzig. Wekenou sah mich abwechselnd recht ernst und langanhaltend an, dann lachte sie wieder herzhaft und sagte zu mir: ›No problem, no problem.‹ Zwar konnte ich konkret mit alledem im Moment noch nicht so sehr viel anfangen, aber ich nahm es erst einmal sehr ernst, nicht zuletzt, weil ich großen Respekt gegenüber Wekenou habe und sie sehr klar, glaubwürdig und mit

Im Haus des Pferdeschamanen wurde ein Tempelraum eingerichtet.

echter Herzenswärme erlebt habe.

Am letzten Kurstag, dem 6.1.00, warf Klaus das Orakel für mich. In meinem Wesen begründet sei eine starke Gegensätzlichkeit, Widersprüchlichkeit, Ambivalenz; dies sei kein Fehler, sondern mein Wesen. In diesen Gegensätzen läge eine große Bandbreite von Qualitäten. In Aussehen, Mimik und Gestik läge oft eine gewisse Strenge, Unnahbarkeit, was aber wichtig für mich sei, weil mir dies zu meiner inneren Klarheit verhelfe zwischen den Extremen. Wenn Menschen mir deswegen zum Beispiel Arroganz unterstellen, solle ich mich nicht darum kümmern. Es gehe darum, diese enormen Gegensätze in irgendeiner Form zusammenzubringen, zu verbinden. Wenn ich nun bedenke, daß ich immer geglaubt habe, mein Weg ist der der Solistin, daß ich überzeugt davon war, diese Widerstände und Hindernisse überwinden zu müssen, beharrlich zu bleiben und nicht aufzugeben, so wie man halt gewohnt ist zu denken und wie in der Regel auch die Ratschläge und Erwartungen von außen ausfallen, ich wäre wohl weiterhin und schließlich vollends ins Unglück gerannt. Es ist ungeheuerlich, wie weit es gehen kann, wenn man jenseits seines wirklichen Weges geht bzw. sich immer weiter davon wegbewegt. Auf jeden Fall war es, als rissen Nebelwände auseinander, und all dies will erst einmal verdaut werden.

Jeder Mensch sollte seinem ihm eigenen Wesen entsprechend seine Aufgabe(n), sein Schicksal wahrnehmen, akzeptieren und nicht darüber hinausgreifen wollen, sondern im Sinne des großen Ganzen dienen. Durch das Wirken von Menschen wie Klaus und Wekenou besteht die große Chance, eben da wieder hinzukommen bzw. zurückzufinden, sofern man bereit und offen dafür ist, sich dem zu stellen.«

Jürgen, Angelikas Mann, ist Pianist und Musikpädagoge. Auch in seiner Deutung des Ereignisses fanden wir die Aspekte so auf den Punkt gebracht, wie es wohl die

Mehrheit erlebt hatte:

»Was nun auf die anderen Kursteilnehmer und mich ab diesem 29.12.1999 zukam, ist kaum noch mit Worten zu beschreiben, besonders was das gigantische Erleben und Erkennen von Urwahrheiten und Urweisheiten betrifft. Ich will es trotzdem versuchen.

Die erste und ungefähr sechs weitere Konsultationen fanden zunächst bei der Priesterin Wekenou mittels des ›Muschelorakels‹ statt. An den Wänden hingen Bilder aus Stoff von Göttern und Geistern. In einer Ecke war ein kleiner ›Altartisch‹ mit vielen Kultdingen bestückt aufgestellt. Auffällig waren zwei Figuren: Der Pferdegott Ablo und die Wassergöttin Mami Wata, die für mich wie eine barbusige Nixe aussah. Diese Mami Wata ist die Göttin, zu deren Zeichen die Priesterin Wekenou selbst gehört und in deren Zeichen sie wirkt.

Das erste Muschelorakel, das für eine Frau unseres Kurses, die in einer sehr schwierigen Lebenssituation stand, gemacht wurde, war sehr dramatisch!

Im neuen Jahr 2000, am 2.1.2000, begann nun Klaus mit seiner Orakelbefragung. Es war auch für ihn eine Premiere, weil er es das erste Mal öffentlich vollzog. Wekenou und Paul, der Dolmetscher, saßen direkt neben ihm am Kopf des Tisches. Um den Tisch versammelt saßen alle Kursteilnehmer. Klaus erklärte nun Wekenou, indem er sich viel Zeit dafür nahm, daß auch er jetzt das Orakel auf die besagte Frau bezogen befragen würde: keineswegs aber, weil er an dem Orakel von ihr zweifele, sondern um das gleiche Phänomen von einer anderen Seite aus betrachtet zu zeigen, von einer Seite, die für uns Kursteilnehmer sowohl in Sprache und Bild nur besser zu verstehen sei. Er selbst wolle dabei ›Tansmitter‹ sein zwischen ihrem ›Voodoo-Orakel‹ und seinem Orakel. Und nun begann auf großartige Art und Weise die ›Diplomatie des Ursprungs‹ und die Erkenntnis, daß tatsächlich der oben erwähnte ›Berg‹, der von verschiedenen Seiten betrachtet wird, tatsächlich derselbe ist.

Aus Klaus' Orakel ging hervor, daß die Frau sich tatsächlich in Lebensgefahr befunden habe und sich auch weiterhin in Gefahr befände. Gleichzeitig zeigte Klaus ihr auf, welchen großen Fehler sie ihr Leben lang begangen hatte, was sie letztendlich in diese gefährliche Situation gebracht hätte. Die Frau selbst konnte dies nur bestätigen, obwohl es ihr sehr schwer fiel. Dies alles wurde Wekenou übersetzt. Und nun geschah ein tief bewegender Augenblick: Freudestrahlend reichte Wekenou Klaus die Hand, als Symbol der völligen Übereinstimmung.

Wir alle standen nun auf dem Gipfel des ›Berges‹ und sahen tief beeindruckt, daß die verschiedenen Seiten des ›Berges‹, so verschieden sie auch waren, doch nur zu ein und demselben ›Berg‹ gehörten.

Bei meinem Orakel des 2.1.2000 ging es ausschließlich um eine konkrete Lebenssituation, in der ich mich befand. Auch hier war die Deckungsgleichheit beider Schamanen phänomenal. Ich wußte endlich, wie ich zu handeln hatte, was aber keineswegs leicht für mich war, und ich hätte mir bezüglich einer Orakelaussage lieber das Gegenteil gewünscht. Dennoch kam eine tiefe Erleichterung über mich. Einige Kursteilnehmer sagten mir danach, man würde mir meine Erleichterung wahrlich im Gesicht ablesen können.

Immer wieder ergab sich das gleiche Phänomen: Viele Bilder, die wir zunächst im ›Muschelorakel‹ nicht verstanden hatten, bekamen dann über die ›Transmitter-Funktion‹ durch Klaus für uns ihren Sinn. Dadurch wurde nicht nur das ›Voodoo-Orakel‹ bestätigt, sondern wir konnten auch mehr und mehr lernen, diese Bilder und Symbole zu verstehen. Was sich hier nun auftut, ist in seiner Bedeutung für die Zukunft noch gar nicht abzuschätzen. Die alten Urwahrheiten und Urweisheiten, es gibt sie wieder, es gibt sie noch.«

Soweit also Angelika und Jürgen.

Die lebenslustige Priesterin Wekenou.
»Solange wir Worte wie Zauberei nur in der Oberfläche betrachten, dann scheinen sie uns nicht zu berühren.«

Die Diplomatie des Ursprungs
Wenn Wekenou die Pfeife raucht

Die »Diplomatie des Ursprungs« bedeutet für KFH auch ganz handfeste Gastfreundschaft. »Da, wo noch Ur-Wahrheit in anderen Kulturen gelebt wird, da ist sie dem Untergang geweiht.«

Ist es also das? Ist Klaus Ferdinand Hempfling ein Schamane im alten Sinne? Sieht er sich in der Tradition dieser alten Heilerkasten?

»Nein, ganz gewiß sehe mich nicht in der Tradition dieser Ur-Schamanen. Das wäre ja auch zu vermessen. Darum geht es aber auch nicht. Es geht um eine Herausforderung, um eine Aufgabe, durchaus um das Erklimmen jenes Berges. Der Berggipfel und der Berg ist ein und dasselbe. Die Größe eines Djalé läßt sich ja auch daran ermessen, daß er als der Naturheiler und Magier seines Dorfes es mit aller Kraft durchgesetzt hat, daß eine Medizinstation im westlichen Sinne eingerichtet wurde. Da ist kein kleinliches Konkurrenzgehabe, keine alberne, eitle Abgrenzung, die zum Schluß, wenn überhaupt, nur dem eigenen Ego dienen würde, nicht aber dem Ganzen seines Dorfes. Ich habe den Begriff ›Diplomatie des Ursprungs‹ geprägt. Dabei geht es darum, daß sich die Kulturen nicht vor dem

Hintergrund des einen noch des anderen Gefälles treffen. Dem Gefälle der finanziellen Macht steht das Gefälle auf spirituellem Gebiet diametral gegenüber. Die eine oder die andere Basis halte ich für nicht gut. Nein, in der Tradition dieser Ur-Schamanen stehe ich nicht. Aber ich bin mir im klaren darüber, daß ich zu den sehr wenigen Vertretern unseres Kulturraumes gehöre, die die hier verankerte Wahrheit der Urquellen zu repräsentieren vermögen. Da, wo noch Ur-Wahrheit in anderen Kulturen gelebt wird – und das ist nur noch an sehr, sehr wenigen Plätzen wirklich der Fall, da ist sie dem Untergang geweiht. Das Überleben der Ur-Wahrheit fordert jetzt die Einsicht aller Wenigen, gemeinsam insofern etwas Neues zu schaffen, als daß der Ur-Anfang über Grenzen und Kulturen hinaus sich in dieser neuen Welt verankert. In einer Welt, in der alles andere sich vom Boden abzulösen, ja aufzulösen scheint. Mit meinen Freunden bin ich mir darüber einig. Dazu braucht es Erfahrungen aus den unterschiedlichsten Kulturkreisen, die sich in einem Punkte treffen: Wir wollen die Menschen, die das hören möchten, wieder darauf verweisen, daß es nur recht sein kann, sich unter das Postulat des Himmels zu stellen und all die Wege des Größenwahns zu verlassen, die himmlische Qualitäten und Mächte im Menschen suchen. Das haben schon die Erbauer des Turmes zu Babel versucht und sich ins Unglück der totalen Verwirrung gestürzt. Ist dieser Ansatz so unvernünftig?

Als Vertreter dieser Kultur, als der ich mich sehen muß, erscheint es nur zu konsequent, daß das Ur-Bild des Pferdes, das Ur-Bild des Sich-tragen-Lassens, mit diesem Prinzip Hand in Hand einhergeht. Und wenn bis hierher etwas deutlich geworden ist, dann der Umstand, welche Naivität meinerseits der Macht gegenübersteht, durch die ich von einer zur nächsten Stufe quasi gestolpert bin. Also: Auf daß Wekenou und andere noch oft in meinem Hause ihre Pfeifen rauchen!«

Frau-Sein, Mann-Sein
Die Initiation

Für KFH spielt das Phänomen der Initiation des Mannes eine Schlüsselrolle. »Das sind starke Frauen! Und das meine ich im Wortsinne!«

In gewissem Sinne hatten wir ein erstes abgerundetes Bild vor uns. Man mag zu alledem stehen wie man will, bestreiten kann man zweierlei nicht: Zum einen ist das alles sicher nicht die Phantasie eines Möchtegern, die Wunschvorstellung eines Wichtigtuers. Ob man schätzt, was geschieht, oder nicht, ändert nichts an der Tatsache, daß es geschieht! Und es geschieht in einem Umfang und so in der Öffentlichkeit, daß man es schon nur aus diesem Grunde sehr ernst nehmen muß. Zum anderen ist das gesamte Gefüge, das wir bis hierher zusammengetragen haben, auch in seiner historischen Konsequenz, ein zusammenhängendes, in sich stimmiges Ganzes. Noch einmal: Das ganze mag so mancher anzweifeln, nicht aber seine bedeutungsvolle Existenz und auch nicht seinen inneren Zusammenhalt. Da beißt die Maus einfach keinen Faden ab.

Der weitere Weg und unsere Neugier führt uns natürlich zu der Frage, wie diese zwei Komponenten, Magie und Pferd, Orakel und Reiterlebnis wieder zusammenfinden. Doch in unseren Gesprächen innerhalb des Redaktionsteams kam zuvor immer ein Punkt als noch weitgehend ungeklärt

Die Initiation

»Wir alle sind offensichtlich nicht initiiert. Sind wir verloren?«

zutage. Kurz hatten wir über das Phänomen der Initiation gesprochen. Von jenem Film war die Rede, an dessen Schluß sich der Protagonist quasi wörtlich in sein neues Leben hineinstürzte. Wir alle sind offensichtlich nicht initiiert. Sind wir verloren? Was also ist die Initiation? Kann man die nachholen? Sollen wir uns alle von den Hochhäusern stürzen in der Hoffnung, in einem aufgeblasenen Riesenballon zu landen?

»Nein – die Hochhäuser haben nicht einmal diesen Sinn. Außerdem hat Goethe diese Variante ja nun zur Genüge ausgebreitet – nicht nur darum halte ich seinen Werther für ein ziemlich fragwürdiges Leseerlebnis. Weitergekommen ist mit alledem ohnehin niemand. Mir fällt bei der Gelegenheit ein, daß wir einmal ein Studententheaterstück mit dem Satz angekündigt haben: Auch Goethe war nur ein Mensch. Gar nicht mal so schlecht – aber nun zurück in die Zukunft.«

Klaus führt uns in einen hohen, kühlen, sehr hellen Raum seines Hauses. In diesem hat er unzählige Filmrollen, Fotos und Dias aufbewahrt. Er zeigt uns einige Bilder, die bei dem Zusammentreffen mit den Gästen aus Benin im letzten Jahr geschossen wurden.

»Schaut euch doch einmal diese Bilder an. Nichts davon ist gestellt, kein albernes ›Cheese‹ zauberte ein Lächeln auf diese Gesichter. Aus jeder Geste spricht da nicht Stärke, Innerlichkeit, wirkliche Freude, Zugehörigkeit, Verantwortungsbewußtsein und Liebe? Das sind starke Frauen! Und das meine ich im Wortsinne. Achtet auf die Bewegungen, die hier in den Bildern eingefroren sind und die dennoch nichts Erstarrtes an sich haben. Ungeachtet jeder kulturellen Norm: Sind das nicht schöne Menschen? Viel habe ich darüber geschrieben, daß in den Urkulturen nur die Männer initiiert werden. Warum das so ist, darauf will ich hier nicht eingehen. Hier will ich darauf hinweisen, daß diese Menschen nicht nur glücklich sind, daß sogar das Abbild eines Augenblickes ausreicht, um das zweifelsfrei erfühlen zu können. Und darum geht es doch zum Schluß, oder? Ist das, was diese Bilder vermitteln, so ohne weiteres bei uns zu finden? Ich glaube nicht. Da muß man lange suchen und viel Geduld haben und Glück. Diese Bilder aber sind nicht auserlesen. Ein beliebiger Griff in das Regal – eines wie das andere! Das also ist Wahrheit. Kommen wir zu unserer Wahrheit. Wenn die anders aussieht, dann muß sich doch ein jeder fragen, zu welcher fühle ich mich hingezogen? Ich fühle mich zu der hingezogen, die diese Frauen in sich tragen. Ganz bestimmt! Worin liegt der Unterschied? Im Frau-Sein, im Mann-Sein, im Mensch-Sein! Das bedeutet für diese Frauen, daß sie nur ihr Frau-Sein zum Mensch-Sein führt. Und daß nur ein Mann-Sein zum Mensch-Sein führt. Das haben wir vergessen. Zum Schluß sind jene im Menschsein gleich und zum Schluß sind wir in der Unmenschlichkeit gleich. Bei jenen steht davor das in allen Facetten erlebte Geschlecht. Vor unserer Unmenschlichkeit steht die Gleichheit in der Produktivität, in der Anerkennung des Nutzens, des Benutzens, auch der Geschlechtlichkeit.

Das Frau-Sein in den Urkulturen ist gleichbedeutend mit dem Mensch-Sein. Da hinein muß der Mann initiiert werden. Das bedeutet für ihn ein großes Leid. Am Ende dieser Prozedur stehen sich wahre Männer und immer seiende Frauen gegenüber.

Bei uns ist das genau umgekehrt. Da haben die nicht initiierten Männer die Macht – also in den Augen der Ur-Menschen die *Nicht-Menschen*. Das Nicht-Menschsein ist aber hier bei uns von einer solchen Attraktivität, daß sich nahezu alle

Die Initiation

Frauen mehr und mehr dazu hingezogen fühlen, den Machtfaktor der Nicht-Menschlichkeit gegen das Empfinden wahren Seins einzutauschen. Bei uns verlassen die meisten Frauen das Paradies, in das die Männer hier kaum jemals eindringen.«

Einige Dutzend Fotos liegen auf einem großen Tisch vor uns ausgebreitet. Bilder wie diese haben wir natürlich schon häufiger gesehen, aber wir haben eingestehen müssen, daß uns der soeben angesprochene Punkt doch sehr nahegegangen ist. Der Pferdeschamane hat recht! Es entsteht ein Moment des Schweigens. Ruhig liegen unsere Augen auf den Gesichtern dieser Fotografien. Vorsichtig schiebt sie der Pferdeschamane wieder zu einem Haufen zusammen.

»Jeder hat eben die Wahl. Aber entscheidet er sich für das Glück, für die Erfüllung, dann ist er es ja nicht mehr, der die Wahl hat. Ist es eine Frau, dann steht ihr nicht die Wahl zu, der Un-Menschlichkeit der hier mächtigen Hampelmänner nachzueifern. Sie hat dann mit allen ihr zur Verfügung stehenden Kräften ihr wahres Frau-Sein zum Wohle vieler Menschen auch zu leben. Ist es ein Mann, dann hat er mit all seinen Kräften zu versuchen, ein Mann zu werden und das Vormännchen-Gehampel endlich zu lassen. Das geht nun einmal nur über den Weg der Initiation. Das ist ja nicht meine Idee, das ist der Wille des Himmels.

Eine wahre Initiation erlebt der Noch-Nicht-Mann oder der, wie ich es genannt habe, Prae-Mann in der Tat als einen Tod. Nicht wenige sterben sogar wirklich dabei. Und wenn ich jetzt so in eure blassen Gesichter schaue, dann kann ich euch schon beruhigen: Ich bin ziemlich sicher, daß es ›moderne‹ Formen der Initiation geben wird, geben kann. Ich sage, daß ich ziemlich sicher bin, weil ich es noch nicht weiß. Diesem Punkte werde ich sehr viel Aufmerksamkeit zukommen lassen in den kommenden Jahren. Mein Weg jedenfalls war noch kein moderner.«

Der weite Weg
Die magischen Pferderituale

Was die magischen Pferderituale wirklich sind, was sie sollen, was sie bezwecken und was sie an Geheimnissen verbergen, dem wollen wir uns jetzt zuwenden. Wir, das Redaktionsteam dieses Buches, konnten es uns aber einfach nicht verkneifen, im Nachfolgenden ein Interview ungekürzt an dieser Stelle wiederzugeben. Es erschien drei Monate vor der Jahrtausendwende in der Reiter Revue und trug den Titel: »Klaus Ferdinand Hempfling – der mit den Pferden trommelt. Was will der Guru mit dem Voodoo?«

Beim Lesen achten Sie doch auch einmal auf die Stimmungslage der Fragen im Vergleich zu der der Antworten. Wir im Redaktionsteam fragten uns, ob es uns gelungen wäre, auf Fragen dieser Art derart freundlich zu antworten. Hier also das Interview mit dem vorangestellten Text:

Drei Wochen lang verwandelte sich eine kleine Reithalle im bayerischen Fischach zur Bühne »magischer Pferderituale«. Vor einem Altar aus 40 Holzfiguren, beklatscht von perlengeschmückten, buntgewandeten schwarzen Frauen und animiert von dem echten Voodoo-Priester Djalé (63) aus dem westafrikanischen Benin wurde hier mit Pferden getanzt und getrommelt. Inszenario und Veranstalter: Klaus Ferdinand Hempfling (42), Branchen-Blitzkarrierist mit seinem Bestseller »Mit Pferden tanzen« (200.000 Mal verkauft).

Reiter Revue befragte den Hippo-Guru über den (Un)Sinn seines neuen Tanzes – alles nur Show?

Reiter Revue: Wie kamen Sie auf die Idee, gerade einen Voodoo-Priester einzuladen?

Klaus Ferdinand Hempfling: Das war ein Zusammentreffen vieler Faktoren, das zu diesem unglaublich intensiven Erleben führte. Mein ganzes Bestreben ist, das Pferd in unserem Bewußtsein wieder an den Platz zu rücken, an den es vor allem gehört – nämlich als wichtigstes, noch lebendes Symbol aller abendländischen Kulturen seit ihren Anfängen. Und von hier aus ist es geradezu ein Muß für mich, andere Kultur-

»... alles nur Show?«

wurzeln zu einem Austausch anzuregen. Von Ursprung zu Ursprung sozusagen.

Und entgegen den landläufigen Klischees und Vorurteilen gehört die Voodoo-Religion zu den atemberaubendsten, faszinierendsten und zudem für mich recht einfach nachvollziehbaren. Wie sich auch herausgestellt hat, stand am Ende des dreiwöchigen Besuchs nicht nur eine tiefe freundschaftliche Verbundenheit, sondern auch die Erfahrung gegenseitiger Bereicherung durch vielschichtigen Austausch. Es war ein wunderbarer Start.

Reiter Revue: Was hat denn Voodoo mit Pferden zu tun?

Hempfling: Wenig bis zu dieser Begegnung. Es gibt zwar im Voodoo Panteon einen Pferdegott namens Ablo. Aber erst durch diese Begegnung bekam das Pferd in dem Kult des Priesters Djalé eine

Oben:
Der reitende Voodoo-Gott Ablo.
Mitte:
Bewegend neue Begegnung mit einem Pferd während eines Magischen Pferderituals.

ganz neue Bedeutung. Das war dann auch der Inhalt des Traums, den Djalé vor langer Zeit träumte. Denn hier wie dort gilt das Pferd als Symbol der Harmonie und der Kommunikation. Weg und Auftrag Djalés war es, so betonte er immer wieder, zur Verständigung beizutragen, zwischen unseren Kulturen einen ersten, ganz neuen Anfang zu wagen. Und da gäbe es eben keinen besseren Symbolträger als das Pferd.

Reiter Revue: Durften Gäste dieses Voodoo-Spektakel erleben? Was kostete die Teilnahme?

Hempfling: Letztlich kamen wir zu diesem spektakulären Ereignis wie die Jungfrau zum Kind. Es ging plötzlich alles ganz schnell und es lag zeitlich so, daß es zwei ganz andere Seminare überschnitt. Darum waren immer einige Dutzend Teilnehmer zugegen, die sich diese Gelegenheit natürlich nicht entgehen lassen wollten – ihre Beiträge von etwa 130 Mark pro Tag wurden verrechnet. Nach den großartigen Erfahrungen aber wird das Magical Horse Ritual zukünftig natürlich in unterschiedlicher Besetzung für die Öffentlichkeit zum Miterleben angeboten werden. Dies war eine außerordentliche, in dieser Form nicht geplante Veranstaltung. Wir hoffen, daß wir bei zukünftigen Veranstaltungen dieser Art trotz der horrenden Kosten einen Tagespreis von 130 bis 150 Mark halten können.

Reiter Revue: Viele Pferdeexperten halten Sie für ziemlich ausgeflippt, einige gar für leicht verrückt. Glauben Sie nicht, daß Ihre Voodoo-Aktion diesen Eindruck noch verstärkt?

Hempfling: Schalten Sie doch nur einmal den Fernsehapparat ein. Dort bekommen Sie täglich ein buntes Kaleidoskop geliefert, eben den »ganz normalen Wahnsinn«. Das ist Masse. Menschen, die sich vor den Talkshowkameras täglich gegenseitig erniedrigen, das ist beispielsweise eine noch harmlose Spielart. Im Vergleich dazu bin ich in der Tat anders. Ich versuche, dem Erleben und dem Leben eine andere Tiefe, eine andere Ernsthaftigkeit abzugewinnen, einfach mehr wirkliche Freude und Glück. Und das ist auch zum Schluß das, was ich zu vermitteln trachte. Und die Urreligion Voodoo ist genau das: der Versuch, aus dem Chaos in die Harmonie zu gelangen. Daß das falsch verstanden werden kann, ist ein Risiko, das ich einkalkulieren muß.

Reiter Revue: Was brachte Ihnen persönlich die Voodoo-Veranstaltung?

Hempfling: Diese Menschen haben noch niemals zuvor ihren Fuß aus ihrem Dorf gesetzt, das man nur über verschlungene Pfade und mit kundigem Führer mit Geländefahrzeugen erreicht. Sie sind von dem, was wir die moderne Welt nennen, gänzlich unberührt. Und die Menschlichkeit, die sie in sich tragen und uns wie Gastgeschenke zelebrierten, zu erfahren, zu teilen, in der Gemeinschaft, bei den Ritualen, das gehört zu den schönsten und reichsten Erfahrungen meines Lebens.

Reiter Revue: Der Boom der Pferdeflüsterer hält unvermindert an. Sehen Sie sich auch als Flüsterer?

Hempfling: Nein. Ich stehe eher den meisten Dressur- und Springreitern näher, als jenen Menschen, die sich zuhauf Pferdeflüsterer nennen. Und es ist kein Geheimnis, daß ich mich den Dressur- und Springreitern im Allgemeinen nicht sonderlich verbunden fühle. Es würde zu weit führen, in diesem Interview detailliert auszuführen, was ich damit genau meine. Doch das, was unter dem Begriff Pferdeflüsterer grassiert, ist der äußerste Punkt des Grauens im Dasein vieler Pferde. Es ist wie ein scharfes Messer in der Hand eines Narren.

Reiter Revue: Statt geflüstert wurde bei Ihrem Voodoo-Treffen getrommelt. Was soll das im Umgang mit Pferden bewirken?

Hempfling: Mit der Musik beschäftige ich mich schon viel länger als mit Pferden. Und nicht erst seit dieser Begegnung bringe ich die Trommeln zu ihnen. Ich glaube, da wird mir jeder Reiter zustimmen, daß Taktgefühl und Musikalität eine gute Basis sind für das Empfinden rhythmischer, harmonischer und »taktreiner« Gangarten. Hier aber ging es mir noch um etwas ganz anderes. Tatsächlich trägt jedes Lebewesen, jeder Mensch und jedes Tier seinen eigenen Rhythmus in sich. Und in diesen magischen Pferderitualen haben wir diese Rhythmen hörbar gemacht. Das war ein phänomenales Erleben, und die Wirkung auf Mensch und Tier war für alle erlebbar, unbeschreiblich und oft zutiefst ergreifend.

Reiter Revue: Ihre Fan-Gemeinde besteht in erster Linie aus Frauen mittleren Alters. Wie erklären Sie sich dieses Phänomen?

Hempfling: Es sind etwa 80 bis 90 Prozent Frauen jeden Alters. In meinem neuen Buch »Frau und Pferd« habe ich versucht, eine Antwort auf Ihre Frage zu geben. Die ist zugegebenermaßen sehr lang ausgefallen. Lassen Sie es mich kurz so formulieren: Frauen sind die geborenen Pferdemenschen. Männer müssen es erst durch eine lange Schulung werden. Der Weg ist für viele Männer jedoch oft zu hart und zu steinig. Die meisten brechen ihn darum lange vor dem Ziel ab. Sie bleiben dann im Benutzen, in der Beliebigkeit, in der Austauschbarkeit. Der wahre innere Bezug zum Lebewesen Pferd wird nie erreicht. Davon aber handeln alle meine Veranstaltungen. Und das erreicht eben viele Männer nicht.

Reiter Revue: Warum hat Sie das erreicht? Sie sind doch auch ein Mann?!

Hempfling: In praktisch allen Naturvölkern gilt die Regel, daß eine Frau quasi als »fertige Frau« geboren wird, der Mann aber nicht als »fertiger Mann«. Durch vielfältige und oft langwierige Rituale muß dieser erst zu einem »Mann gemacht« werden. In dem Buch »Frau und Pferd« gehe ich ausführlich darauf ein. Konkret heißt das, daß er durch diese Rituale zwar äußerlich eine durchaus stärker männlich geprägte Er-

»... das gehört zu den schönsten und reichsten Erfahrungen meines Lebens.«

scheinung wird, in seinem Wesen aber mehr weibliche, also hingebende, ruhende Züge entwickelt und lebt. Meine jahrelangen Erfahrungen hier in den Pyrenäen – nicht nur, aber auch zusammen mit den Pferden – haben mich auf diesen Weg gebracht. Ein Mann, der sich auf einem solchen Weg befindet – wodurch auch immer – ist für die Welt, die jenseits des reinen Benutzens liegt, ähnlich empfänglich wie viele Frauen.

Reiter Revue: Kritiker werfen Ihnen vor, weniger von Pferden als von öffentlichwirksamen Selbstinszenierungen zu verstehen. Was sagen Sie dazu?

Hempfling: In allen klassischen Kulturen – in der griechischen ganz vorneweg –

galt die Beurteilung eines Redners nicht nur seinen Inhalten, sondern ganz besonders auch der Redekunst und dem Stil des Vortrags. Erst das persönliche Auftreten, die Lebendigkeit der Kommunikation macht das Vorgetragene zu einem Ereignis, macht es glaubwürdig und nicht zuletzt auch unterhaltsam. Diese Werte gehen mehr und mehr verloren. Das finde ich bedauerlich. Mir macht es eben großen Spaß, meine Inhalte freudig und bunt zu vermitteln. Ob natürlich die Inhalte, zum Beispiel über die Pferde, würdig sind, vermittelt zu werden, wird zum Schluß wohl nur die Zeit eindeutig bestimmen können.

Reiter Revue: Sie sind ein sehr geschäftstüchtiger Mensch. Steht das nicht im krassen Gegensatz zu Ihren Thesen bezüglich Mensch/Pferd-Beziehung, Mystik und Rückbesinnung auf die Urrätsel der Welt?

Hempfling: Sie kennen mich nicht gut genug, sonst wüßten Sie, daß ich zwar über erhebliche Einnahmen verfüge, aber kein geschäftstüchtiger Mensch bin. Das erlebe ich allerdings auch nicht als Manko. Richtig ist, daß ich mit Leib und Seele das tue, was mich innerlich bewegt. Und darum bin ich nicht mehr und nicht weniger als ein lebender Beweis dafür, daß nicht der hungern muß, der seiner Gesinnung und seiner inneren Einstellung gemäß lebt.

Reiter Revue: Was sind für Sie die Urrätsel – und warum suchen Sie sie?

Hempfling: Viele Menschen sind heute in Wahrheit auf der Suche danach und werden ganz zurecht abgeschreckt durch das, was ein eitler Esoterikmarkt ihnen alles offeriert. Aber jenseits des »normalen Wahnsinns«, von dem wir eingangs gesprochen haben, und jenseits der New-Age-Scheinheiligkeit gibt es etwas erstaunlich Bodenständiges. Und das will nicht raus aus der Welt, will sie nicht einmal verbessern oder nach Sektierermanier Inseln erschaffen. Nein – das lädt nur dazu ein, die Welt auf eine andere Weise zu verstehen, um in ihr verwurzelter zu leben, eben einfach dazuzugehören. Und das sind die ältesten Quellen der Menschheit, eben wie ich sie nenne, die Urquellen. Und die gibt es bei uns wie überall auf der Welt. Die Lehre meines neuen Voodoo-Freundes Djalé zum Beispiel gehört dazu. Und mein Weg zu ihnen ging und geht über die Pferde.

Reiter Revue: Glauben Sie eigentlich selbst, was Sie Ihren Mitmenschen so alles mitteilen?
Hempfling: Ja.

Die Trommel – Pferd des Schamanen

Die Trommel ist Bestandteil nahezu aller Ur-Rituale. Mit ihrer Hilfe findet der Schamane oder sein Gehilfe den Weg in die Trance und in ähnlich andere Bewußtseinsebenen. Er läßt sich quasi auf dem Rhythmus hinforttragen hinein in eine andere Welt. Darum sagt man auch, daß die Trommel so etwas sei wie das Pferd des Schamanen. Die Trommel und das Pferd haben in der Tat sehr viel miteinander gemeinsam:

»Wieder dringen wir in nahezu unbekannte Sphären. Warum ist die Trommel bei den Naturvölkern so beliebt – geht fast nichts ohne sie, schon gar nicht ein Ritual? Weil sie das Symbol der Zeit ist. Das Ritual führt die teilnehmenden Menschen an den Ur-Anfang zurück. Das ist sein Wesen und sein Auftrag. Da aber, wo die Welt ihren Anfang nimmt, entsteht die Zeit. Und erst wenn die Zeit entsteht, entsteht der Raum. Nicht ohne tieferen Sinn sprechen die Urquellen von dem Paradies und von der Erfüllung als von einer Ewigkeit. Die ist offensichtlich zeitlos. Und tatsächlich: Ist nicht das Gefühl von wirklichem Glück immer auch damit verbunden, daß die Zeit keinerlei Rolle mehr spielt, daß sie sozusagen stehenbleibt?

Das Erleben von Glück ist auch immer das Erleben einer zeitlosen Gegenwart. Ist die Gegenwart aber wie ein zeitloses Erleben, könnte man dann nicht auch sagen, es ist ein Erleben wie in der Ewigkeit? Ist also die Ewigkeit nicht so sehr eine Frage der zeitlichen ja physikalischen Begrenzung als vielmehr die des persönlichen Empfindens? Lebt der Schamane während eines Rituals in der Ewigkeit?

»Statt geflüstert wurde bei Ihrem Voodoo-Treffen getrommelt.
Was soll das im Umgang mit Pferden bewirken?«

Hat darum das Ritual nicht auch die Aufgabe, Zeitlosigkeit zumindest für den Zeitraum des Rituals zu schaffen? Wenn der Anfang der Welt dadurch geprägt ist, daß Zeit entsteht, also Rhythmus, vermag mich dann der Rhythmus nicht eben an diesen Anfang der Welt, an diese unmittelbare Grenze zum raum- und zeitlosen Dasein

hinzuführen? Darum also ist die Trommel ein so bedeutendes und in der Tat auch heiliges Utensil der Naturmenschen und natürlich ganz besonders der Schamanen.

Kinder trommeln immerzu. Erst das Verbot der Eltern nimmt ihnen mit der Zeit die Freude daran. Wie gesagt – ein solches ›normales‹ Elternhaus hatte ich nicht. Das Trommeln gehört daher zu einer meiner Erfahrungen, die ich nicht lernen mußte, die ich vielmehr ohne jede Unterbrechung kontinuierlich in mein Erwachsenendasein mitgenommen habe. Die Trommel ist noch nicht der Rhythmus, sondern das Instrument, um ihn zu schaffen. Und wenn wir uns über eben diesen Rhythmus unterhalten, auch dann werden wir wieder sehen, daß darin so immens viel verborgen liegt, von dem kaum jemand etwas weiß.

Kurios ist, daß das Wort Takt bis heute ganz eng mit dem Wesen Pferd verbunden ist. Wohl keinem Tier wird eine solche rhythmische Eleganz seiner Bewegungen geradezu mythisch zugeschrieben. Das Schlagen der Hufe ist wie das Schlagen einer Trommel. Die Bewegung des Pferdes ist wohl auch mit die lauteste. Wenn ihr auf einer Straße reitet, dann werdet ihr immer wieder feststellen, daß sich die Menschen schon von Weitem umdrehen. Und das tun sie nicht etwa gelangweilt oder lässig – das tun sie mit einer gewissen Spannung, ja Aufgeregtheit. Das Schlagen der Hufe ist etwas extrem Eindringliches. Und wirklich, es dringt jedem Menschen wie etwas seltsam Mahnendes bis in die Seele. Der Pulsschlag erhöht sich, und auch wenn über ihnen die Flugzeuge schweben, das Pferd führt sie in eine andere Zeit, in eine andere Welt – oder zumindest, wie wir gehört haben, an ihre Grenzen.«

Der Rhythmus, die unvergängliche Zeit

»Sehr wichtig an dieser Stelle erscheint es mir, darauf hinzuweisen, daß das Phänomen der Trance nicht im mindesten etwas mit Rausch zu tun hat. Nichts mit dem Rausch des Egomanen, des Spielers, des Alkoholikers, dem des Jagens nach Reichtum und Ruhm und dem all der anderen unzähligen Rauschmittel. Der Schamane will eindringen, will Klarheit über das Wesen des Himmels. Der Berauschte ist auf der Flucht vor sich selbst, der Wirklichkeit und natürlich auf der Flucht vor dem Himmel. Die Bewegungen sind also genau entgegengesetzt. Darum bin ich ein solcher Feind jedwelchen Rausches auch immer. Der Rausch ist das Mittel der Zauberer, um das Wenige noch abzutöten, das eventuell an himmlischen Zeichen und Botschaften noch durchzudringen ›droht‹. Rhythmus, Bewegung, Tanz, Trance – alles das ist dazu da, eine Form der Ohnmacht zu generieren, die nicht aus dem Dasein flieht, sondern, ganz im Gegenteil, sich unmittelbar mit den Wurzeln des Daseins verbindet, also mit der unmittelbarsten Wirklichkeit. Das ist den meisten Menschen vollkommen unbekannt, selbst denen, die sich intensiv mit diesen Phänomenen auseinandersetzten.

So ist auch Rhythmus nicht gleich Rhythmus. Das wird man spätestens dann erkennen, wenn man zuerst eine Blaskapelle hört und gleich danach zum Beispiel die Trommeln meiner Freunde aus Westafrika. Alle fühlen den Unterschied, doch kaum jemand vermag zu beschreiben, worin er denn eigentlich besteht. Jene Blaskapelle ist insofern nicht weit von heutigem Technosound entfernt, als daß ihr Rhythmus, ebenso wie dieser, eine Art Nur-Realität formt. Das ist vor allem der 4/4-Takt. So etwas kommt bei den meisten Naturvölkern allein praktisch niemals vor. Diese bringen in aller Regel in sogenannter asynkoper Folge fünf, sieben oder mehr Schläge in dem zumeist nicht hörbaren Gebilde des 4/4-Taktes unter. Das bedeutet einfach gesagt, daß eine Art wechselnder, galoppierender Rhythmus entsteht, der nicht nur nahezu jeden Menschen mitzureißen vermag, der darüber hinaus etwas ganz Bedeutendes beinhaltet: Jene Blasmusik wirkt darum so hart, so formal und oft auch militärisch, weil sie durch ihren Rhythmus die Materie symbolisiert. Der ist eher starr, gleichbleibend, berechen-

bar, formal und sehr wenig anspruchsvoll in seiner Differenzierung. Westliche Musik, die nicht unter dem Einfluß bestimmter Klassik steht oder unter dem der Naturmusik, ist dieser ›Blasmusik‹ in dieser Hinsicht sehr verwandt. Das Trommeln der Naturvölker aber ist darum so ganz anders und sicher auch für uns aufregender, weil das formale Gerüst nicht hörbar mitschwingt, während die Trommeln das hörbar machen, was an geistigem Ausdruck

»Der Mensch war für einen Augenblick in der Ewigkeit.«

über der Materie schwebt. Das ist das Bewegliche, Fließende, Überraschende, Mitreißende. Dieses Trommeln führt darum an den Anfang der Zeit, weil es nicht nur Rhythmus ist, sondern weil darüber hinaus jener Geist ›anklingt‹, der die Zeit und den Raum erschaffen hat.«

Der Tanz – Ausdruck von Kraft und Freude

»Auch der Tanz im Ritual weist niemals auf den Tanzenden hin, sondern immer weg von ihm. Viele kennen dieses tiefe Erleben, da bin ich ziemlich sicher. Wie befreiend, wie erbauend, wie durch und durch lebendig und erhellend sind jene tänzerischen Bewegungen, in die hinein ein Mensch sich sanft schwingt, und die vollkommen unbeobachtet, aus sich heraus zu einem Gemälde tiefer Freude werden – gemalt mit dem Körper. Nicht der Tanz schafft die Ausgelassenheit, sondern eine tiefe, innere Freude sucht und findet einen Weg des Ausdrucks. Nichts ist wichtig in solchen Momenten. Die Zeit ist lange gewichen dem Erleben des Einswerdens vom Innen mit dem Außen.

Der Tänzer denkt nicht nach über das, was er gerade tut. Eine Bewegung folgt der anderen. Über Grund, Nutzen und Sinn des ganzen wird nicht im mindesten reflektiert. Öffnet sich dann die Tür und ein Beobachter betritt die Szene, dann erstarrt womöglich dieser himmlische Tanz. Ich denke, so etwas geschieht Frauen häufiger als Männern.

Was ist geschehen? Dieser Mensch war für einen Augenblick in der Ewigkeit. Das ist in unseren Erfahrungsdimensionen die Ausnahme. Wahres Leben aber ist so etwas, ohne Anfang und Ende. Ein solcher Tanz ist nicht abrufbar. Der gründet sich auf die tiefe Erfülltheit eines Menschen, wie die glitzernde Spitze auf den Eisberg. Dieser wahre Tanz im Verborgenen fragt kaum nach Schritten und nach Gesetzmäßigkeiten. Der wird in jedem Augenblick zur Gesetzmäßigkeit der Schöpfungskonzeption, die sich jetzt als Ganzheit, als geistig materielle Einheit dem Menschen offenbart. Der erfüllte Mensch singt, lacht und tanzt – er kann gar nicht anders. Auf dem Weg zu den magischen Pferderitualen wird mir das immer wieder bewußt. Die verlangen nach dem Tanz, nach jenen Rhythmen, nach jener inneren Freude also. Diese Rituale sind ja keine Folklore. Sie sind der Ausdruck tiefer, innerer Verbundenheit. Dann ergibt das eine das andere. Die Erfüllung in der Hingabe an den Himmel drückt sich aus im Äußeren, in den Tänzen zum Beispiel. Die wiederum führen weg von den Tanzenden, von der Gruppe, zurück als eine einzige Huldigung an den Himmel. Eine Verbindung entsteht, ein stetes Wachsen. Jetzt sind Bewegung, Rhythmus und Tanz das, was die Pferde in Wahrheit repräsentieren, sie sind die Verbinder von Himmel und Erde. Was bleibt ist die Freude des Tuns, das reine Leben und Erleben also.

Das Pferd ist das alles schon. Als ich mich im Sommer von Djalé verabschiedet habe, da kam er vorsichtig auf mich zu und nahm mich in den Arm. Das tat er fünf Mal, und jedes Mal bedankte er sich. Was ich jetzt sage, das meine ich ganz wörtlich: Er war der einzige Mensch, den ich jemals getroffen habe, bei dem ich das Gefühl hatte, alles um ihn herum ist frei. Es war mir dennoch außerordentlich vertraut, kannte ich dieses Erleben doch von den Pferden – aber eben nur von diesen. Niemand sonst ist mir in meinem Leben bisher begegnet, bei dem das der Fall war.«

Das Pferd – Wanderer zwischen den Welten

»Viele Kinder erkennen das noch. Die sitzen ruhig und andächtig vor den Pferden, und sie wollen nichts mehr, als in ihrer Nähe sein. Sie putzen, bürsten und fegen und tun was weiß nicht alles, um sie zu riechen, sie zu berühren, sie zu füttern, ihnen beim

»Eine Verbindung entsteht, ein stetes Wachsen.«

Fressen zuzuhören. Womöglich dürfen sie sich dann ja auch einmal darauf setzen – das ist dann der Himmel auf Erden. Der zerbricht, sobald das Kind beginnt, das Pferd beherrschen zu wollen. Von jetzt an dient das Kind ihm nicht mehr, läßt sich nicht mehr bedingungslos tragen. Jetzt will es etwas von ihm, und das Paradies öffnet das Tor, auf dem ›Ausgang‹ steht. Ist das Tor erst einmal verschlossen, findet man es nur sehr schwer wieder. Mit welchem Glanz, mit welch tiefer Emotion begannen die Reiterlebnisse jener Mädchen – zumeist sind es ja Mädchen – und mit welch zorniger, verbitterter Frustration enden sie allzu oft.

Die Pferde werden dabei zu Wesen, die innerlich verbrennen. Das ist ihr Los. Ausgebrannt und voller Trauer stehen sie dann vor mir. Mit gebrochenen Flügeln, von Teer, Pech und Schwefel verklebt. Scheu und voller Angst und Mißtrauen lassen sie sich kaum noch berühren, ohne zusammenzuzucken oder gar ängstlich davonzulaufen. Wenn sie sterben, dann berichten sie dem Himmel. Denn nichts fällt einfach so zu Boden. Dabei sollten sie ihre Besitzer doch

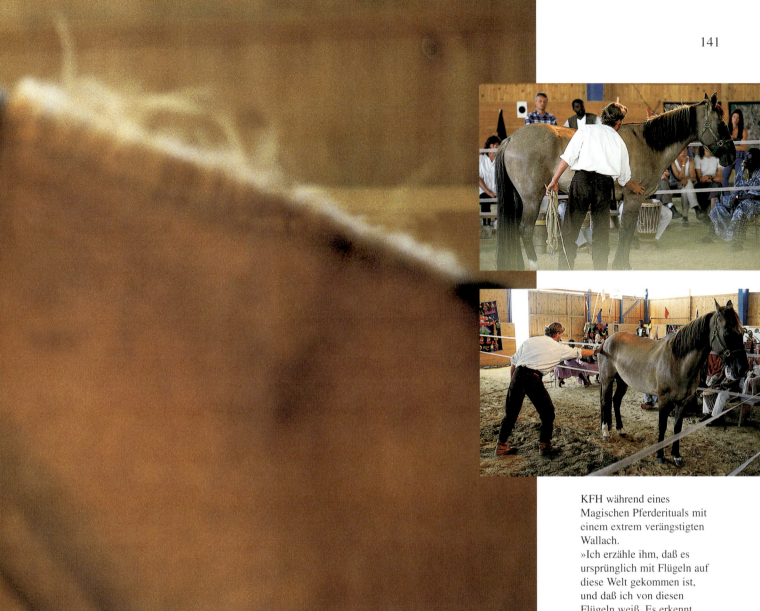

KFH während eines Magischen Pferderituals mit einem extrem verängstigten Wallach.
»Ich erzähle ihm, daß es ursprünglich mit Flügeln auf diese Welt gekommen ist, und daß ich von diesen Flügeln weiß. Es erkennt, daß es doch nicht bloß ein häßliches Entlein ist.«

in höchste Höhen tragen.

Doch das Stutzen der Flügel ist immer der erste Akt, den ein Mensch an einem Pferd vollbringt. Bin ich mit den Pferden, dann muß ich ihnen zuerst den Schmerz nehmen. Das ist so unmittelbar, daß es selbst den Menschen, die zuschauen, oft nahegeht. All die Wunden muß ich versorgen. Dann spreche ich mit ihnen über ihre Aufgabe. Ich erzähle ihnen, daß sie ursprünglich mit Flügeln auf diese Welt gekommen sind, und daß ich von diesen Flügeln weiß. Das ist der wichtigste Augenblick für das Pferd. Es wird erkannt. Es erkennt, daß es doch nicht bloß ein häßliches Entlein ist – denn das ist es, was die Menschen ihm immerzu eingeredet haben. Jetzt setzt es sich nicht mehr zur Wehr. Die Verwandlung ist geschehen, die doch in Wahrheit keine Verwandlung war.

In Wahrheit habe ich nur jene Verwandlung rückgängig gemacht, die die anderen Menschen an ihm verbrochen haben. Ein Mensch und ein Pferd stehen sich jetzt gegenüber. Der erste Mensch und das erste Pferd. Der Mensch handelt menschlich und

»... jetzt setzt es sich nicht mehr zur Wehr gegen mich.«

das Pferd handelt wie jedes Pferd. In der Tat ist da praktisch kein Unterschied mehr. Diese Wesen sind dann einfach nur noch Pferd. Sie spucken dann die verklebten Teerreste aus ihrem Rachen, weiten und dehnen sich, rollen mit ihren Augen, schütteln sich kräftig und klopfen wieder an des Himmels Pforten.

Mit ihnen, mit den Pferden, mit ihrem Wesen, mit ihrem Schicksal, mit ihrem Empfinden fühle ich mich sehr verwandt. Darum braucht es für alles das keine großen Erklärungen, nicht viele Worte. Sie stehen da, und obwohl ich sie womöglich zum ersten Mal sehe, weiß ich doch schon alles über sie. Ja, das geht oft so weit, daß ich den erstaunten Besitzern sogar winzige Details aus dem Leben der Pferde nennen kann und nach ihnen frage. Die Zuschauer drum herum spähen nach Greifbarem, nach Aktionen und Handlungen. Doch was ich tue, läuft ja in genau die andere Richtung. Sie haben Teer, Pech und Schwefel über das Pferd gegossen. Und sie wollen jetzt mein Rezept, meine Mischung ergründen, die ich über ihm ausschütte. Daß ich in Wahrheit gar keine eigene Mischung habe, daß ich ganz im Gegenteil nur das alte, verklebte Zeug vorsichtig entferne, das entgeht ihnen. Sie sehen zwar das Resultat, über meinen Weg aber schütten sie genauso schnell dasselbe Zeug wie über die Pferde.«

Der Pferdeschamane – der, der vermittelt und verbindet

Immer wieder ertappen wir uns dabei, daß auch wir weitere praktische Erklärungen wollen. Doch ist uns in der Zwischenzeit klar geworden, daß diese sogenannten praktischen und »verständlichen Erklärungen« doch nichts weiter sind als jene Rezepturen zur Herstellung von Teer, Pech und Schwefel. So sehr sind wir daran gewöhnt, daß es immer nur in diese eine Richtung geht, daß man kaum auf deren Strukturen verzichten will, nicht einmal dann, wenn einem so deutlich vor Augen geführt wird, wie überflüssig sie sind. Doch auch uns fällt es außerordentlich schwer, anzuerkennen, daß all die unbestrittenen Früchte und Resultate, die der Pferdeschamane tausendfach in der Öffentlichkeit zuwege gebracht hat, ohne jede Rezeptur

 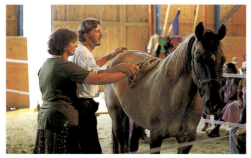

Geduldig und vertrauensvoll, unter dem Rhythmus der Trommeln, können sich schließlich auch andere Menschen dem Pferd nähern. »In Wahrheit habe ich nur jene Verwandlung rückgängig gemacht, die die anderen Menschen an ihm verbrochen haben.«

möglich sind. Da suchen wir nach genau diesen Dingen und dann, wenn sie einem zum Greifen gereicht werden, dann scheinen sie nicht zu genügen, dann kommt doch immer wieder die Frage nach dem: »Was soll ich denn jetzt als Nächstes tun?«

Uns ist auch klar geworden, daß es vermutlich nirgendwo in unserem Kulturraum zumindest etwas Vergleichbares gibt, bei dem es möglich wird, diesen geistigen Prozessen derart hautnah beizuwohnen und vor allem auch ihre Früchte zu genießen. Daß alles das nur in die Herzen weniger Einzug halten kann, das ist für niemanden von uns eine Frage. Aber wir ahnen jetzt auch, warum dieser Mann dennoch einen solchen Wirbel ausgelöst hatte. Gegen die Angriffe der »Fachwelt«, er sei ein absoluter

Wir sind uns darüber einig, daß wir die Welt jetzt in der Tat ein stückweit mit anderen Augen betrachten.

Anfänger, setzte er sich nie zur Wehr – im Gegenteil. Er bestätigte es mit dem Hinweis, man solle ihm dann aber bitte die Erklärung liefern, warum und weshalb dennoch all die Resultate möglich seien. Jene Pferdeflüsterer und Zauberer seien eben alles Menschen, die unter den Bäuchen von Pferden geboren wurden. Sie hätten ihre Art des Wissens aneinandergereiht und zu einer bunten Trickkiste zusammengetragen. Er aber habe »keine Ahnung«. Wie anders als über das Erleben des wahren Pferdes – des Wanderers zwischen den Welten – also könne möglich werden, was möglich wurde? Seine erbittertsten Feinde reichten ihm immer nur die Bestätigungen für seine eigenen Aussagen!

Klaus Ferdinand Hempfling ist wie ein Pferd – der Verbinder zwischen den Welten. Die Pferde sind seine Verwandten, seine Geschwister. Er ist mit ihnen wie mit seiner Familie. Klaus Ferdinand Hempfling ist ein Tiermensch. Er ist ohne Zweifel eine Ausnahmeerscheinung. Mit nichts, was wir kennen, wollen wir ihn vergleichen. Seine Einfachheit, seine Bescheidenheit und seine Natürlichkeit bei alledem sind für uns beispielhaft. Da ist kein Dünkel, da ist keine Arroganz, da ist nicht der mindeste Versuch, über hochtrabendes Geschwätz zu scheinen, was man nicht ist. Im Gegenteil. Wir sind zu dem Schluß gekommen, daß dieser Mann sich in der Gegenwart von anderen Menschen in gewisser Hinsicht bewußt einfach, bewußt »gleich« verhält. Darum auch haben wir den Duktus seiner gesprochen Sprache nicht verändert. Wir haben uns nicht der Versuchung hingegeben, bestimmte Aussagen zu glätten, zu polieren, zu kastrieren. Wir wollten den Pferdeschamanen zeigen, wie er ist, in all seiner Natürlichkeit, in seiner Rohheit, in seiner Heftigkeit, in seiner Lebenskraft, mit seinem Lebenswillen und mit seinem nur zu verständlichen Drang, die Dinge auf den Punkt zu bringen.

Die magische Welt des Pferdeschamanen konnten wir nicht so ergründen, daß sie

nachmachbar erscheint, weder für uns noch für die Leser. Aber sie ist uns sehr zugänglich geworden. Unsere anfängliche Scheu ist verloren. Ja, im Gegenteil. Vieles zuvor Betrachtete aus anderen Kulturen bekommt jetzt einen anderen Zusammenhalt, eine andere Durchsichtigkeit. Wir sind uns darüber einig, daß wir die Welt jetzt in der Tat ein stückweit mit anderen Augen betrachten.

Was heißt das für uns, für unsere Leser? Wieder bemerken wir, wie sich der Brennpunkt dabei auf uns ausrichtet. Was tue ich damit praktisch? Der Pferdeschamane hat uns zugesagt, den letzten Teil des Buches, den Praxisteil, selbst aus eigener Feder zu diesem Buch beizusteuern. Darauf sind wir gespannt, denn wie sieht eine Praxis aus, die geistige Früchte zutage fördern soll? Er aber sagt immer, daß am Anfang und am Ende die Tat, die Handlung stehe. Nur müsse man wissen, wo denn der Anfang sei. Und davon wolle er im letzten Kapitel dieses Buches berichten.

Wir wissen jetzt aber auch, daß der Pferdeschamane erst am Anfang seiner ganzen Bemühungen steht. Er hat im Grunde erst begonnen, seine Welt, die die Welt des Ursprungs ist, zu beschreiben. Wir sind davon überzeugt, daß es immer mehr handgreifliche, reale und praktische Früchte geben wird. Das Dorf, die Schule – alles das sind nur Anfänge. Und wenn diese Anfänge weitergetragen werden können, auch durch dieses Buch, dann ist ein weiterer, wichtiger Schritt bereits getan.

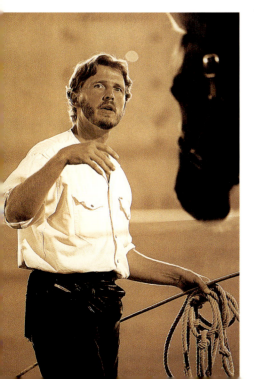

Kunst **4** *Spuren gelebten Seins*
Die ritualisierte Kunst des Pfe

schamanen

»In meinem Verständnis läßt sich Realität und Mythos, Traum und Wachsein nicht voneinander trennen. Darum sind meine Aktionen wie meine Bilder der Ausdruck vom unmittelbaren Erleben. Jedes Wesen, jede Form besitzt Rhythmus, Farben, Strukturen und Schwingungen, die nicht nach außen treten und dennoch spürbar sind. Weil das für mich das Wichtigste ist, darum folgen mir die Pferde.«

Nach dem Krieg
Fotografik, 1999

Im Zentrum der Götter
Tempelkunst und Schwertertanz

Oben:
Der Löwe, Wahrzeichen des Königreiches Dahome.
Rechte Seite:
Der Wächter
Holzplastik, bemalt, 1978
»Den Selbstzweck in der Kunst konnte ich in meinen Arbeiten nie finden.«

»Die Kunstgeschichtler haben darum so große Probleme in der Zuordnung der Kunst der Naturvölker, weil sich bei denen eine Trennung zwischen Gebrauchs- und Kultgegenstand und womöglich reinem künstlerischen Ausdruck nicht ziehen läßt. Heute sind diese Grenzen wohl etwas weicher geworden. Das Prinzip aber ist geblieben.«

Der Pferdeschamane hat Kunstpreise erhalten, hat in Kunstzeitschriften Arbeiten, vor allem Fotografien veröffentlicht, als er etwa Anfang zwanzig war. Aber erst mit dem Zeitpunkt, als er in die Welt der Pferde eindrang, begann er, auch seine Kunst wirklich zu verstehen. Denn die Ergebnisse, die er zutage gefördert hatte, die wollte und konnte er niemals so recht in dem geläufigen Kunstmarkt einordnen.

»Den Selbstzweck in der Kunst konnte ich in meinen Arbeiten nie finden. Auch waren sie nicht bloßes ästhetisches Wollen, nicht Protest, und sie waren auch keine konsequente Fortsetzung dessen, was die Kunstgeschichte womöglich als Antwort verlangte. Das alles war nicht das Meine. Heute weiß ich warum.

Wie ist das bei den Naturvölkern? Über jedem Nutzen, über jedem Gebrauchsgegenstand liegt etwas, was wir heute vollkommen vergessen haben, nämlich die Ordnung zwischen Himmel und Erde. Ein kleines Beispiel: In Heidelberg, wo ich unter anderem auch studiert habe, da finden sich wunderschöne Jugendstilvillen. In einer solchen habe ich gewohnt. Ganz in der Nähe des Aufstieges zum Philosophenweg. Wenn man die Menschen in diesen Villen besucht, dann fällt etwas Besonderes ins Auge: Diese Häuser sind in der Regel vergleichsweise spärlich möbliert. Das kann kaum an der finanziellen Situation der Bewohner liegen – denn dieses Viertel gehört zu den nobelsten der Stadt. Warum ist das dann so? Ganz einfach! Die Häuser, die einzelnen Räume sind so gestaltet, daß sie in sich Bestand haben. Die gewölbten Stuckdecken, die kleinen Erker, die hohen Sprossentüren und Fenster – das alles ist nicht nur dem Zweck dienlich, ein Dach über dem Kopf zu haben. Das ist zuallererst Gestaltung, die *auch* einem Zweck dient. Legt da hinein einen Teppich auf den Holzparkettboden, einen alten Bücherschrank dazu, zwei Sessel und ein Bild. Fertig. Der Raum schwingt, ist beseelt, was sollte man da noch hineinstopfen? Ganz anders ist das mit den meisten neuen Bauwerken. Die sind DIN-Norm und benutzbar. Übrigens und beachtenswerterweise die Folge der Kunstbewegungen des beginnenden zwanzigsten Jahrhunderts – die des Bauhauses ganz besonders. Wieder eine Revolution, die von gut gemeinten Gedanken mitten ins Chaos geführt hat. Diese neuen Gebilde – Krebsgeschwüre der Städte und Dörfer, verlangen von den

Bewohnern eine unglaubliche Korrektur. Die müssen quasi vollgestopft werden, damit durch intuitive Gestaltung wenigstens der Anflug von Erträglichkeit entsteht. Ein wirkliches Haus ist leer bereits gemütlich und wohnlich, es ist eben heil.

Dieser Gedanke, daß allem zuerst die Gestaltung, das heißt das Schöpfen im Sinne des Himmels zugrunde liegen muß, und dann erst der Gedanke des Gebrauchens, war ja noch bis vor wenigen Jahrhunderten auch uns nicht ganz fremd. Das eben sind jene Stücke des Dachbodens, die heute teuer gehandelt werden. Das sind Schränke, Lampen, Porzellanstücke. Doch zum Gebrauch dienen diese Kostbarkeiten zumeist nicht mehr. Ihr Wert liegt jetzt oft ausschließlich in der beseelten Gestaltung. So etwas nennt man dann Kunsthandwerk oder Gebrauchskunst. Diese Begriffe haben aber nur dann einen Sinn, wenn eben Gebrauch, Gestaltung und Kunst nebeneinender existieren. Das gibt es bei den Naturmenschen nicht. Da ist immer alles zugleich vorhanden.

Der Himmel teilt sich den Schamanen, den Priestern unmittelbar mit. Im Zentrum allen Geschehens steht darum der Tempel, der Ort, der unmittelbar dem Willen des Himmels geweiht ist. Hier entstehen Kult und Kultgegenstände, Musik und Tanz, aus dem sich schließlich der Kampf, die Kunst des Kriegers, des Samurai zum Beispiel, entwickelt. Nicht eine Handlung und darum auch nicht ein Gegenstand, der nicht vom Tempel und damit vom Kult beeinflußt wäre. Der reine, individuelle künstlerische Ausdruck, der ja bis heute das wichtigste Postulat unserer Kunstwelt bildet, existiert in jener Welt in dieser Form nicht. Tatsächlich ist es sogar so, daß die unterschiedlichsten Vorschriften eingrenzen, wie und in welcher Art rituelle Kunst und Gebrauchsgegenstände anzufertigen sind. Die Individualität zeigt sich im Detail.

Mein künstlerischer Ausdruck ist in meinem Verständnis beides. Ich folge und folgte ja nicht einer unmittelbaren Überlieferung – auf keinem meiner Wege. Mein Schaffen ist also erst einmal originär und individuell. Die Absicht aber war von Anbeginn an die, eine Art magische Anknüpfung an die ritualisierte Welt zu finden. Darum gleichen viele meiner Objekte und Bilder eher den rohen Darstellungen von Naturmenschen als dem Versuch, eine Nische im Kunstmarkt zu besetzen!«

Spontan und ungeplant
Das Geheimnis der frühen Bilder

Von der Wucht und der Farbenpracht dieser Bilder sind wir immens beeindruckt. Sie spiegeln in der Tat den Menschen wider, der sie geschaffen hat. Vor uns liegen Holzschnitte, die Klaus Ferdinand Hempfling Anfang zwanzig schuf. Der technische Ablauf der Druckherstellung ist der, daß eine Holzplatte für jede Farbe neu zurechtgeschnitten wird. Mit speziellen Schnittwerkzeugen werden Rillen und Flächen aus dem Holz gelöst. Dann wird die Farbe aufgetragen und das Papier mit dem Holzdruckstock eingefärbt.

Der Besucher in Rot
Holzschnitt, 1978

»Das künstlerische Medium hat ja unendlich viel mit dem Ausdruck und dem Inhalt zu tun. So eine Holzplatte will wirklich bearbeitet sein. Da sind Widerstände, da ist ein großes haptisches Erleben. Und vor allem bleibt dem Moment der Phantasie wie der Überraschung weiter Spielraum. Ich baue ein solches Bild ja nicht auf wie ein Maler, vielmehr lege ich eine Farbschicht über die andere – von hell nach dunkel bis hin zum Schwarz. Man arbeitet zum Beispiel mit der gelben Farbe, muß aber eine Vorstellung davon haben, wie zum Beispiel die Figuren, der Rhythmus, die Gestaltung im Schwarzdruck stehen werden. Man tastet wie im Dunkeln und ist immer darum bemüht, das Ertastete in eine bildliche Vorstellung umzusetzen. Ein ganz eigener Dialog entsteht, bei dem mehr und mehr das zu Schaffende den Prozeß des Schaffens bestimmt. Man gelangt in jenen Strom, in dem man zum Schluß nur noch Blatt ist, das mitschwimmt.

Man verhilft dem Geschöpften dazu, daß es eine Form wird, daß Harmonie entsteht und Einheit, die aus dem Gegenteil, aus dem Chaos seine Spannung bezieht. Darum sind für mich diese Bilder von Anfang an nicht nur etwas sehr Lebendiges, sie sind Abbild des Lebens und im Idealfall zeitlos.

Viele meiner Erfahrungen, die ich im Laufe der Jahre durchlebt habe, sind auch in diesen frühen Bildern für mich schon erkennbar. Ja, sogar die Art und Weise, wie ich mit Pferden bin, unterscheidet sich nicht von der Art und Weise, wie die Bilder entstanden. Der Weg soll zum Schluß zu einem geordneten Ganzen führen. Dazu muß man sich der Tatsache hingeben, daß sich das Chaos aus sich selbst heraus dann lichtet, wenn man zum Anteilnehmenden wird, zum Führenden, der geführt wird. Man muß sich vertrauensvoll und sehr ernsthaft den einzelnen Schritten zur Seite stellen und im Beobachten und Reflektieren handeln, also aktiv passiv sein.«

Gestaltete Fülle

Wir hätten wohl kaum eine Chance gehabt, diesen Äußerungen des Pferdeschamanen zu folgen, wäre in den Tagen zuvor nicht alles das geschehen, was eben geschehen war. Jetzt aber erschien uns das Vorgetragene nicht nur sinnvoll, sondern sogar verständlich. In allem, was wir von dem Pferdeschamanen erfahren und sehen, ist dasselbe Ur-Prinzip wiederzufinden. Und die Ergebnisse, die Früchte, erscheinen uns dennoch wie von einem einzigen Baum, aus so unterschiedlichen Gebieten sie auch stammen mögen.

Das Sein mit den Pferden, die Filme, seine Art des Vortrages, seine Bücher, seine Bilder und Skulpturen – alles das bringt immer wieder Gleiches auf ganz unterschiedliche Weise zum Ausdruck. Immer ist es die immense Fülle, die das Geschehen bestimmt. Um so überraschter waren wir, als wir hörten, daß sein gesamtes künstlerisches

Das Geheimnis der frühen Bilder

Sein mit einem einzigen Punkt begonnen hat. Immer zeigen sich in der Fülle die Extreme. Jeder kleine Punkt scheint von Bedeutung, wenngleich er auch im Gefüge des Ganzen fast nicht mehr erkennbar ist. Jede Bewegung hat einen präzise festgelegten Ort im Zusammensein mit den Pferden, und doch verschmilzt alles zu einem Tanz, der als Ganzheit nur so sein kann, wie er eben ist. Auch diese Bilder wirken auf uns wie ein solcher Tanz.

Kraft und Freude

Bemerkenswert bei allem ist die Freude und die Kraft, die sich auf so unterschiedliche Weise einen Ausdruck verschaffen. Der Weg dieses Mannes ist und war hart und schwer. Das aber verwandelt sich ganz offensichtlich unmittelbar in leichtestes Spiel, in Lebensfreude und geballte Energie. Die Melancholie, die gelegentlich in dem Pferdeschamanen mitzuschwingen scheint, erkennen wir mehr und mehr als eine Art Anteilnahme an der Trauer dieser Welt. Wenn dieser Mann traurig scheint, dann nicht über sich selbst. Er ist Energie, Kraft und Freude. Damit aber verschließt er sich nicht in einem Turm aus Elfenbein. Alles in ihm will dieses Erleben mitteilen, ja teilen. Zwischen Geben und Erschrecken, zwischen dem Wunsch, kommunizieren zu wollen, und scheinbarer Abgrenzung, zwischen Leben und Überleben befindet sich der Pferdeschamane Zeit seines Lebens, und davon künden alle seine Früchte.

Der Siebenschläfer
Holzschnitt, 1985
»... leichtestes Spiel, Lebensfreude und geballte Energie.«

Ursprünglichkeit und Symbolik

Gestalten schrumpfen zu rudimentären Zeichen. Ein Mann und ein Hund werden zu einem dramatischen Ensemble aus wenigen rohen Formen und erdhaften Farben. Ein aus dicken Klötzen zusammengesetzter Vogel überfliegt einen Fluß. Das ganze wird dem Betrachter von hoch oben gezeigt, aus einer Perspektive, die noch über dem Vogel liegt. So wird riesige Distanz ganz flach zusammengedrängt zu einem Geschehen, das sich nur noch auf einer Ebene abzuspielen scheint. Die Realität ist nur noch Mittel, um in dem Ausdruck zu formenhafter Symbolik verewigt zu werden.

»Das, was ich da zeige, ist doch in Wahrheit ›Hund‹ oder ›Mensch‹ oder ›Vogel‹. Bleiben wir bei dem Hund: Mit welch einer Anteilnahme, ja mit welch rührender Hingabe betrachtet er jenen Menschen? Er steht geerdet, fest und klar. Er fordert, wie eben ein Hund fordert, jeder Hund. Er trägt Leben in sich, wie eben jeder Hund Leben in sich trägt – sei er nun geprügelt und gedemütigt oder eben nicht. Wie anders macht sich der

Links:
Vogel über Fluß
Holzrelief, bemalt, 1981
Oben:
Mann mit Hund
Holzschnitt, 1980
»… in Wahrheit ist das *der* Hund, *der* Mensch, *der* Vogel.«

Bauern auf dem Feld
Holzschnitt, 1983

Mensch daneben aus in seiner Unklarheit, in seiner Nichtpräsenz in seiner suchenden Hilflosigkeit. Das ist *der* Hund, das ist *der* Mensch. Auf Jung'sche Begriffe greife ich nicht gerne zurück, aber das sind Archetypen für mich. In dem nächsten Kapitel will ich versuchen, den Leser ein wenig in diese Welt hineinzuführen durch erste einfache, praktische Schritte. Die Pferde, die erlebe ich eben ganz genau so. Da ist immer das Pferd als Symbol. Darunter verbirgt sich die Individualität. Die ist aber nur als ein Teil der Ganzheit zu begreifen. Zuerst bin ich Mann und Mensch, dann erst, nach einer ganzen Weile, Klaus. Die Genforscher heute treffen sich da mit den Ur-Völkern. Das ist kurios. Denn in ihrer Genforschung wollen sie nichts weiter als den Menschen erforschen und nicht das Individuum. Denn gentechnisch unterscheidet ihr euch von mir nur durch Unterschiede, die sich in Tausendstel beziffern lassen. Wir sind, grob gesehen, absolut identisch – bitte erschreckt jetzt nicht darüber.«

Das Weibliche in der rohen Gestalt

Auffällig ist ein Weiteres: Noch immer betrachten wir die frühen Werke des Pferdeschamanen. In der scheinbaren Grobheit, hinter der männlich erscheinenden Wuchtigkeit, schimmern für uns immer deutlicher

Das Geheimnis der frühen Bilder 155

die zarten weiblichen Aspekte hindurch.

»Das ist in der Tat etwas sehr Bedeutsames, und in dem Sein mit den Pferden ist das ja ganz und gar nicht anders. Gelegentlich stelle ich mich da den Frauen entgegen und bitte sie, doch wenigstens so weiblich, das heißt so hingebend, einfühlsam und ernsthaft zu sein, wie ich das als Mann zu sein glaube. Das Weibliche in der Welt ist die Ernsthaftigkeit. Das wird immer wieder verkannt. Die Mutter, die Frau ist die Sorgende, die Hütende, die zum Schluß Ertragende. Das weibliche, das sinnliche Element, die Hingabe ist alles das, was zur Verantwortung führt. Das fehlt in Wahrheit nahezu allen Männern heute und natürlich auch so manchen Nichtmehr-Frauen.

In jedem Ausdruck sollten sich beide Elemente vereinen. Dann kann es ein ganzheitliches Gebilde werden. Das Führende, das Zusammenhaltende in meinen Bildern sind immer die feinen, die weichen, die in sich bewegten Linien, Formen und Flächen. Die legen sich wie ein zusammenhaltendes Gewebe über das ganze. Sie unterstützen und bestätigen die wuchtige, dynamische Existenz der Formen. Durch sie aber bekommen sie erst ihr wirkliches Leben.

Bei den Pferden bin ich zuerst abwartend. Dann bekomme ich Zeichen von dem Tier. Schließlich kommt es zu einer blitzartigen Präsentation. Das bemerken in den

Noch zwanzig Minuten bis New York
Holzschnitt, 1985
»… alles das, was zur Verantwortung führt.«

Oben:
Der Bienenkönig
Holzplastik, bemalt, 1981
Rechte Seite:
Die Zauberschildkröte
Holzplastik, bemalt, 1982
»… das ist einfach Geduld.«

meisten Fällen die Umherstehenden nicht, ist es doch so winzig. Eine unscheinbare Geste stellt dann die Wucht des Lebens dar, ja, auch meine Wucht. Dann aber bin ich ganz schnell weich und durch und durch weiblich. Jetzt trifft sich, was sich zuvor erkannte und dann respektierte. Und das ist doch immer das Wunderbare, das Sich-Treffen, die Vereinigung, das Verschmelzen. In meinen Bildern ist das nicht anders.«

Taten, Aktionen, Zeichen setzen

Etwas anderes ist auch schon aus dem frühen Kunstschaffen des Pferdeschamanen herauszulesen. Kaum scheint es Versuche zu geben oder zaghaftes Herantasten. Immer ist da unmittelbar die Explosion – Sprengstoff aus vielen feinen, sensiblen Einzelheiten zusammengesetzt. Uns kommt es so vor, als ob immer alles gleich fertig ist. Da sind die gewaltigen Gartenanlagen, da sind die Erlebnisse in den Bergen, da gibt es gleich nach dem Erscheinen auf der Bildfläche der Pferdewelt ein Buch – nicht irgend eines, sondern auch hier eine Explosion, und dasselbe erkennen wir in der Kunst dieses Mannes. Immer scheint alles in irgendwelchen Tiefen zu entstehen, um sich dann mit Macht nach außen zu drücken, um einfach da zu sein. Nie scheint es eine Art Weg zu geben.

»Ja, das ist richtig, und das ist wirklich ein bedeutsames Charakteristikum meines Lebens. Aus all dem Gesagten wurde ja schon deutlich, warum das so ist. Heute bietet man Wege für alles an – sogar um ein besserer Mensch zu werden. Das ist aber in der Ur-Welt nicht so. Da gibt es ein grundsätzliches Erkennen auf welchem Feld auch immer. Dieses Erkennen und der Prozeß dahin ist eben kein Schaffen, kein sich Ausprobieren, das ist einfach Geduld. Da heißt es finden und nicht ver-suchen. Meine Kunst habe ich mit einem Punkt begonnen. Im nächsten Kapitel wird das deutlich. Musashi, der wohl bedeutendste Samurai, hat etwas sehr Bemerkenswertes gesagt, und das ging etwa so: ›Wenn Du einen Gegner besiegst, dann besiegst Du auch Hunderte oder Tausende.‹

Das mag man so wörtlich nehmen wie man will, im Kern steckt darin eine große Wahrheit. Wenn ich begreife, was ein Punkt ist, dann begreife ich auch alles, was aus Punkten zusammengesetzt ist. Wenn ich begreife, was ein und nur ein einziges Pferd ist, dann begreife ich alle Pferde der Welt und auch ihre gesamte Mythologie. Soweit zurück aber geht fast niemand. Sie alle fangen gleich an zu ›schaffen‹, eben wie die Zauberer. Da treffen sie sich in Worpswede und malen drauflos – geistloses Teufelszeug. Wenn ich begreife, was ein Ton ist und wie der sich zum nächsten verhält, dann weiß ich, was alle Musik aller Kulturen ausmacht. Dabei geschieht etwas ganz Bedeutsames: Die Würdigung des allerkleinsten Bestandteiles zu Anfang und die Demut diesem geschöpften Miniuniversums gegenüber führt dazu, daß dieses Bewußtsein nie verlorengeht. In einer Sinfonie von Beethoven hat man nicht ein Mal das Gefühl, daß auch nur eine Note, eine Klangfarbe zufällig auf die vorige folgt. All seine Gewaltigkeit drückt sich aus durch die sorgsamste Aneinanderreihung von Kleinstem. In dieser Wachsamkeit, in dieser peniblen Würdigung des fast nicht Sicht- und Hörbaren liegt die

Möglichkeit, mit und durch den Himmel zu schaffen. Das ist wahre Inspiration, wahre Kunst. Darum gibt es bei mir nicht so etwas wie Wege. Es gibt das nicht endende Bemühen, das Geheimnis im Detail, in welchem Bereich auch immer, zu ergründen. Darin liegt immer so etwas wie eine Umkehr, ein Neuanfang.

Nehmt Ravells Bolero. In der Wiederholung des scheinbar immer Gleichen findet er in seinem einzig wirklich genialen Werk den Schlüssel für das Phänomen der Variation. Die Genialität liegt im Detail und in dem Mut, diesem Detail zur Ganzheit hin zu folgen. Denn damit stellt man sich immer gegen die Zeit.«

Wie KFH es sieht:
Das Schamanenpferd

Daß der Pferdeschamane heute seine Kunst auch mit dem Computer herstellt, verwundert uns zuerst, für ihn ist es das Selbstverständlichste der Welt.

»Unnatur entstand ja zu keiner Zeit durch die Medien, sondern durch die Art und Weise des Gebrauchs und durch ihre Erfindung. Das ist ein sehr vielschichtiger Vorgang, von dem ich hoffe, daß er schon durch die einzelnen Teile unserer Gespräche in sich deutlich wurde. Die Begründer des sogenannten Fortschrittes, die die menschliche Geschichte provozieren, die Zauberer, die wollen ein Stück Welt in ihrem Sinne neu erschaffen. Der Schamane, der Magier nimmt die Welt inklusive all der Bestandteile des Fortschrittes, um sie als Ganzes durch seine Rituale dem Ur-Anfang wieder zuzuführen. Ihm ist das banale Postulat ›Zurück zur Natur‹ unter dem naiven Ausschluß bestimmter Elemente des Fortschrittes fremd. Er betrachtet die ganze Welt immer als Einheit. Das unterscheidet ihn vom Esoteriker, vom Grünen, von den Shakern oder so vielen anderen Gruppierungen. Ein wirklicher Schamane, ein Priester, ein Magier, ist immer ein außerordentlich moderner Mensch. Ihm ist nichts fremd. Ihn interessiert alles, und in aller Regel ist er außerordentlich gut auf vielen Gebieten informiert – einschließlich der allerneuesten Entwicklungen.«

Schamanenpferde im Zelt
Fotografik, 1999
»… das ist ein bedeutsamer, auch schamanischer Vorgang.«

Das Ergründen der Wesen in der Zuordnung

Die Bilder, die Klaus mit Hilfe des Computers gestaltet, beruhen in aller Regel auf von ihm erstellten Fotografien. An Beispielen dieser Arbeiten lassen sich andere, neue Spuren des inneren Erlebens des Pferdeschamanen ausmachen. So ist das erste Bemerkenswerte an diesen Bildern die Zusammenstellung, die Zuordnung der einzelnen Bestandteile.

»Stellt jemand ein Pferd in ein Zelt und verändert das ganze auch noch in Form und

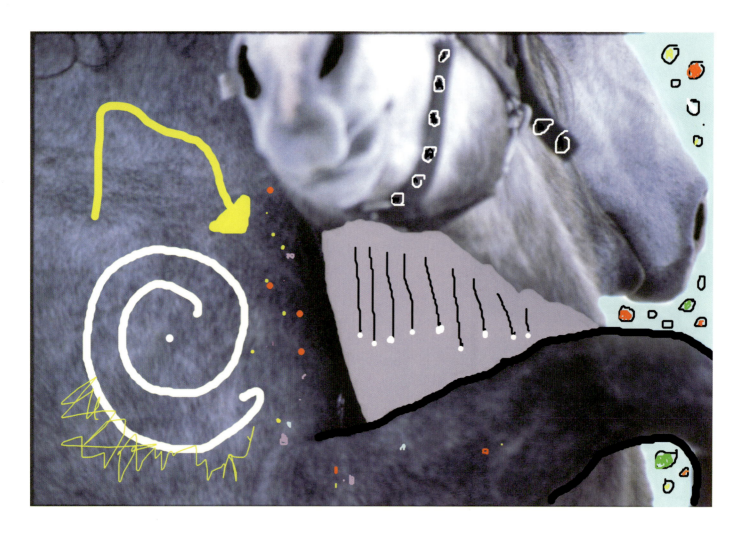

Zwei Schamanenpferde
Fotografik, 1999

Farbe, dann verändert sich die innere Struktur sowohl des einen wie des anderen. Das Zelt ist nicht mehr nur das Zelt, und das Pferd nicht mehr nur das Pferd. Es entstehen neue, innere Wahrheiten. Das ist ein ganz bedeutsamer, auch schamanischer Vorgang.

Viele Menschen glauben, der arbeitet mit diesem Pferd eben so und so. Das ist aber ganz falsch. Wahr ist, daß ich mit diesem Pferd in diesem Augenblick und an diesem Ort eben so und so arbeite. Verändert sich Zeit und Raum, dann muß sich auch das Handeln verändern, um zum Schluß zeitlos zu sein. Der routinierte Mensch wird seinem Handeln folgen und seinem Denken, egal ob er in der Straßenbahn sitzt oder in seinem Wohnzimmer. Nicht so der Magier. Er betrachtet sich und seine Umgebung ja immer als Einheit, als Ganzes. Jede Veränderung um ihn herum wird ihn zu einer Veränderung in ihm veranlassen, *damit das ganze in ihm wieder gleich bleibt.* Dadurch ist sich der Schamane immer treu, während der routinierte Alltagsmensch von seinem Außen ständig verändert wird. Um sich selbst treu zu bleiben, ist also eine gewaltige Flexibilität nötig. Diesen Widersprüchen hat der Schamane immer zu genügen. Darum wird er jede äußere Veränderung auch nicht beliebig, sondern mit Bedacht wählen, verlangt sie doch von ihm unmittelbar das aktive Darauf-Eingehen. Das Leben des

Schamanen bedeutet ständige Veränderung, um immer dem Ur-Anfang nahe zu sein. Darum lebt er so sehr mit der Welt, auch mit ihren Veränderungen.«

Das Wesen, seine Zeichen und Symbole

Ein weiterer Aspekt dessen, wie der Pferdeschamane die Welt erkennt und begreift, läßt sich an einigen seiner neueren Bilder gut erkennen und nachvollziehen. Bei vielen dieser Bildwerke fallen Punkte, Symbole und Zeichen ins Auge. Dabei hat der Betrachter nie das Gefühl, irgendwelchen Zufälligkeiten zu begegnen. Vielmehr drängt sich ihm ein Zusammenhang auf, scheinen diese Zeichen und Symbole doch unmittelbar durch die Oberfläche der Wesen hindurchzuschimmern. Sie stehen direkt mit diesen im Zusammenhang.

»Eine Schlange zum Beispiel ist ja nicht nur eine Schlange, sie ist zuerst Symbol. Sie ist wirklich giftig, sie ist wirklich doppelzüngig, sie kriecht wirklich auf dem Boden und sie lebt wirklich im Staub. Für die Ur-Menschen und für mich ist eine Schlange und jede andere Erscheinung nicht zuerst ein botanisches oder zoologisches oder physikalisches Objekt. Es ist alles zuerst der Ausdruck einer geistigen Bestimmung. In meinem Buch ›Frau und Pferd‹ bin ich zum Beispiel der Spur eines ›ganz bekannten Tieres‹ nachgegangen, dem Hund. Für den aufmerksamen Leser war der am Ende dann nicht einfach nur ein Hund, er wurde zu einer andersartigen, weltumspannenden, geistig-symbolischen Kraft. Ohne die Schlange als sichtbar gewordenes, ur-geistiges Konzept wäre die gesamte Schöpfung nicht möglich geworden, ebenso nicht ohne alle anderen Erscheinungen. Man kann doch nicht sagen, dieses oder jenes Tier ist zufällig in dieser Landschaft. Es ist doch vielmehr alles in einem direkten und unmittelbaren Zusammenhang zu betrachten. Afrika wäre ohne seine charakteristischen Tafelbäume nicht Afrika. Nehmt nur die Silhouette eines afrikanischen Baumes vor diesem typischen Sonnenuntergang und jeder fühlt: Das ist Afrika! Ich habe einmal versucht, eine Filmszene, die auf einer bayerischen Wiese mit einem Pferd spielte, in eine Sequenz zu schneiden, die in Spanien handelte – auch auf einer Wiese. Das war unmöglich. Die bayerische Wiese blieb immer bayerisch. Gras ist doch Gras, und auch da schien an diesem Tage die Sonne. Aber es

Nordpferd mit zwei Kreisen
Fotografik, 1999
»… eine Schlange ist ja nicht nur eine Schlange.«

ging einfach nicht. Denn unter der womöglich ähnlich aussehenden Oberfläche steckt das Wesentliche, das, was in Wahrheit den Charakter bestimmt. Und das kann nicht einmal die Fotografie oder der Film leugnen.

Einfache Zeichen, Strich- und Punktkombinationen leuchten in manchen meiner Bilder in der Tat wie aus den Tiefen der Wesen heraus. Das sind oft sehr bewegende Augenblicke, wenn ich das gestalte, öffnet sich mir doch das Wesen und läßt mich ganz dicht an sich heran.«

Betrachtet man die Bilder des Pferdeschamanen, dann kann man sich des Eindruckes nicht erwehren, ganz unmittelbar mit den Abgebildeten in Kontakt zu treten. So manches erscheint plötzlich ganz nah, unmittelbar und vertraut.

Rot und Gelb
Fotografik, 2000
»Das sind oft sehr bewegende Augenblicke.«

Das älteste Pferd der Welt
Fotografik, 2000

Das Wesen in seiner Entwicklung

»Was macht denn die Lebendigkeit eines jeden Lebewesens aus? Das ist seine Veränderung. Die meisten Menschen wollen sich nicht verändern – das ist unbequem. Ein Ur-Mensch, ein Tier verändert sich ständig, um sich auf diese Weise immer selbst treu zu sein. Denn die Welt wird ja sekündlich neu geschöpft. Ein Bild, das eine wirkliche Abbildung der Wesen zeigt, wird diesem Umstand gerecht. Das bedeutet, daß es nicht einfach etwas einfriert, sondern vielmehr die Stufe einer Entwicklung darstellt. Es zeigt dann einen Zustand, aber genauso auch den Prozeß, der sich davor abgespielt hat, wie den, der folgen kann. In dieser Dynamik liegt die Lebendigkeit.

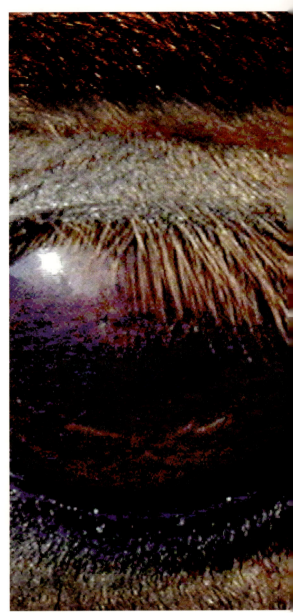

Begreift ein Mensch ein Pferd zum Beispiel als Objekt, dann wird die wünschenswerte Veränderung immer darauf abzielen, dieses Objekt noch besser benutzen zu können. Das ist dann Dressur. Jede wahre Veränderung aber ist damit ausgeschlossen, bringt die doch mit Sicherheit etwas zutage, das dem Benutzenden womöglich gar nicht in den Kram paßt. Dieses ›normale‹ Denken und Sein verhindert Schöpfung. Himmlische Schöpfung ist dann der Feind des Menschen. Denn sie ist der Feind des bloßen Benutzens. Wer sich aber den Himmel zum Feind macht, der macht sich auch das Leben zum Feind. Von jetzt an zählen die eigenen Ideen und die Praktiken, die wir mit dem Begriff Zauberei umschrieben haben. Immer wieder zeigen sich die selben Zusammenhänge, von welcher Seite auch immer man das Leben betrachtet.

Es gibt ein Bild, das ich ›Das älteste Pferd der Welt‹ genannt habe. Ein sehr altes Pferd steht auf einem Berg und schaut ins Tal. Das ist nicht ein Pferd, das ist wirklich

Das Schamanenpferd

Einhorn
Fotografik, 1999
»Was macht denn die
Lebendigkeit eines jeden
Lebewesens aus?«

das älteste Pferd der Welt. Natürlich gibt es physisch betrachtet ältere Pferde als dieses. In seiner Entwicklung und in seiner Darstellung trägt dieses Pferd aber alle Entwicklungsformen des Alters in sich.

Das Pferd auf dem Bild steht nicht einfach so eingefroren da. Es ist für mich der permanente Dialog mit den Phänomenen des Alterns – und das aus der Sicht eines Pferdes. Der Betrachter kann sich ein solches Bild so lange und so oft anschauen wie er mag – immer wieder wird er andere Aspekte dieses Dialoges entdecken – verändert sich im Betrachten und im Betrachter doch die Zeit. Ist etwas gültig, dann wird sich das Gültige auch immer in der veränderten Zeit verändert spiegeln. Ein Buch, das diese Qualität in sich trägt, zum zweiten Mal nach Jahren wiedergelesen, erscheint vollkommen verändert. Das Buch ist aber nun einmal dasselbe geblieben. Der Blickwinkel des Betrachters aber nicht. Allerdings muß diese Tiefe im Geschaffenen vorhanden sein.«

Das Wesen und seine innere Präsenz

Nahezu immer verlassen die Bilder den Rahmen des Realen. Ihre Präsenz wird dadurch nur noch greifbarer. Ein Schatten, eine einfache Kontur wirkt spontan und höchst lebendig. Einem anderen Pferd wird bildnerisch der Kopf abgeschnitten. Dieses »Stierkampfpferd« erscheint aber gerade dadurch besonders lebendig und authentisch. Ja, man gewinnt den Eindruck, als stünde es gerade jetzt dem Stier gegenüber.

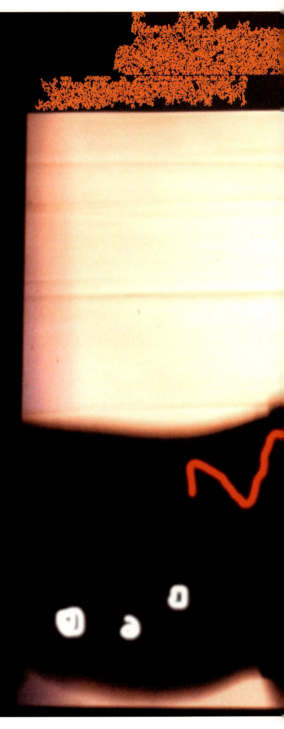

Oben:
Das Stierkampfpferd
Fotografik, 2000
Rechts:
Pferdesehnsucht
Fotografik, 2000
»Da laufen Millionen von Filmen ab.«

Auch wenn man den nur ahnen kann, ebenso wie die Existenz des Kopfes, so scheint doch viel mehr präsent zu sein, als das Bild auch nur andeutungsweise zeigt.

»Das ist das Spannende, daß auch nur die Andeutung der Oberfläche ausreicht, um einen ganzen Film, ja, um Millionen von Filmen ablaufen zu lassen. So wird das Bild im Betrachter zu *seinem* Bild. Jeder Betrachter erkennt *sein* Stierkampfpferd. Und das eine unterscheidet sich vom nächsten.

Wenn ich solch ein Bild erstelle, dann wird der Ausschnitt im Idealfall zu einem so lebendigen Segment, daß viele unterschiedliche Aspekte eines Wesens hindurchleuchten können. Wenn ich n.. .och i. Buchsta... red. und nicht mehr in ganzen Wörtern, dann wird ja gerade dieser bruchstückhafte Teil meines Satzes ganz besonders die Aufmerksamkeit auf sich lenken. Im Manirismus, im Kitsch, in der faschistischen Kunst,

ist die Oberfläche immer bedeutsam. Da darf, da kann nichts weggelassen werden. Das Symbol vereinfacht, durchdringt die bloße Erscheinung, um Spielraum zu geben und zu lassen, damit in der Individualität des Betrachters die Universalität entstehen kann. Ein Symbol wirkt auf jeden Menschen anders, es führt ihn aber immer zum Wesentlichen, und das ist universell. Der Schamane verkörpert die äußerste Grenze individuellen Seins, um sich der Einheit des Universellen ganz anheimzustellen.«

Ein wirklich mutiges Pferd
Fotografik, 2000
»… so scheint doch vieles mehr präsent zu sein, als das Bild auch nur andeutungsweise zeigt.«

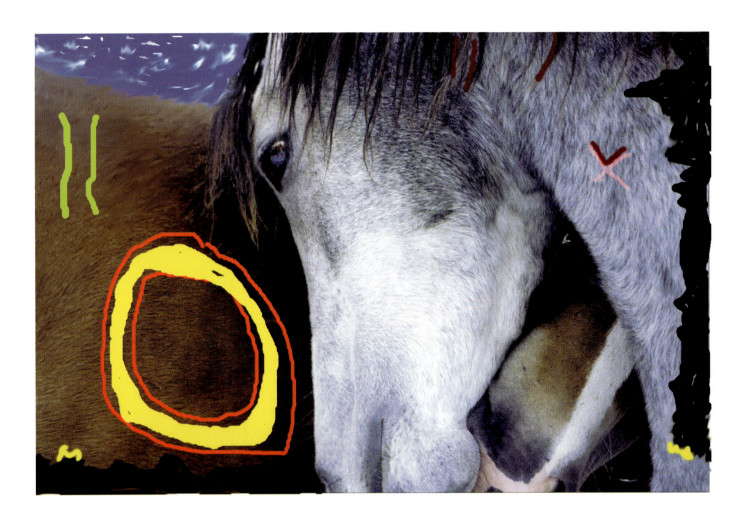

Die singenden Pferde
Fotografik, 1999

Das Schamanenpferd

Pferde vor Lila
Fotografik, 1998

Leben, Lieben, Feuerspucken
Musik, Theater, Tanz und Masken

»... nur schaffen sie das dann nicht mehr mit ihren dritten Zähnen.«

»Als ich etwa zwanzig Jahre alt war, da befand ich mich für einige Tage in einer kleinen Kellerwohnung. Ich wirkte mit an einem Theaterstück, stand kurz vor dem Abschluß meines Studiums, widmete mich der Malerei, suchte so oft es ging die Natur auf und verdiente meinen Lebensunterhalt unter anderem als Straßenmusikant. Und da saß ich so in jenen kleinen, schattigen Räumen und fragte mich, für was von alledem ich mich wohl entscheiden würde, wenn ich unbedingt müßte. Damals hätte ich mich für die Kunst entschieden, heute womöglich für die Musik. Heute aber weiß ich ja auch, daß man sich Gott sei Dank nicht entscheiden muß – im Gegenteil! Das eine prägt das andere – fördert das Dritte. Ich dilettiere auf allen Gebieten! Im ursprünglichen Wortsinn ist das ja bekanntermaßen der, ›der sich ergötzt‹. Das finde ich wunderbar. Heute wird dem Spezialisten, dem sogenannten Profi, der Dilettant gegenübergestellt. Also der, der sich ergötzt. Ergötzt sich der Profi also nicht an dem, was er tut? Nein, in vielen Fällen eben nicht! Ein Naturmensch ist immer auch ein Dilettant. Mit beiden Händen greift er ins Leben, nicht wissend, wohin er zuerst seinen Blick richten soll, so einladend und animierend scheint ihm alles. Da gibt es Menschen, die haben Langeweile! Die lösen Kreuzworträtsel, weil ihnen sonst nichts einfällt. Was nicht alles würde ich allein heute noch gerne tun! Der Tisch ist ja so reich gedeckt.

Ja, das ist das Bild dieses Lebens, dieser Welt – ein über alle Maßen reichhaltig gedeckter Tisch. Doch wer schon würde sich daran setzen und nur die Gurken essen oder die Mayonnaise? Ihm würde bald ziemlich übel, und er würde von allen nur bemitleidet. In diesem Leben aber laufen sie alle herum mit Mayonnaise im Bart, das Gesicht verschmiert. Da rennen sie tagein, tagaus zu diesem wunderbaren Tisch und verschlingen kiloweise immer nur dasselbe. Dann erbrechen sie das Gegessene, und anstatt einmal den Blick über den Tisch wandern zu lassen, stopfen sie sich wieder dasselbe Zeug hinein. Und dann hört man sie nuscheln: ›Wenn ich einmal reich bin oder alt und in Pension, dann werde ich von allem dieses Tisches genießen.‹ Nur schaffen sie das dann nicht mehr mit ihren dritten Zähnen. Und bei allem hat sich ihr Organismus dann so auf den einen Lebensfraß eingestellt, daß er jetzt nichts anderes mehr verdauen kann.

Dieses Haus hier, zum Beispiel, wurde doch nicht von einem Architekten geplant! Die waren doch zu allen Zeiten nur für die Fürstenhäuser, Paläste und Landsitze der Aristokraten zuständig. Und da haben sie wahrlich Kunst hinterlassen. Dieses Haus wurde vor über 700 Jahren von einer kleinen Dorfgemeinschaft gebaut, und dann kam das nächste an die Reihe. Jeder mußte von allem etwas verstehen und überall Hand anlegen. Noch heute hat in Afrika der professionelle Musiker in weiten Teilen des Kontinents einen zwiespältigen Ruf. Er verengt doch das, was eigentlich erweitern soll. In der Musik, in der Kunst ist doch alles möglich. Ich selbst bin mit Musikinstrumenten aufgewachsen. Bis heute kann ich keine einzige Note lesen. Dennoch kann ich mich auf verschiedenen Instrumenten ausdrücken. Setzt sich heute jemand an ein Klavier, dann hat er das Gefühl, er würde eine heilige Kuh schlachten. Sagst du ihm aber, da steht ein schwarzer Kasten herum, mit dem man auch Töne zaubern kann, dann fängt er frohen Mutes an. Und er wird es zu etwas bringen – nämlich, sich mit diesem schwarzen Kasten so zu verständigen, daß schon bald *seine* Seele ertönt. Und wenn er nur auf zwei, drei Tasten klimpert. Was tut er? Er ergötzt sich schon an den ersten, leisen Klängen. Das tut in aller Regel der Klavierschüler nicht. Da steht zuerst die Pein vor dem angeblichen ›Vergnügen‹. Die meisten aber, die ich kenne, die kommen nicht zu dem ›Vergnügen‹. Bei denen heißt es dann: ›Ja, ich hatte auch mal einige Jahre Klavierunterricht, aber das war mir dann zu öde.‹ Und was tun sie heute? Nichts! Sie haben schlicht aufgehört zu musizieren! Es ist ihnen verleidet worden.

Nein – ich bin ein leidenschaftlicher Dilettant. Ich breche jede Lanze für den Dilettantismus! Freut euch und seid stark, das steht immer wieder in der Bibel. Und das ist beileibe kein Lanzenbruch für die Unterhaltungsindustrie – was für ein Wort. Gemeint ist jene Freude, die sich dann einstellt, wenn sich der Mensch an sich, an der Welt und seinen Schöpfungsprinzipien ergötzt. König David war nicht nur ein begeisterter Lautenspieler, er pflegte auch immer vor dem Schrein des Herrn zu tanzen. Das sah eines Tages eine Frau, als sie aus dem Fenster schaute. Darunter zog nämlich der Zug mit dem Schrein an ihrem Haus vorbei – vornweg der hüpfende David. Sie schämte sich daraufhin für ihren König, der da so albern herumzappelte. Noch am selben Tage starb diese Frau.

Zappelt und tanzt und singt – der Herr ist mit euch! Laßt euch nicht beirren durch die Vertrockneten – die sterben nur noch den physischen Tod, denn den seelischen haben sie schon lange hinter sich gebracht. Gott liebt die Lachenden, die Singenden, die Fröhlichen, und wo er ist – symbolisiert durch den Schrein – da sollte den Menschen das Herz übergehen. Und Gott ist bekanntlich überall.«

Schneetreiben
Fotografik, 1999
»Das Geheimnis des menschlichen Daseins ist und bleibt im Verborgenen.«

Immer wieder Natur
Die Abstraktion

»Mit der Musik ist das ohnehin so etwas Seltsames. Da erklingt ein Musikstück, das womöglich nicht einmal einen Namen trägt. In solch einem musikalischen Erleben ist in aller Regel nichts konkret. Da sind Klänge, die kommen und vergehen. Nichts kann gehalten, aufgegriffen werden, und doch bewegt es die Menschen. Musik ist immer abstrakt. Musik ist darum das Symbol der Geistigkeit. Stehen hingegen Menschen vor einem sichtbaren Gebilde, das, ebenso wie die Musik, nichts Konkretes hat, sondern nur Rhythmus und ein- und ausatmende Formen, dann ist ihnen das fremd. Jede Kunst aber, die zum Schluß nicht faschistisch ist, ist im Grunde abstrakt! Jede Naturkunst erweitert immer die Grenzen des Erkennbaren. Ein Löwe sieht dann ja nicht aus wie ein wirklicher Löwe, auch nicht ein Mensch oder sonst etwas. Das nennt man dann zuweilen ›Verfremdung‹. Das ist aber ein vollkommen falscher Begriff. Es müßte eigentlich nicht Verfremdung sondern Vertrautwerdung heißen. Denn diese Abbildung läßt uns das Wesen des Dargestellten, des Löwen zum Beispiel, doch nur noch vertrauter werden. Es gibt also in Wahrheit gar keine abstrakte Kunst. Denn Kunst ist immer abstrakt! Gelegentlich ist sie so abstrakt, daß eben auf den ersten Blick nur noch Klänge und Harmonien und Disharmonien zu erkennen sind. Aber das ist nur ein gradueller Unterschied und nicht ein genereller.

Die Abstraktion sondert das Wesentliche aus dem Unwesentlichen heraus. Die äußere Form aber ist doch das Unwesentliche im Vergleich zu seinem inneren Gehalt. Uns erscheint die abstrakte Kunst als eine vergleichsweise neue Angelegenheit. Einem Naturmenschen ist sie von Geburt an vertraut – seit Jahrmillionen. Was anderes als abstrakte Malerei sind denn die Höhlen-

Die Abstraktion

zeichnungen? Die Kunst, die Forschung, die Wissenschaft, die Philosophie, alles das nähert sich mit Macht den Anfängen. Wir sind dabei, den Kreis zu schließen. Als sie losstürmten, da dachten sie noch, sie würden immer geradeaus preschen, immer nur nach vorne in eine Richtung. Heute wissen sie, daß es die Gerade in diesem Universum überhaupt nicht gibt. Und mit einer Riesengeschwindigkeit bewegen sie sich auf einer Kreislinie. Und jetzt merken sie, daß sie in Wahrheit auf dem Weg zurück sind. Sie wissen längst, daß sie die Gene und das Geheimnis des Lebens niemals erforschen können. Denn mit jeder Computergeneration werfen die gelösten Fragen zig-fach mehr neue auf.

Das Geheimnis des Daseins ist und bleibt im Verborgenen. Und je mehr man nach ihm greift, um so weiter zieht es sich nur zurück. Das, was die Wissenschaftler das Aufdekken von Geheimnissen nennen, ist in Wahrheit nur die hilflose Beschreibung eines chaotischen Weges.

Eine inspirierte Sinfonie, ein inspiriertes Bild, der Duft des Abendwindes, in alledem ist das Geheimnis des Lebens spürbar, und zwar in seiner ganzen Ausdehnung. Das kann ich dann zwar nicht vermessen und benennen, ich kann es aber leben und erleben. Und wofür sonst ist uns Menschen denn das Geheimnis des Lebens gegeben, als es einfach nur zu leben?«

Wenn Tiere eine Schildkröte träumen
Fotografik, 1999

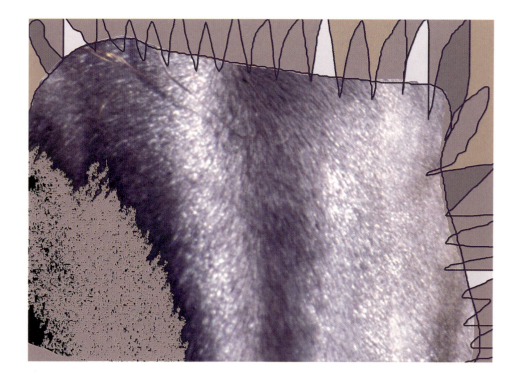

Sommerfrucht - Fotografik, 1999

Die Abstraktion

Tropisches Ensemble - Fotografik, 1999

Wandern auf dem Grat
Frauen ohne Maske

Vogelauge
Fotografik, 2000
»… wie die Ebenen sich quasi selbst gestalten.«

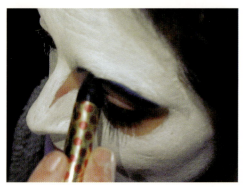

»In der Serie ›Frauen ohne Maske‹ kommen alle diese Elemente auf ihre Weise ins Spiel. Da ist der Mensch, der sich selbst durch die Verkleidung, durch die Maske abstrahiert. Das findet in der Fotografie eine erste Abbildungsstufe. Dann erfährt das ganze in einem weiteren Abstraktionsprozeß seine endgültige Ausformung. Dieses Spiel mit den Ebenen und die darin verborgenen Geheimnisse, die nur erlebt, gefühlt werden wollen, sind das Spannende, sowohl in dem Prozeß des Schaffens wie in dem des Betrachtens, wie ich finde. Hier wird auch sehr deutlich, wie die Ebenen sich quasi selbst gestalten. In einem ganz individuellen Prozeß verwandeln sich die Frauen. Das ist durchaus nicht nur ein sehr interessantes und auch lustiges Erleben, da passieren oft sehr tiefgreifende Dinge. Das ist Theater, Spiel, aber durchaus auch Ritual. Die Frau erlebt sich plötzlich nicht nur als eine Frau, sondern in unterschiedlichen Facetten als *die* Frau. Sie schafft sich einen Rahmen, in dem sie bestimmte Bereiche ihres Daseins in aller Ruhe kennenlernt und ausleuchtet.

Interessant ist, daß häufig ein Impuls ausreicht, um weitreichende Bewegungen zu initiieren. Dazu braucht ein Mensch Ruhe und Muße. Er muß die Freiheit haben, sich alle Zeit der Welt zu nehmen und dann zu tun, was er will. Er muß wissen, daß seine Ansprache Widerhall findet und daß jeder einzelne Ausdruck und jede Regung nicht nur zulässig ist, sondern den größten Schutz erfährt durch Achtung und Respekt.

So etwas oder etwas ähnliches mit Männern zu tun, wäre für mich nicht denkbar. Hier sind wir wieder bei jenen Aspekten, über die wir uns zuvor im Zusammenhang mit den magischen Pferderitualen und der Initiation ja bereits unterhalten haben. Die Veränderung, die Masken, das Herausnehmen eines Menschen, einer Frau aus

Wassermaske 1 - Fotografik, 1999

dem Zusammenhang des Gewohnten, bedeutet auch, daß ich im Sinne eines Rituals ja nicht eine Frau vor mir habe, sondern das Wesen Frau schlechthin. Das wird in dieser speziellen Situation durch die größte nur denkbare Individualität zum Ausdruck gebracht.

So unterschiedlich also die Dinge erscheinen, die ich da tue – zum Schluß sind sie doch wie ein und dasselbe Gebilde. Immer bin ich danach auf der Suche, dem Wesen des Ursprungs und damit dem Wesen der Rituale näherzukommen. Dabei bin ich darauf angewiesen, sowohl den Urquellen als auch dem Orakel als auch meinem Forscherdrang zu gehorchen, um mit Neuem, Unbekanntem das Ursprüngliche zurückzuerobern.

Wassermaske 2 - Fotografik, 1999

Die Ergebnisse, die dann zutage gefördert werden, sind beides. Sie erscheinen durchaus sehr modern, zugleich aber rudimentär und archaisch. Das ist eine der Aufgaben des Menschen, daß er das Allerälteste so zu durchdringen trachtet, daß es mit und durch ihn in seiner Zeit lebbar wird.

Wenn eine Frau durch einen solchen Prozeß der Verwandlung ganz langsam hindurchgeht, dann ist sie nicht mehr derselbe Mensch. Es ist so, als wenn jemand sehr wütend wird. Er ist dann zwar physisch derselbe, aber eigentlich ist er nur noch Wut und Zorn. Ist dieser Mensch dann plötzlich unsterblich verliebt, dann kann er über das, was ihn zuvor wütend gemacht hat, nur noch lächeln. Jetzt ist er durch und durch etwas anderes. Das eben Beschriebene kommt

Das Feuer 4 - Fotografik, 1999

einfach so über einen Menschen, ist dann wie eine große, emotionale Welle, die über ihn herschwappt. In der allmählichen Verwandlung aber geschehen viele Prozesse unbewußt bewußt. Es setzt ein innerer Dialog ein, der auf eine Frage immer auch eine unmittelbare Antwort findet.

Das nächste Erleben setzt dann ein, wenn diese Frau das betrachtet, was sich in dem späteren Prozeß ereignet hat, wenn ich das Bild weiter verändere und auf innere Strukturen hin abklopfe. Das ist eine weitere, neue Interpretation, ein oft unbekanntes Bündel von Aspekten, die unmittelbar aus dem Sein und Wirken dieser Frau entspringen. So entsteht eine immer tiefere Abstraktion, die zum einen generelle Aussagen findet über das Menschsein schlechthin –

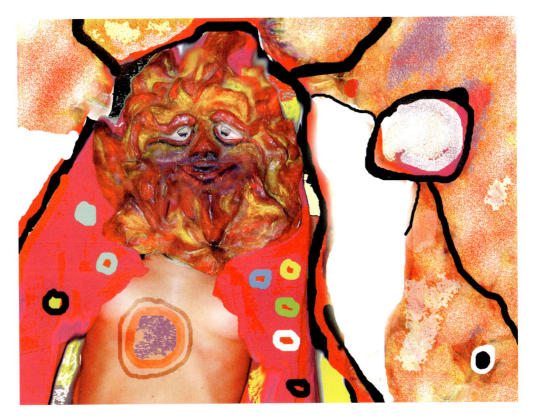

Das Feuer 3 - Fotografik, 1999

gleichzeitig aber auch tiefer in das Wesen, in die Individualität dieser Frau hineinblickt.

Das erfordert sehr viel Vertrauen von beiden Seiten. Das ist wie eine Wanderung auf einem Grat.

Im letzten Kapitel werde ich auf diese Dinge eingehen. Schon jetzt möchte ich jeden Menschen, Mann wie Frau, dazu ermutigen, sich selbst derartigen Dingen hinzugeben. Artet das aus in Albernheit, in Lächerlichkeit, dann genieße man eben das einen Augenblick und breche das ganze ab. Verlieren kann man nicht dabei. Immer wird man an seine Grenzen stoßen, wird man Erfahrungen machen, die bedeutsam sind. Jeder ergötze sich an der Zeitlosigkeit des Daseins, die die (Lebens-)Zeit dem Menschen zu schenken vermag.«

Roter Baum
Fotografik, 1999
»Jetzt ist er durch und durch
etwas anderes.«

Frauen ohne Maske

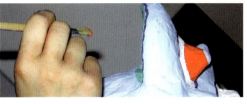

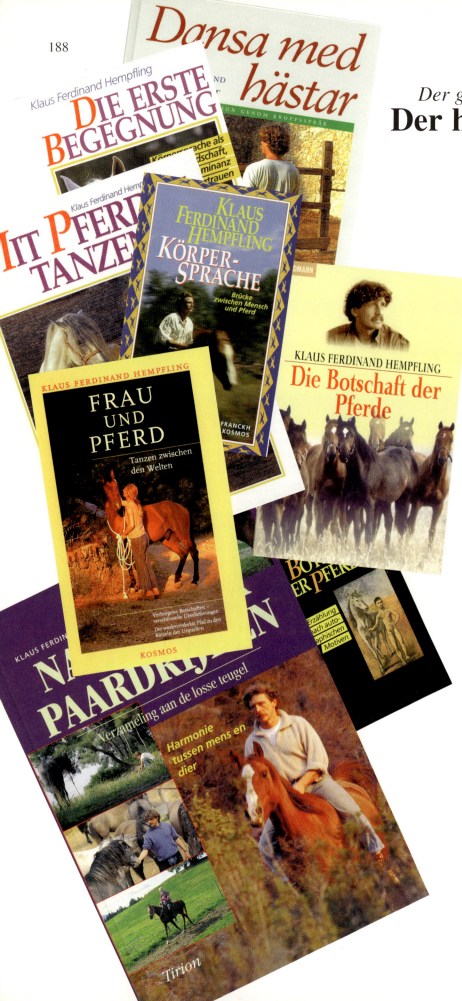

Der große Schreck
Der humpelnde Akrobat

Bleibt uns noch, deutlich zu machen, wie sehr sich der Pferdeschamane nicht nur mit seinen Werken, sondern auch mit seinen »Produkten« auseinandersetzt und identifiziert. Da glaubt man, jemand stehe vor der Kamera, und dann würde eben ein Film über ihn gemacht. Nicht so bei Klaus. Wo er nur kann, nimmt er die Kamera selbst in die Hand. Er gestaltet die Titelseiten der Publikationen, er ist zumeist für das Layout verantwortlich, kümmert sich um die Qualität des Druckpapiers, mischt den Ton zusammen und schreibt und spielt die eigenen Filmmusiken. Das Buch »Frau und Pferd« mußte vollkommen neu gesetzt werden, weil der Schrifttyp in seinen Augen nicht zum Inhalt paßte. Zu dem Film »Die Körpersprache« wurden die Sprecheraufnahmen im Tonstudio ganze vier Mal mit unterschiedlichen Sprecherinnen gemacht, bis dann das Ergebnis dem entsprach, was sich der Pferdeschamane vorgestellt hatte. »Nichts geschieht einfach so«, sagt er, »damit geschehen kann, was geschehen soll.« Der Film »Die erste Begegnung« stand jahrelang auf Platz Eins der meistverkauften Filme seiner Gattung. Da besteht selbst bei den Kritikern kein Zweifel, daß Klaus Ferdinand Hempfling auch hier und bis heute neue Maßstäbe gesetzt hat – nicht zuletzt in der technischen Qualität.

Die letzte Szene dieses Films wurde Wochen später, nach den eigentlichen Dreharbeiten, nachgedreht. Sie zeigt ein wunderschönes, harmonisches Spiel des Pferdeschamanen mit seinem Pferd Janosch. Etwas Derartiges konnte man bis heute nicht noch einmal sehen. Was aber kaum jemand weiß ist, wie diese Szene zustandekam. Klaus hatte nämlich gerade jene Aktion hinter sich gebracht, die er im Eingang seines Buches »Die Botschaft der Pferde« beschreibt. Er wurde dieses eine Mal von einem Hengst schwer getroffen. Die Zeit aber drängte, um den Film abzuschließen. Achten Sie doch einmal auf diese letzte Szene. Fällt Ihnen nicht auf, wie der Pferdeschamane humpelt? Mit lachendem Gesicht und wehenden Haaren mußte und wollte der Mann mit seinem Pferd spielen. Doch jedesmal, wenn die Kamera ausgestellt war, ließ er sich schmerzverzerrten Gesichtes auf den Boden fallen. »Der hat halt Glück gehabt mit seinen Büchern und Filmen. Die verkaufen sich eben gut.«

Pustekuchen! Wir haben erlebt, wie dieser Mann arbeitet. Wie dieser Mann lebt und mit welcher Akribie er zu Werke geht. Nicht ein Detail, das nicht sorgsamst auch durch ihn ausgewählt wird. Nicht ein Mal hat man dabei das Gefühl, etwas stehe wirklich fest. Immer wieder kann alles über den Haufen geworfen werden, und zuallerletzt versetzte auch uns der Pferdeschamane noch einmal in großen Schrecken. Wir waren ja schon einiges gewöhnt, aber dann kam dieser Brief:

»Davon gibt es inzwischen ja einen ganzen Haufen. Ob das wichtig ist?«

Der Wurm in der Brotkruste

Liebes Redaktionsteam,

Ihr mahnt vollkommen zu Recht das letzte Kapitel des Buches an. Macht Euch darum keine Sorgen. Gestattet mir aber noch einige Zeilen zu dem, was Ihr mir geschickt habt. Nun lese ich also schwarz auf weiß, was ich in den Tagen unseres Zusammenseins hier auf Can Bosch so alles von mir gegeben habe. Meine Stimmung im Augenblick ist nicht die beste. Nicht, daß sich in der Tat so manches gesprochene Wort in der schriftlichen Wiedergabe verzerrt und verschroben anhört. Nicht, daß ich der Meinung wäre, daß Eure überleitenden Sequenzen nicht sehr gut gelungen seien und dem Lesenden dienlich – das alles ist nicht der Fall. Vielmehr habe ich aus einem ganz anderen Grunde – beziehungsweise aus mehreren Gründen – das Gefühl in mir gespürt, das Projekt doch noch im letzten Augenblick zu kippen. In der Tat stehe ich kurz davor. Und nach alledem will ich mich nicht mit ein paar banalen Erklärungen davonschleichen.
Dieser Mensch, der da durch die niedergeschriebenen Worte zu mir spricht, erscheint mir oftmals eitel und oberflächlich. Er versucht verzweifelt, etwas darzustellen, und in dem Versuch scheitert er bereits im Ansatz. Er spricht von einer Ernsthaftigkeit, und doch stellen viele seiner Worte seine eigene Ernsthaftigkeit in Frage. Nicht die Bemühung um seine Ernsthaftigkeit, sondern das Resultat seiner Bemühungen. All das, was ich gelesen habe, erscheint mir so etwas wie ein Weg, der nur darum gegangen wurde, um zu erfahren, daß er doch nicht zu begehen ist. Ob wir das Projekt nun kippen oder nicht, sei im Augenblick dahingestellt. Kippen wir es nicht, wie sollte der Leser erkennen und erfahren, daß jede Aussage eines

bemühten Menschen immer nur der Versuch ist, dem folgenden Versuch etwas näher zu kommen? Er bemüht sich um Gültigkeit, und in dem Augenblick, in dem der Versuch Formen annimmt, stellt er sich schon allein dadurch selbst in Frage.

Dieser Mann, der mir durch die gelesenen Zeilen entgegenspricht, macht sich selbst zum Helden. Ich will ihm zugute halten, daß ich nicht genau weiß, ob und wie er das vermeiden kann. Das Problem ist nicht die Kritik, sind nicht die Kritiker. Das Problem ist, daß er vom Paradies spricht und nach wie vor auch sich selbst zu meinen scheint. Womöglich ist dieser Mann schlicht und einfach zu jung, um über alles das zu sprechen. Womöglich sollte er noch einige Jahrzehnte warten. Ganz sicher bin ich, daß schon in wenigen Jahren der Inhalt unserer Unterredungen sehr viel anders klingen würde.

Wenn ich Gedanken wie diese äußere, dann wißt Ihr, daß sie sehr ernst gemeint sind. Und Ihr wißt auch, daß acht oder neun von zehn Projekten zum Schluß von mir der Garaus gemacht wird. Ich erinnere mich noch gut an einen Film, der schon kräftig vom Verlag beworben wurde, für den schon viel Produktionskosten angefallen waren, den ich dennoch in letzter Minute gecancelt habe. Dieser Film trug den Titel: »Das schwierige Pferd«. Es gibt sie eben nicht, die schwierigen Pferde. Es gibt nur Menschen, die sie zu solchen machen und die selber schwierig sind.

Gibt es aber einen Pferdeschamanen, der durch einen Vortrag schamanische Wahrheit vermitteln kann? Ist denn nicht der Grundgedanke in sich schon ein Widerspruch? Braucht es einen solchen Vortrag überhaupt, um aufmerksam zu machen auf das, wovon dieser Vortrag handelt?

Das Gelesene hat spannende Momente und auch Witz. Arbeitet das Buch aber dann nicht mit genau den Elementen, mit denen Oberfläche mundgerecht serviert wird? Häppchenweise bekommt der Leser Doppelseite für Doppelseite schön sauber portioniert etwas gereicht, was ihm zuerst Kurzweile verschaffen soll. Das wahre Leben hier auf der Finca würde ihn aber mit ganz großer Wahrscheinlichkeit außerordentlich langweilen. Gleichzeitig wäre es ihm viel zu hart.

Noch etwas stört mich an der ganzen Geschichte: Für diesen sprechenden Mann da sind seine Gedanken, seine Vorstellungen, Wünsche und Taten womöglich eins. In der Realität aber sind sie das nicht. Da geht nicht das eine fließend in das andere über, da sind vielmehr zwischen dem einen und dem anderen gewaltige Kampfzonen. Von Lebenskämpfen ist in diesem Buch – noch ist es ja keines – sehr viel die Rede. Das klingt spannend und abenteuerlich. Dennoch erscheint mir die Existenz dieses Mannes in seiner Darstellung, eben auch in seiner eigenen, viel zu abgeschlossen.

Die inneren Kriegsschauplätze kommen zum Schluß nicht wirklich ans Tageslicht. Auch das wirkt jetzt eitel auf mich. Mir erscheint dieser Mann zuweilen beim Lesen wie ein Wurm in einer Brotkruste. Er hat an dem weichen Inneren einmal gerochen, und nun hat er nichts Eiligeres zu tun, als es in alle Welt hinauszuposaunen.

Das Kapitel über die magischen Pferderituale ist in der Sichtweise eines Verlegers womöglich attraktiv- aber was hat der Leser letztendlich davon? Hat der am Schluß auch nur die geringste Vorstellung von dem, was diese magischen Pferderituale sein können, sein sollen? Ich denke nicht!

Den ganzen Nachmittag habe ich in der Konsultation verbracht. All diese Befürchtungen und Zweifel wurden mir vom Orakel bestätigt. Würden wir uns treffen, um noch einmal von vorne anzufangen, ihr bekämt ein gänzlich anderes Buch. Das Orakel sagte aber noch etwas anderes, Wichtiges, nämlich in etwa dieses: Das Buch soll zum Schluß dennoch erscheinen. Nicht, weil es etwas Fertiges zeigt oder durch seine letztendliche Form die Wahrheit sagt. Es soll erscheinen, weil die Unwahrheit in der Form, die auch in ihm liegt, irgendwann einmal wie eine Perle neben den anderen die Kette bildet, die dem Suchenden einen ersten Schein von der Wahrheit zu vermitteln vermag. Denn die Essenz, die in diesem Buch genannt wird über das Wesen des Himmels, die ist beileibe wahr.

Wenn eine Mutter ein Kind gebiert, dann fällt sie nicht selten in tiefe Depressionen. Das alte Leben, das, was vor dem Kind war, das gibt es nicht mehr. Und der Traum vom Kind ist Form geworden, Realität. Die aber wirft Schatten. Der Traum von diesem Buch ist nahezu Realität geworden, und schon jetzt wirft es große Schatten. Darum kann ich mich einer gewissen Scham nicht erwehren. Da strebe ich nach dem Unsichtbaren, und in der Beschreibung davon werde ich immer sichtbarer.

Bis gerade eben bin ich bei den Schafen auf der Wiese gesessen. Das dunkle Katalanenschaf - Ihr wißt, welches ich meine - steckte seinen Kopf durch meinen Arm hindurch, um sich so der Fliegen und Mücken zu erwehren. So stand es wohl eine geschlagene Stunde neben mir. In jeder Sekunde dieser Stunde war mehr Wahrheit als in all meinen Worten zusammen. Um die aber wirklich und wahrhaftig zu erspüren, braucht es auch diese, in der Form immer unzulänglichen, Worte. Habt also Dank für Eure Geduld. Ihr habt gute Arbeit geleistet.

Alles Gute und bis demnächst

Klaus

Praxis **5** *Vorstoß zu den Quellen*
Akedah - Die Schule

Für diesen letzten Teil des Buches überlassen wir das Feld jetzt ganz dem Pferdeschamanen. Es wurde deutlich, daß das Pferd für ihn ein so umfassendes Symbol ist, daß kaum eine Lebensäußerung davon unberührt bleibt. Und so verwundert es nicht, daß vor der wirklichen Begegnung mit Pferden eine Vielzahl ungewöhnlicher Erfahrungen steht. Klaus Ferdinand Hempfling öffnet uns zumindest einen Spalt weit die Tür zu seiner Schule.

Begegnung

Mutig sein.
Stark sein.

Würde, Verantwortung

Träume leben im Augenblick größter Wachsamkeit

Wie bekomme ich ein Gefühl dafür, daß es nicht gilt, die Natur zu überhöhen, ihr ein heimatlich-politisches Gewicht anzumaßen, sie zu verkitschen, sie zu begrenzen, sie zu idealisieren, sondern sie anzunehmen, als sei sie gar nicht da?

Unverwechselbarkeit

Wie bekomme ich ein Gefühl dafür, daß bei allem dann nur höchste Sensibilität, höchste Präzision, größte Kunstfertigkeit und immer wieder Disziplin die Gegensätze zu verbinden vermag?

Wie bekomme ich ein Gefühl dafür, daß jeder Schritt bedeutsam und unwiederholbar ist?

Wie bekomme ich ein Gefühl dafür, daß Zielgerichtetheit und Kraft auf das höchste Maß zu steigern ist, um es dann nicht sich selber, sondern einem größeren Ganzen darzubringen?

Wie bekomme ich ein Gefühl dafür, daß sich das Wunderbarste nur dann zu offenbaren vermag, wenn es sich in jedem, auch dem banalsten Augenblick im Menschen verwirklichen kann. Das Heile und Heilige findet sich nicht im Außergewöhnlichen, sondern in dem, was die meisten Normalität nennen. Für den Wachsamen aber existiert dieses Wort nicht.

Wie bekomme ich ein Gefühl dafür, daß Zielgerichtetheit, Kraft und Hingabe zu einem Sein führt, das befähigt, Macht zu haben, ohne im geringsten mächtig zu sein?

Wie bekomme ich ein Gefühl für meine Präsenz, für meinen körperlichen Ausdruck, der jenseits von Eitelkeit eine Schönheit zu offenbaren vermag, die sich jedem Klischee und jeder Zeitnorm entzieht?

Wie die bunten Hunde

Vor dem Großen ist immer alles zu wenig. Darum erwarten Sie nichts, denn das kann ich Ihnen erst recht nicht bieten.

Alle Menschen suchen das Glück. Viele Menschen jedoch suchen nicht Lösungen für den Weg dorthin, sondern Menschen, die für sie die Lösungen finden. Bei einem wahren Freund jedoch findet man nicht immer nur das Einfache und bei einem, der wirklich lehrt, nur selten das Fertige. Leicht könnte ich vielen etwas vorspielen und sie mit Einfachstem und Einfältigem befriedigen. Das macht beliebt. Den Verrat würden die Allerwenigsten bemerken, und mich machte er wohlhabender. Doch solch ein Verrat ist nicht das Meine.

Denn einer, der wirklich lehrt, sucht nicht das Talent, sondern den tiefen Wunsch durchzubrechen. Er sucht nicht nach Leistung, sondern nach Intensität, nicht Ehrgeiz, sondern Hingabe. Für solche Menschen gibt es die Akedah-Schule.

Gibt es solche Menschen? Ja, die gibt es. Im Vergleich zur Masse ist das natürlich ein verschwindend kleiner Teil. Doch die Masse sind schließlich viele Millionen. Da ist dann auch ein kleiner Teil noch erstaunlich groß. Man muß sie nur zusammensuchen wie die vielen, übers Land verstreuten bunten Hunde.

Die innere Präsenz

Welche Art Übungen und Beispiele erwartet Sie im Folgenden?

Nehmen wir wieder das Bild des Eisberges, von dem bekanntlich nur der kleinste Teil zu sehen ist. Diesen kleinen Teil nenne ich »die Tat«. An dieser Stelle verwirklicht sich etwas oder, besser gesagt, hier sollte sich etwas verwirklichen. Das, was sich unter dem »Wasserspiegel« befindet, ist den meisten Menschen unbekannt, beziehungsweise unbewußt. Ihre Taten sind darum von dem eigentlich Tragenden wie abgeschnitten. Daraus resultiert die Tragik vieler Lebensläufe.

Folgen wir diesem Bild weiter, dann stehen dem bewußten Menschen unterhalb des »Wasserspiegels« zwei Bereiche zur Verfügung. In diesen Bereichen bereiten sich die Taten des Menschen vor. Hat man darüber Bewußtheit, beginnt das eigentliche Leben. Das wahre Glück stellt sich ein, denn das Wanken im Dunkeln hat ein Ende.

Den Bereich direkt unterhalb des »Meeresspiegels« nenne ich »Innere Präsenz«. Zuunterst ist der Bereich der Urquellen angesiedelt. Hier entspringt die Schöpfung und das Leben. Die Reihenfolge ist also diese: Die Schöpfungskonzeption speist und generiert die »Innere Präsenz« der Menschen. Die Buschmänner sprechen vom Urgeist. Der Urgeist teilt sich dem Teil des Menschen mit, in dem sich seine Handlungen und Gedanken vorbereiten. Zwischen dem Urgeist und der ausführenden Tat des Menschen und seinen Gedanken liegt also eine Art »Pufferbereich«, eben die »Innere Präsenz« – und um die geht es vor allem im Folgenden. Denn: Zu der Schöpfungskonzeption und zu den Urquellen vorzudringen, ist die wichtigste Aufgabe des Menschen – in diesem Buch war davon oft die Rede. Nur, wie gelingt das?

Die Schöpfungskonzeption kann sich dem handelnden Menschen nur über die innere Präsenz mitteilen. Diese verbindende Pufferschicht ist jedoch bei den meisten Menschen heute zu einem harten, undurchlässigen Etwas zusammengeschrumpft. Weder von der einen noch von der anderen Seite gelangt da etwas hindurch. Das wollen wir ändern. Dieser »Pufferschicht« wollen wir neues Leben einhauchen.

Lauschen wir also jetzt der Schöpfungskonzeption, indem wir von der Tat, vom unmittelbaren Handeln über die wieder durchlässig gemachte innere Präsenz einen ersten Pfad zu ihr schlagen.

Dialog mit einem Punkt
Wenn Kleckse plötzlich sprechen

Im Leben ist nichts unwichtig, nicht einmal ein Punkt. Darum fängt alles in meiner Schule mit dem Einfachsten an:

In der Praxis dann tatsächlich mit Punkten, Linien, mit einfachsten Bewegungen, mit der Erkenntnis dessen, was es heißt, im Einfachsten zu handeln. Denn bevor Sie in der Lage waren, einen Roman zu lesen, mußten Sie zuerst einmal jeden einzelnen Buchstaben Schritt für Schritt erlernen. Der Roman ist das wirkliche Leben. Und das wirkliche Leben wird zu einer fantastischen Erzählung, zu einem gigantischen Abenteuer, wenn ich es zu lesen verstehe. Und so, wie ein Text aus einzelnen Buchstaben zusammengesetzt ist, so ist das Leben, die Wahrnehmung nur für den »Nichteingeweihten« eine Ansammlung von Dingen. Für den wahrhaft Lebendigen ist es fühlbare Energie und Emotion – immer und ausschließlich!

Die Emotion eines Punktes

Wenn Sie sich einmal den Punkt des ersten Bildes anschauen, dann werden Sie vermutlich verspüren, daß mit diesem Punkt irgend etwas »nicht so ganz stimmt«. Er wirkt ungut, unzufrieden, unpassend, ja aggressiv. Ist so etwas möglich? Nein. Ein Punkt als solcher kann sicher nicht derartige Emotionen, Gefühle und Assoziationen auslösen. Ihr Empfinden wird in diesem Falle bestimmt von der Lage des Punktes in dem Rechteck. Die habe ich nämlich bewußt so gewählt, daß ein »ungutes« Gefühl entsteht. Warum das so ist, das soll uns an dieser Stelle nicht weiter interessieren. Die Tatsache als solche aber ist gewaltig. Das bedeutet nämlich, daß nicht nur jeder wahrnehmbare Punkt seine eigene emotionale Komponente vermittelt, das bedeutet auch, daß eben diese sich immer verändern kann, verändert sich der Raum, die Lage, das Licht, der Betrachtungsstandpunkt.

Auch der Punkt des zweiten Bildes hat eine seltsam ungute Anmutung. Auch diesmal habe ich die Lage dementsprechend gewählt. Der Punkt auf dem dritten Bild hingegen scheint viel fröhlicher und kräftiger seinen Platz zu behaupten. Bei so einfachen »Konstruktionen« ist das Erleben in nahezu jedem Betrachter gleich. Anders bei unseren täglichen Wahrnehmungen. Hier spielt die eigene Empfindung, die eigene Erfahrung eine ganz wichtige Rolle.

Doch stellen Sie sich bitte einmal vor: Das ungute oder gute Empfinden bezogen auf einen Punkt wird Ihnen deutlich, weil es an dieser Stelle bewußt hervorgehoben, zu einem Beispiel verdichtet wird. Sie werden sozusagen »mit der Nase darauf gestoßen«. Was aber, wenn Sie in einem Zimmer ein Bild so aufhängen, wie es in Beispiel eins oder zwei mit dem Punkt geschehen ist? Das Bild kennen Sie – es ist in sich schön und gefällt Ihnen. Aber: Das ungute Gefühl wirkt unbewußt! Ja, es macht Sie auf Dauer sogar krank.

Ein Bild so aufgehängt wie in Beispiel drei wirkt dagegen wie ein Dauerfeuer der Harmonie, wie ein permanenter positiver Impuls. In unserem Beispiel sprachen wir von nur einem einzigen Punkt. Milliarden davon umgeben uns sekündlich, bilden unser permanentes Wahrnehmungserleben. Dazu kommen noch Gerüche, Geräusche, Tastempfindungen, Wahrnehmung von

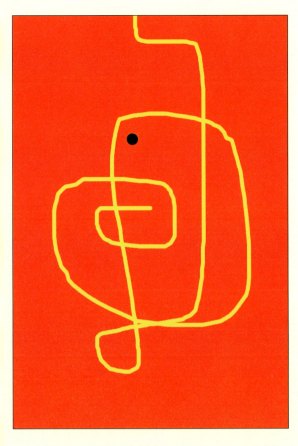

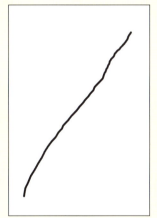
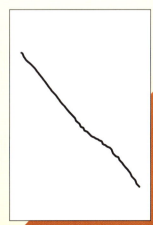

»Steigen Sie ein«

Gehen wir gemeinsam einige Schritte auf diesem Weg. Schritte der Anregung, der Neugierde und der Lust darauf, es selbst nachzumachen, zu erfahren. Bild fünf zeigt einen »unguten« Strich. Ahnen Sie warum? Welche Bewegungsrichtung hat dieser Strich? Welche unmittelbaren Emotionen löst er bei Ihnen aus? In welche Farbe würde er sich am liebsten verwandeln?

Wie wirkt die Linie in Bild sechs auf Sie, im Gegensatz zu der in Bild sieben? Wenn die Wirkung so unterschiedlich ist, warum ist das so? In welche Farbe würde sich welche Linie am liebsten verwandeln? Welche Linie gehört zu welcher Jahreszeit? Welche Person fällt Ihnen bei welcher Linie als erstes ein? Finden Sie ihre Fragen, finden Sie ihre Entsprechungen. Und probieren Sie es selbst einmal aus. Zeichnen Sie, was das Zeug hält Punkte, Linien, Kreise. Was haben Sie schon zu verlieren? Wie bedeutsam so etwas scheinbar Unbedeutendes sein kann, das wird auf den kommenden Seiten noch sehr deutlich.

Kommen wir noch zu dem Bild in der Mitte. Auch hier ist der Punkt auf einem Platz von unangenehmer Anmutung. Doch diesmal ist das Ganze schon komplizierter. Zweierlei fällt gleich ins Auge: Zum einen steht jetzt der Punkt in einem interessanten Spannungsfeld mit seiner Umgebung. Wie in einem guten Dialog verwebt sich das eine mit dem anderen. Der Punkt wird »gehalten«, er wirkt wieder »sympathisch«. Zum anderen erscheint der Punkt jetzt viel hervorstechender zu sein als der Punkt auf der leeren weißen Fläche, obwohl ihm scheinbar die »Schau gestohlen« wird von der gelben Linie und dem gewaltigen Rot. Ein Widerspruch? Nein: Denn Fühlbares hat mit der Gravitation, mit Newton, mit der Aneinanderreihung von Masse nichts zu tun. Fühlbares folgt seinen ganz eigenen Gesetzen.

Bewegung und Zeit, von Raum und Veränderung. Das alles sind in Wahrheit Millionen Empfindungen! Wie Dutzende von Musikinstrumenten vereinen sie sich zu einem Empfindungsklang. Doch in allem steht dann ein Mensch, eine Blume, ein Baum, ein Hund, ein Pferd, stehen wir mit allen unseren Erfahrungen. Was geschieht in der modernen Welt der Reizüberflutung? Das Empfinden bricht früher oder später zusammen. Übrig bleibt ein scheinbares Spiel des Zufalls und die Wahrnehmung bloßer Materie. Die Möglichkeit menschlichen, empfindsamen Seins implodiert zu einem Trümmerhaufen, der jetzt nicht mehr dem Leben, sondern dem bloßen Überleben dient. Bei einem Sein mit ungestörter innerer wie äußerer Präsenz jedoch weichen die Empfindungen in keinem Augenblick. Dazu muß man das feine Band, das dem Menschen bei seiner Geburt mitgegeben wird, immer weiter ins Leben hineindehnen und es schleunigst reparieren, wenn es einmal schwach wird oder gar zu zerreißen droht.

Das Wesentliche ist immer im Detail, im Verborgenen.

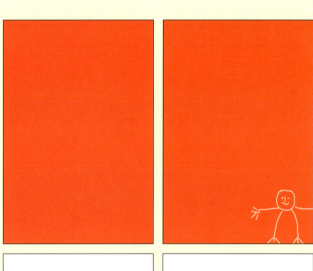

Wenn Goliath durch David lebt

Sicher, es war umgekehrt, Goliath starb durch David, aber nur, weil Goliath glaubte, ohne David leben zu können. Schauen Sie sich doch bitte das Bild eins an. Ein einziges Knallrot. Langweilig, öde, monoton. In Bild zwei kommt ein winziges, haarfein gezeichnetes Männchen dazu. Was ist wichtig? Das Männchen oder das Rot? Wo schauen Sie hin, auf das Männchen oder auf das Rot? Die Welt um uns herum will uns weismachen, das Rot wäre wichtig! Ist es auch, aber erst in dem Zusammenspiel mit etwas ganz anderem. *Das kleine Männchen erweckt das gewaltige Rot zum Leben.* Das ist es, wonach ich immer Ausschau halte. Den ganzen Tag. In und bei allem. Überall da, wo die meisten Menschen von etwas Gewaltigem geblendet werden, da suche ich so lange, bis ich so etwas finde wie unser kleines, weißes Männchen. Deswegen verachte ich das Rot natürlich nicht – im Gegenteil. Jetzt erst kann ich mich mit ihm als etwas Lebendigem austauschen. Jetzt entsteht ein wahrer Dialog. So ist meine Schule die Schule des Findens dieses »kleinen Männchens« – in und bei allem. Und da, wo partout kein Männchen zu finden ist, da gilt es zu heilen, aktiv zu werden.

Die Streifen und die Liebe

Die zwei Beispiele links unten dienen Ihnen wieder als Anregung, die Veränderungen emotional ganz für sich zu differenzieren. Warum wirkt das gelbe »Wesen« so anders als das braune? Was genau empfinden Sie? Legen Sie Ihr fühlendes Wahrnehmen frei. Das ist nur ein Anfang, aber spätere Übungen werden noch zeigen, welche Kraft im Anfang verborgen liegt. Die drei weiteren Beispiele führen uns mit großen Schritten weiter auf unserem Weg. Wie gesagt: einzelne Trittsteine, kleine Beispiele aus einem gewaltigen Garten.

Ich habe versucht, das kleine Krakelwesen schrittweise so zu verändern, daß ich beim Betrachten wirkliche Rührung zu empfinden vermag, ja, so etwas wie Zuneigung. Ich wollte diesem Krakelwesen Seele und Würde geben. Stimmen Sie mit mir darin überein, daß dieses Wesen von Bild zu Bild immer mehr von alledem bekommt? Wenn das so ist, warum ist das so? Wodurch habe ich das erreicht? Wenn es gelingt, einem Krakelwesen alles das zu verleihen, wird dann nicht auch die Chance größer, schon Vorhandenes, womöglich Verschüttetes zu entdecken, wiederzufinden?

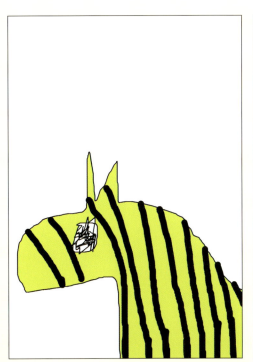
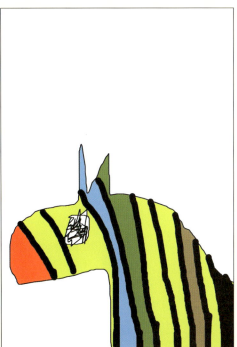

Vom Spielball des Lebens zum Spielenden.

Das Gewöhnliche ungewöhnlich

Auf dieser Seite habe ich Ihnen einige Bilder aus einer sehr ungewöhnlichen Fotoserie zusammengestellt. Die Bilder muten allesamt dunkel, düster, fremd, ja zuweilen unheimlich an. Dabei sind die fotografierten Wesen und Objekte alles andere als ungewöhnlich.

In der Tat ist der Bürgermeister meines Wohnortes darauf zu sehen, mein Hund und ich. Wir haben uns in einem seiner alten Häuser getroffen, um Pläne zu schmieden, wie denn wohl dieses Haus am besten zu gestalten und umzubauen sei. Von mir aber sind auf dem einen Bild nur die Stiefel zu sehen. Josep, der Bürgermeister, verschwimmt silhouettenhaft im Hintergrund.

Selbst Sir, mein Hund, wirkt, obwohl er so freundlich dreinschaut, befremdend und ungewohnt. Seltsam wirken Lichtspiegelungen und Fensteröffnungen, Metallflaschen und Kürbisköpfe. Noch einmal will ich mit diesen Beispielen verdeutlichen, daß alles im wahrnehmbaren Raum relativ und vom Menschen in Wahrheit nur emotional und in seiner Ganzheit zu erfassen ist.

Auch diese Bilderserie ist einfach strukturiert, ist auf ein einfaches Muster reduziert. Das wahre Leben aber, das gigantische, große ist wie eine Verkehrskreuzung in New York, in deren Mitte womöglich jemand steht, der nicht einmal weiß, was ein Auto ist.

So jedenfalls erlebe ich die meisten Menschen bezogen auf ein wirklich gültiges Wahrnehmen der Innen- und der Außen-

welt, die eben in Wahrheit *eine* ist. Der Mensch wird Spielball des Geschehens, von dem er nicht einmal ahnt, daß es sich abspielt, geschweige denn, wo und wie. Die Menschen glauben, viel gelernt zu haben. Doch kommt mir diese Art des Lernens so vor wie jemand, der auf einem Tablett zehn Gläser trägt. Er stellt ein elftes dazu und freut sich ungemein darüber. Aber er bemerkt nicht, daß am anderen Ende gleich zwei heruntergefallen sind. Und je mehr Gläser er dazustellt, umso weniger bleiben ihm in Wahrheit.

In meiner Schule versuche ich deutlich zu machen, daß zehn Gläser eine unglaubliche Menge ist, daß es aber darauf ankommt, sie wahrzunehmen und sie zu füllen. Dann nämlich erkennt man, daß diese Gläser, obwohl sie auf einem Tablett stehen, in Wahrheit gar keinen Boden besitzen. Sie lassen sich immer wieder neu füllen, mit den wunderbarsten Zutaten des Lebens. Und das Tollste: Nichts geht verloren.

Also lassen Sie uns fortfahren mit Einfachem und Einfachstem, das sich doch zum Schluß zu so Gewaltigem addiert.

Was halten Sie von Folgendem? Nehmen Sie doch einfache Gebrauchsgegenstände aus Ihrer Umgebung, was Sie gerade finden, und stellen Sie sie an die unmöglichsten Plätze. Sie werden überrascht sein, wie sehr sich der jeweilige Gegenstand wandelt und wieviel Neues er auch von sich und von Ihnen preiszugeben weiß. Womöglich schießen Sie ja auch noch einige Fotos davon. Eine weitere Abenteuerreise des Geistes, des Traumes und des immer vollständigeren Wahrnehmens beginnt.

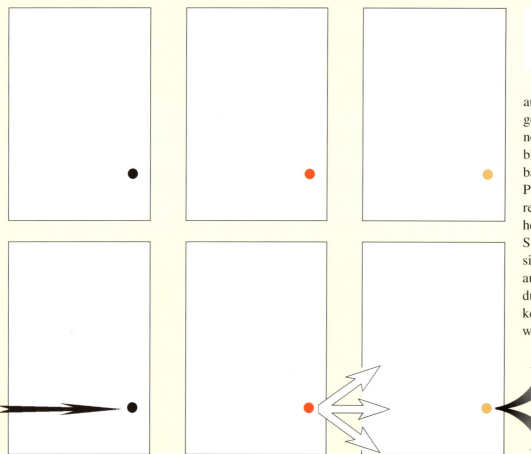

Der Wunsch eines Punktes

Auch die Lage der Punkte auf diesen Zeichnungen ist so gewählt, daß ein etwas »unangenehmer Beigeschmack« zurückbleibt. Das ändert sich aber, sobald wir einfach die Farbe des Punktes variieren. Sind Sie bereit, das mit mir nachzuvollziehen? Geht es Ihnen wie mir, daß Sie nachempfinden, wie sehr sich die Wirkung dieses Punktes auf den Betrachter verändert, durch seine veränderte Farbigkeit? Wie gedankenlos gehen wir im allgemeinen mit Farben um? Ebenso mit Strukturen, Mustern, Zeichen – eigentlich mit allem. Das Verrückte aber ist, daß nicht nur jeder Punkt seine eigene Ausdrucksqualität entwickelt. Durch die Veränderung der Farbe erhält er auch seine eigene Dynamik, erhält er den »Wunsch«, sich in eine ganz bestimmte Richtung bewegen zu wollen. Versuchen Sie einmal die Bewegungsrichtungen der Punkte der ersten drei Abbildungen herauszufinden. Meine Empfindungen sehen Sie in den Zeichnungen darunter grafisch dargestellt. Während der schwarze Punkt bedrohend, verschwindend und beängstigend wirkt und sich wie von links angeschoben nach rechts zu bewegen scheint, so wirkt der rote Punkt auf mich eher keck, neugierig und selbstbewußt. Er scheint nach vorne rechts aus dem Bild »heraus-

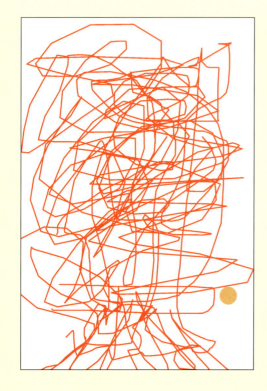
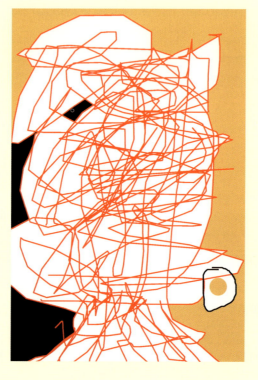

wachsen« zu wollen. Der ockerfarbene Punkt erscheint mir zweifelnd, unsicher und unstet. Bei diesem habe ich den Eindruck, er scheint allmählich nach seitlich rechts zu verdampfen und sich in Nichts aufzulösen.

Sind Sie bereit, mir in diesen so seltsam unkonkret anmutenden Dingen zu folgen? Wenn auch Sie bestimmte Veränderungen wahrnehmen, was für gewaltige Rückschlüsse müssen wir dann auf unser tagtägliches Leben schließen? Wenn in der Tat ein einzelner Punkt alles das zu verdeutlichen vermag, warum wundert sich dann noch jemand, wenn ich beim Anblick eines Pferdes nahezu seine ganze Lebensgeschichte weiß, seine Probleme, Stärken, Schwächen, Ängste usw.? Ist das nicht unter anderem eine Frage der immer weiter gefaßten Sensibilisierung, des Wachsamwerdens?

Am Anfang ...

Die zwei Bilder, die Sie links unten sehen, sind im eigentlichen noch keine Bilder. Erst auf der nächsten Seite werden wir gemeinsam komponieren und schöpfen. Diese Bilder aber brauchen wir zur Vorbereitung. Und keine Angst: Auf den nächsten Seiten schon kommen wir ganz konkret zu den Pferden. Wenn auch auf meine Weise »konkret«!

Dieser seltsame ockerfarbene Punkt schien, wie gesagt, schwächlich krank zu verdampfen. Er kann aber dennoch Teil eines stabilen Ganzen werden. Wir können harmonisierend, ja »heilend« einwirken. Wenn uns das bei einem Punkt gelingt, warum sollte uns das dann nicht auch einmal bei einem Tier gelingen, bei uns selbst? Was ist heilen?

Zurück zu unserem Punkt. Ich wollte ihn auf einfachste Weise sozusagen »einfangen«, ihn in das Bild »einbinden«. Der anfängliche Punkt also entscheidet über den nächsten Schritt, ja, über das gesamte Bild! Das ist etwas außerordentlich Bedeutsames!

Denn wenn ich mit Pferden bin, ist das nichts anderes, wenn auch verwirrender, komplexer. Doch das Prinzip ist ein und dasselbe! Der Punkt regte mich an, ja forderte mich geradezu heraus, jene rote Krickellinie zu malen. Die ist heiß, gewaltig kräftig, ist ein Gegengewicht zu dem labilen Punkt. Und in der Tat: Er erscheint jetzt viel stabiler im Bild zu »kleben«. Die weitere Entwicklung meines kleinen Bildchens zeigt die nächste Abbildung. Können Sie mir dahingehend folgen, nachzuempfinden, daß dieser kleine Punkt rechts unten das gewaltige rot-schwarz-weiße, nach links tendierende Gebilde, festhält und umgekehrt? Am Anfang jedenfalls war der Punkt. Er gab und gibt bis zuletzt dem Bild seinen ureigenen Stempel. Obwohl von gleicher Farbe wie der Hintergrund, erscheint er noch immer dominanter als die größeren schwarzen Flecken.

Der Anfang also ist es! Da, wo das Korn in die Erde fällt, wo ein Gedanke aus dem Traum erwächst, wo eine Emotion eine Vorstellung zeugt.

Die berühmte Angst des Malers vor der leeren Leinwand. Denn in dem Augenblick, wo sie die Pinselspitze berührt, setzt sich der Zug in eine ganz bestimmte Richtung in Bewegung.

Welche Bedeutung geben wir den Anfängen, dem Unsichtbaren? Tiere und ganz besonders auch unsere Pferde leben in der Welt des ewigen Anfangs! Ist das nicht das Wesen des Rituals?

Mit diesen Hinweisen finden Sie selbst leicht weitere Übungen. Sei es wie hier mit Stift und Papier oder in Gedanken. Lassen Sie sich durch die Einfachheit dieser Beispiele nicht verwirren und täuschen! Denn bei diesen so einfach erscheinenden Übungen geben Sie sich dennoch großen Wahrheiten hin! Und liegen die Lösungen für so viele unserer Probleme nicht in der Einfachheit verborgen? Und erscheint uns nicht allzu oft gerade hierfür der Blick verstellt?

> »Beginne im Allerkleinsten und bleibe dort. Das weitet Deine Seele. Dann wird Großes und Größtes möglich.«

Wir malen ein Bild. Wieder fangen wir mit einem einzigen Punkt an. Und das, was uns von Station zu Station antreibt und bewegt, habe ich in den kleinen Bildern und in den jetzt folgenden Gedanken- und Wortskizzen festgehalten. Das ganze geht von 1 bis 8, also bis zum letzten Bild hier links, das den Titel trägt »Wieder fröhlich«. Beginnen wir mit dem Punkt:

Abbildung 1:
Er will »raus«, ist in Bewegung, ungut, verstoßen, allein, im Vordergrund, verfolgt.

Abbildung 2:
Der erste Punkt wird aufgefangen, Gemeinsamkeit, will zurück ins Bild, Fröhlichkeit entsteht aus Trauer (da schon bekommt das Bild den Namen!!!)

Abbildung 3:
Eine feine Figuration muß dazu, eine Art Körper, eine Art Gesicht. Traurig, fröhlich, verschwindet, keine Verbindung zu den Punkten, vergeistigt, unecht, nicht geerdet.

Abbildung 4:
Die »Zutaten« werden jetzt etwas gehalten, lustig, kindlich – das Fröhliche überwiegt. Verbunden mit den zwei Punkten, sympathisch, »Märchenonkel«, glatt, unkompliziert, klar, durchsichtig.

Abbildung 5:
Kraft kommt hinzu. Alles wird stärker geerdet, verliert das Kindliche, wird ernsthafter, Zweifel kommen auf, gesunde Spannung, Nachdenklichkeit, die Gestalt wird älter, die Bildkomposition geht jedoch vorübergehend verloren.

Abbildung 6:
Zwei neue Farben fassen das Entstandene zusammen, halten das »Wesen«, eine andere mystische Freundlichkeit kommt hinzu, Weichheit, Seele, Geist, Schweben, Lieblichkeit und Sehnsucht, Warten und Hoffen. Das Bild kippt in der Komposition jetzt nach rechts.

Abbildung 7:

Eine Art Anker festigt das Werk, macht aber auch wieder erdiger, ernster. Der Moment des »Zweifelns« kommt wieder dazu. Der Dialog mit dem Bild ist in vollem Gange.

Die Geschichte eines Wesens wird erzählt. Was nachher wie etwas Augenblickliches oder Statisches wirkt, ist in Wahrheit die Aufeinanderfolge von Zeit, von Geist-Zeit, von Emotionen. Emotionen entstehen im Austausch – hier ist ein Austausch zwischen Schöpfendem und Geschöpftem.

Abbildung 8: (Großes Bild links)

Links unten wiederholt sich jetzt das Gelb noch einmal: Ein zartes Spiel der Fröhlichkeit ist entstanden. Drei schwarze Räume fassen die »Fleischfläche« zusammen und halten sie im Bild. Sie sind die seriösen Anker. Da ist Mut, Verbundenheit, Treue, ja, ein treues Wesen ist entstanden. Leichte Zickzacklinien ergänzen das Spiel und festigen die Komposition. Um dem Abstrakten Figuratives zu verleihen, wird es durch ein wolkiges Grau im Hintergrund gehalten. Emotion, Formen, Kräfte, Energien haben sich zu einem Ganzen verbunden. Jetzt erzählen sie ihre Geschichte, eine von Milliarden.

Was konnten wir einem Punkt entlokken, dem zwei weitere folgten? Das Dasein wird grenzenlos. Alles um uns herum ist tief und tiefer zu begreifen, zu erleben, zu fühlen, zu erfühlen. Wie dann kann die wahre Begegnung mit Lebendigem sein? Ja, auch mit einem Pferd? Das Außen führt zum Innen, das Innen führt zum Gegenüber, und der Dialog mit der Welt führt zum Geheimnis und das Geheimnis zur Wahrheit.

Das alles will wieder belebt werden. Das ist nicht mal einfach so in zwei Tagen zu erheischen. Nein, das will langsam und allmählich entdeckt werden. Das ist für mich der Weg des Lebens, der sich in allem zu manifestieren vermag, egal, was ein Mensch tut: das Malen eines Punktes, das Reiten eines Pferdes, das flüchtige Einatmen eines Duftes. Nichts von allem ist wahr, wenn nicht ein innerer, fühlbarer Bezug hergestellt ist. Denn erst dann kann das Oberflächliche, das Schale, das Gewohnte, die Routine, das Monster »Alltag« vertrieben werden, und das Tor zum Leben, zum Erleben ist frei.

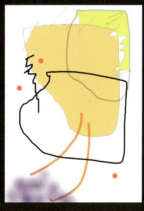

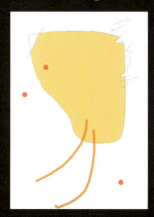
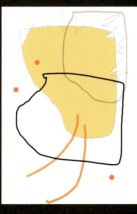
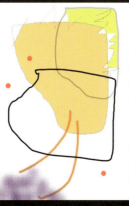

> Erzählen Sie Geschichten in Bildern, Tänzen, Liedern. Denn Erzählen ist Zahl, Zahl ist Rhythmus und Rhythmus ist Zeitlosigkeit in der Zeit, ist Ewigkeit.

208   Praxis

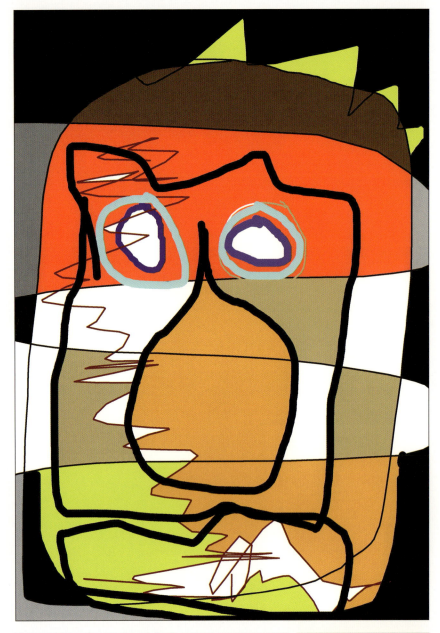

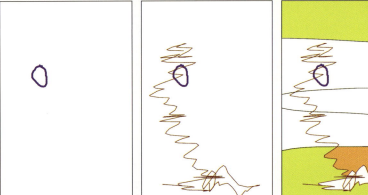

Schere im Kopf

An diesem Beispiel einer gezeichneten Maske will ich Ihnen etwas anderes Bedeutsames verdeutlichen. Jemand, der in gewohnt linearem Denken z.B. die Aufgabe erhält, eine Maske zu zeichnen, der wird in aller Regel mit relativ starren Grundmustern beginnen. Ein großer Kreis wird die Umrisse andeuten, bald werden Augen, Nase und Mund folgen. Das Ergebnis wird sehr wahrscheinlich ziemlich stereotyp, uninteressant und langweilig, ja, schlicht und einfach gewöhnlich ausfallen.

Die Maske, die Sie hier sehen, ist in wenigen Minuten sehr intuitiv entstanden. Sie sieht zugegebenermaßen etwas verzerrt aus, aber das ganze ist nicht nur sehr maskenhaft, es ist auch, wie ich finde, interessant, überraschend und grafisch durchaus ansprechend. Dieses Bild, diese Maske hat »etwas mehr«, als womöglich der Versuch zutage fördern würde, »linear« so etwas wie eine Maske zu zeichnen. Natürlich kommen darin unter anderem all die Dinge zum Tragen, die wir schon besprochen haben, aber dazu noch etwas anderes, sehr Wichtiges.

Um das zu verdeutlichen, schauen Sie sich bitte in aller Ruhe wieder den Werdegang meiner Zeichnung an. Darin fällt vor allem auf, daß bis zur vierten Zeichnung, bis zur vierten Station, *eine Maske noch überhaupt nicht zu erkennen ist.*

Angefangen habe ich wieder mit einem Punkt, mit einem Auge. Allein dieser Punkt, und das haben wir ja bereits gelernt, gibt mir viele emotionale Aspekte. Er ist der Anfang für etwas, das sich von jetzt an sehr seltsam entwickelt. Der Punkt wird schließlich zum Auge, aber vor allem ist er Emotion. Und jetzt kommt der gewaltige Unterschied zum linearen, kausalen, allzu logischen Denken: Ich versuche mich *emotional* an die Maske, also an unser Thema »heranzuschleichen« und nicht strukturell, mechanisch! Also versuche ich dem Eindruck, dem emotionalen Erleben des »ersten Auges« emotional weiter zu folgen. *Das macht überhaupt keinen kausalen, unmittelbaren und logischen Sinn!* Keine Frage, denn es ist emotional schöpfend! Dieser Unterschied mag hier etwas banal erscheinen, und doch folgt diese Vorgehensweise einem grundsätzlich veränderten Lebensprinzip!

Nicht der »Nutzen« formt den Weg, sondern das Empfinden und das Vertrauen, daß dennoch etwas entsteht oder richtiger: erst recht! Zu diesem Zeitpunkt weiß ich noch nicht, ob überhaupt und wenn und welche Funktion diese Linie in dem Endprodukt haben wird. Das ist aber auch unwichtig. Verfolgen wir den Werdegang dieser Linie weiter, dann erkennen Sie leicht, wie wichtig sie noch wird! Ja, sie formt die schlußendliche Maske erheblich. Der Dialog ist wieder in vollem Gange. Das weitere Geschehen ist mehr als ein spannender Kriminalroman, es ist Schöpfen und Entdecken zugleich, führen und geführt werden, es ist Leben! Es ist mein eigener Ausdruck, der sich zu etwas Ganzem formt. Und das, was sich formt, entspringt nicht dem zurechtgestutzten menschlichen Nutzendenken. Es ist so vollständig wie nur möglich.

In der dritten Stufe kommt eine seltsame Schlingellinie dazu. Die so entstehenden »Unsinnsfelder« werden »wie beliebig« eingefärbt. Aus diesen seltsam beliebigen Versatzstücken entsteht schließlich meine ureigene Emotionsmaske. Es entsteht die Manifestation eines Augenblickes, eine Geschichte, es entsteht meine Wahrheit.

Warum das Ganze? Natürlich weil es sich wieder einmal nicht nur auf eine Zeichnung bezieht. Genauso und nicht anders arbeite ich mit einem Pferd. Genauso und nicht anders heilt ein wahrer Heiler. Genauso und nicht anders handelt ein freier Mensch, der die Verantwortung begreift, die in ihn hineingeboren wurde, als Teil der Schöpfung. Davor, vor diesem Denken und Sein, haben die meisten Menschen große Angst. Zeigt sich doch nicht eine feste Struktur – in unserem Beispiel eine Jedermannsmaske – sondern Wahrheit, Schöpfung, Bedingtheit und das wirkliche, fließende Sein der menschlichen Existenz.

Aber es ist auch das Abenteuer, das Große, das Unerwartete, das Sichverlieben, das Dasein in der Größe des schon lange nicht mehr Denkbaren.

Versuchen Sie es. *Entfernen Sie die Schere aus Ihrem Kopf!* Lassen Sie entstehen, was entstehen will. Seien Sie mutig. Das ist nur Spiel. Durchbrechen Sie Grenzen, um gleich wieder neue zu finden. Das gefährliche Abheben wird Ihnen unmöglich gemacht, dann, wenn Sie im Dialog bleiben mit dem, was Sie sehen, fühlen, mit Punkten, Linien, Flächen, mit sich selber, mit Ihrem Pferd. So bleiben Sie immer fest auf dem Boden, wenn Sie nach den Sternen greifen.

> Der Mensch ist kein Vorgarten, er ist Urwald. Er ist auch kein Gartenzwerg, er ist Riese!

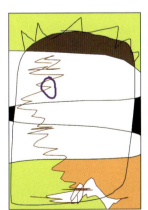

Pferdepraxis ganz anders
Welche Farbe hat Dein Pferd?

Gehen wir einen Schritt weiter. In der Realität der Schule liegt zwischen den einzelnen Phasen oft viel, ja zuweilen sogar sehr viel Zeit. Dinge überschneiden sich, aus den unterschiedlichsten Bereichen werden Erfahrungen zusammengetragen.

Kommen wir jetzt von der Abstraktion, von den einfachen Formen zur »Wirklichkeit« – oder zumindest zu einer Abbildung äußerer Wirklichkeit. Schüler, die sich intensiv mit dem beschäftigen, was wir auf den vorhergehenden Seiten besprochen haben, erkennen, erahnen, erfühlen auf einer Fotografie, wie dieser Abbildung eines Pferdes, schon einiges mehr als die meisten unserer Mitmenschen – seien es nun Pferdemenschen oder nicht. Natürlich läßt sich eine Menge über die Silhouette des Kopfes sagen. Das ist nicht unwichtig – und doch ist es nur ein Teil des ganzen. Auffällig sind die Augen, die Nasenform, die Form der Ganaschen und die Linie von dort aus zum Maul. Auffällig ist die Form der Unterlippe, der Nüstern und des Halses. Das alles läßt den »geübten« Betrachter zu einem Schluß kommen, der dann eben leider nur zum Teil richtig und damit auch schon wieder vollkommen falsch ist. Und das ist in der Tat auch das Schicksal dieses Pferdes. Es ist ein verkanntes Pferd! Gehen wir in Ruhe vor.

Machen Sie einmal Folgendes: Schauen Sie sich das Bild auf der linken Seite genau an. Augen und Nasenlinie sowie die gesamte Form des Kopfes weisen auf ein mittelmäßig intelligentes, mittelmäßig sensibles, durchaus zur »Stoffeligkeit« neigendes Pferd hin. Es wirkt etwas müde, schläfrig und in sich zurückgezogen – an der Welt uninteressiert.

Und jetzt schauen Sie sich bitte das große Bild auf der nächsten Seite an. Das Pferd selber, seine Silhouette ist nicht verändert und doch: Wie anders wirkt es jetzt auf den Betrachter! Erscheint es nicht feiner, sensibler, tiefgründiger, anrührender, ja einnehmender, sympathischer, liebevoller? So wie die Abbildung der nächsten Seite das Pferd zeigt, so ist es in Wahrheit! Man mag es nicht glauben, und doch gibt es an dem Pferd selber keine Veränderung.

Bitte blättern Sie einige Male hin und her. Ist das nicht frappierend? Womöglich bekommen Sie jetzt auch einen anderen, einen neuen Eindruck von den Bildern, die Sie zuvor schon in diesem Buch gesehen haben.

Schauen Sie sich bitte einmal genau das Auge des Pferdes auf beiden Bildern an. Was für ein Unterschied in der Wirkung – und doch ist auch an dem Auge nichts verändert worden! In diesem Sinne gilt es, die Wesen und das Wesentliche zu erkennen, gilt es, sich selbst zu erkennen. Der letzte Schritt ist zum Schluß der einfachste – und doch wollen alle mit diesem beginnen. Und sie wundern sich dann, daß sie sich in Wahrheit nicht einen Millimeter weiterbewegen.

Wie diese seltsame Metamorphose Schritt für Schritt zustandegekommen ist, davon handelt die nächste Seite. Die aber kann auch nur die einzelnen Schritte beschreiben. Das Fühlen kann sie nicht erklären.

Nehmen Sie sich einen Haufen alter Pferdebilder und versuchen Sie einmal, wirklich zu schauen. Sie werden bemerken, wie sehr wir dazu neigen, uns mit dem Glanz der Oberfläche zufriedenzugeben. Mit einem solchen Bild können Sie sich sehr lange auseinandersetzen. Doch bevor Sie auch hier wieder zu Stift und Pinsel greifen und Ihre alten Zeitschriften einem neuen Sinn zuführen, nehmen Sie sich die Zeit, das Wesen, so gut es gelingt, ohne jede Veränderung zu ergründen. So wird etwas in Ihnen wachsen, von dem Sie gar nicht merken, daß es wächst. Mit der Zeit nur werden womöglich zuerst die Menschen um Sie herum bemerken, daß Sie tiefgründiger werden, als Persönlichkeit ausgefüllter, klarer, stärker und dadurch flexibler. Sie lassen sich von Dingen berühren, die Sie zuvor womöglich kalt gelassen haben, und sind dennoch gelassener, hoffnungsvoller und kraftvoller da, wo Sie zuvor schon längst die Waffen gestreckt hätten. Und womöglich wird Ihnen wichtig, was Ihnen zuvor nicht wichtig war – und umgekehrt!

Wer die Welt verkennt…

Das verkannte Pferd

Dieses Beispiel habe ich nicht zufällig gewählt. Ein Pferd wie dieses wird nur ganz selten von den Menschen richtig verstanden. Kaum ein Pferd wird von Menschen verstanden – bei diesem aber haben sie es ganz besonders schwer. Kommen wir wieder zu der schrittweisen Entwicklung dieser seltsamen Verwandlung, die ja in Wahrheit gar keine ist. Zunächst galt es, eine Farbe zu finden, die »tief in diesem Pferd steckt« – die sozusagen sein Wesen zu beschreiben vermag. Dies ist eine Art Rot-Lila. Diese Farbe kommt in der Natur nur selten vor.

Zunächst habe ich den verletzlichsten Punkt des Pferdes damit markiert: die Nasenlinie. Sie erscheint ramsköpfig und sogar grob. Wir erkennen aber in der Mitte eine feine Einbuchtung. Die ist typisch, ja signifikant für dieses Pferd. Das, was grob erscheint, ist in Wahrheit sehr verletzlich, sehr fein, ja, sogar sensibel!

Danach habe ich dem Pferd die Farbe seiner Seele gegeben. Warum gefleckt?

Dann habe ich dem Umfeld die Farbe zugeordnet, in der das Pferd denkt und träumt. Dieses ockergebrochene Gelb markiert die Freundlichkeit seines Wesens, das dem geduldigen und starken Pferd zur Seite gestellt ist. Die Metamorphose ist zum großen Teil bereits vollzogen. Das Pferd erscheint schon in seiner ganzen Sensibilität. Und das Auge wirkt jetzt schon weniger dumpf als wachsam und auch traurig.

Das Äußere aber scheint noch zu zerfallen. Es hat noch nicht den Halt, den es braucht, und auch der Widerspruch tief in dem Pferd ist noch nicht zur Gänze ausgedrückt. Eine kräftige, schwarze Zickzacklinie mit Macht auf das Papier geschleudert, offenbart das Gefühlte.

Die Veränderung von diesem vorläufigen Ergebnis hin zu dem endgültigen Bild ist noch einmal gewaltig. Bitte machen Sie alleine weiter. Was und warum bewirken die noch hinzukommenden Farben? Was bewirkt das Grün, was das Weiß? Wie ist es um die feine Krickellinie bestellt, die ich zum Schluß noch auf den Nasenrücken gezogen habe? Und warum bei allem erscheint in der Summe all der einzelnen Schritte das Pferd jetzt so sehr verändert?

Wenn Sie Derartiges mit Ihnen bekannten oder unbekannten Pferden machen, also mit deren Fotografien, werden Sie zu Erkenntnissen kommen, die sich in Ihrem Bewußtsein und Unterbewußtsein tief verankern. Das ist Ihr Besitz – und so etwas ist wahrer Besitz. Niemand kann Ihnen das rauben – und die Wesen um Sie herum werden Ihnen bedeuten und demonstrieren, wie sehr sich Ihre Kommunikation zu ihnen verwandelt, vertieft hat.

…verkennt sich selbst.

Die Farbe der Seele

Die Fotos der Pferde auf dieser Seite habe ich auf einfache Weise verändert. Wird das Wesen des Pferdes so nicht viel klarer? Zum ersten Bild: Dies ist ein Schimmelhengst. Entspricht sein Ausdruck, seine Bewegung nicht aufs genaueste dem Farbspiel der beiden Blautöne? Das, was Sie jetzt sehen, ist das, was ich fühle, wenn ich mit diesem Pferd bin. Dadurch aber wird schon das erste Verstehen des Pferdes, seines Wesens ein ganz anderes sein. Im Gegensatz zu vielen anderen Pferden, braucht dieses keine Distanz. Kaum käme es auf den Gedanken, die Grenzen zum Wesen Mensch zu überschreiten. Es ist ein reines Wasser- und Wolkenwesen. So kann ich mich ihm in aller Würde und Klarheit nähern. Ich kenne, ich fühle, ich erkenne dieses Wesen viel inniger, wenn ich es zulasse, daß mein Erleben sich immerfort in Symbolen, in Formen und Farben, in fühlendes Erleben ergießt.

Eine solche Farbe zum Beispiel ist natürlich kein fixer Zustand. Immer ist ein Fließen, eine Veränderung zugegen. Der Grundcharakter aber bleibt.

Schauen Sie sich nun Bild Nr. 2 an. Diesem Pferd und seinem Verhalten sind wir schon begegnet. Seinen ganzen Körper habe ich wie ein wundes Rot erlebt, seinen Kopf dagegen wie ein seltsames Blaugrün. In sich zusammengezogen, wund und wie aus zwei Teilen bestehend, schien dieses Wesen seine Einheit verlassen zu haben, um auf diese Weise überleben zu können. Und wie einen wunden roten Körper berührte ich dieses Pferd. Seine Grundfarbe erscheint mir wie ein tiefes, sensibles Violett. Ist das Pferd erst wieder eins geworden, dann schwingt dieses Violett so stark mit wie die Farben, die ich

Ich kannte einen Mann, der eine Straße bauen sollte und eine Straße baute.

ihm gegeben habe. Verstehen Sie jetzt die Trauer besser, die ich so oft erfahre in den Begegnungen mit Pferden? Ich erlebe sie oft wie eine einzige Wunde.

Im dritten Bild sehen Sie Janosch. Sein Wesen ist tiefgründig und widersprüchlich. Er ist hochintelligent, scharf, aber auch eitel, sprunghaft, facettenreich. Das alles gilt es, niemals zu bewerten, zu beurteilen. Nur erfühlen sollten wir es, zuordnen und wahrnehmen. Paßt die kleine Dekoration nicht wunderbar zu dem Ausdruck des Pferdes? Wird dieser nicht deutlicher erfahrbar?

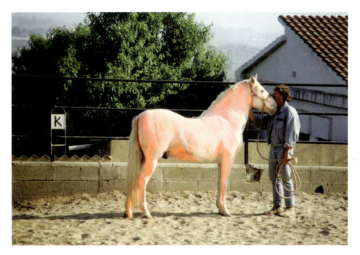

Den Hengst auf Bild Nr. 4 kennt der eine oder andere aus der Schlußszene meines Filmes »Körpersprache«. Dieses Pferd ist wie ein zartes Rosa. Darum wurde es so extrem scheu, ließ es sich von niemandem mehr berühren. Dieses Foto zeigt mich mit diesem Hengst am Ende meiner Sitzung. Er hat sich zurückverwandelt zu dem, der er eigentlich ist. Mit welcher Rohheit begegnen wir diesen zarten Wesen?

Betrachten Sie im fünften Bild die Haltung der beiden grasenden Pferde. Kommt nicht in der Haltung bereits der ganze Grundcharakter, das Wesen deutlich zum Ausdruck? Und verdeutlichen die Farben nicht eben genau das?

Im Militärgestüt in Barcelona traf ich auf den Hengst im sechsten Bild. Er war wie ein Gelb, das kommt und geht, das sich auflöst, um dann gleich wieder wie eine Wolke aus dem Nichts zu erscheinen.

Geben Sie sich doch einen Augenblick diesen Bildern, diesen Träumen hin, um dann in Ihre eigenen einzutauchen. Nehmen Sie sich den Schuhkarton mit den alten Fotos zur Hand oder einige alte Pferdezeitschriften. Und dann toben Sie sich aus. Wer träumt, der kann nur gewinnen.

Der war einst ein Junge, der ein Streichholz zeichnen sollte und eine Flamme malte.

Wenn das Kleine groß wird
Die unermeßliche Entwicklung

Die wahre innere Präsenz ist häufig wie unter einem Panzer begraben. Den kann kein Mensch von heute auf morgen aufsprengen – das ist auch gar nicht nötig. Immer wieder weise ich darauf hin, daß es »nur« darauf ankommt, quasi kleine Löcher hineinzubohren, so daß das Innere wieder zu atmen beginnt. Hier eine Erfahrung, dort eine Erfahrung und dann wieder die nächste. So wird die harte Kruste porös. Und dann setzt etwas ganz Wunderbares ein: Diese so gemachten kleinen Erfahrungen wirken derart belebend von innen heraus, daß eine Art Sog entsteht. Das Neue ist von einer solch anderen Qualität, daß es nur eine einzige Möglichkeit gibt: Es kommt zu einem großen inneren Kampf. Das ist gemeint, wenn es in der Bibel heißt, die Israeliten murren – sie wollen wieder zurück nach Ägypten in die Gefangenschaft. Dort war es zwar schlecht – aber das Schlechte war wenigstens sicher. Das Elend hatte Bestand. Hier in der neuen Welt oder zumindest auf dem Wege dorthin, da ist stetige Veränderung und Unsicherheit. Aber da ist auch keine Sklaverei mehr. Dieser große innere Kampf muß initiiert werden. Darum führt das, was ich in meiner Schule mache, nicht selten zu kleinen oder großen inneren Zerwürfnissen. Der Druck der inneren Sklaverei zerbricht – aber was fange ich mit meiner neu gewonnenen Freiheit an? Jetzt heißt es, aktiv, kreativ, verantwortlich zu sein. Das dumpfe Sklaventum hat ein Ende. Den Israeliten in der Wüste wird aber auch etwas anderes gesagt: Der Weg zurück nach Ägypten ist für immer versperrt. Jemand, der sich einmal aus der Sklaverei befreit hat, der kann nicht mehr zurück. Er hat von der Freiheit genossen und hat sie nun als voll verantwortlicher Mensch zu tragen und auszufüllen. Darum: Jemand der auf diesem Wege scheitert, der scheitert zur Gänze. Wer die Wahrheit nur instrumentalisieren will, der wird von ihr erschlagen. Wer aber den Ruf in sich vernimmt, der darf ihn auch nicht überhören. Der muß das Kleine ganz groß werden lassen – der muß hinein in die unermeßliche Entwicklung!

Daß man dann alles ein wenig anders sieht – wirklich alles – das soll beispielhaft die Sicht meiner Schafe verdeutlichen. Versuchen Sie, Ihre Umgebung neu zu entdecken. Sie werden staunen, wie groß die Nähe wird zu allem. Ja, mit allem scheinen Sie plötzlich bekannt. Und zu etwas Bekanntem hat man ein inneres Verhältnis. Und was mehr kann ein Mensch sich wünschen, als verbunden zu sein – dem ewigen Getrenntsein, der Sklaverei zu entfliehen?

Die unermeßliche Entwicklung

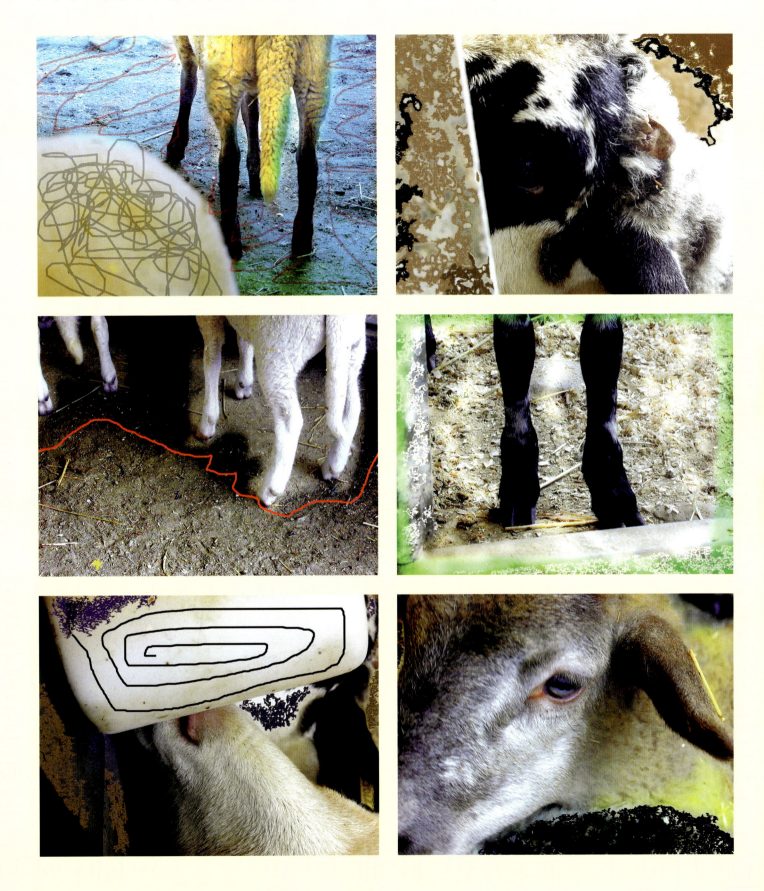

Verkleidung, Maske, Kostüm
Vom Traum zur Wirklichkeit

Wenn wir jetzt von Masken sprechen, hier in diesem Buch zum zweiten Mal, dann als eine von vielen Möglichkeiten, der Falle des Klischees zu entkommen. Dabei fange ich wie immer sehr vorsichtig an. Man sollte mit sehr einfachen und kleinen Veränderungen beginnen. Nur selten geht jemand zu behutsam und zu sorgsam vor. Auch hier ist es durchaus ratsam, mit einer Fotografie anzufangen, diesmal aber mit einer von sich selbst. Ein paarmal fotokopiert liefert sie schon ein wunderbares Spielfeld für neue, nicht klischeehafte Erfahrungen. Dann beginnen Sie Ihr Konterfei leicht zu verändern. Durch Farben, durch Striche, durch Symbole. Lassen Sie das so Entstandene einfach auf sich wirken. Entscheidend ist, daß Sie sich Zeit nehmen. Bauen Sie zu jedem Schritt eine Beziehung auf. Und versuchen Sie, nicht zuletzt dem so gefundenen Ausdruck eine neue Ästhetik zu verleihen. Beobachten Sie Spannungen, Kontraste, Verschiebungen von Gewichten und Stimmungen. Verfolgen Sie die Spuren, versuchen Sie zu klären, wo sich Diffuses zeigt, zu ordnen, wo das Chaos sich ausbreitet, und Tiefe zu finden, wo sich das allzu Harmonische, das allzu Glatte in den Vordergrund drängt.

Sammeln Sie so inneren Besitz, echte Lebenszeit. Momente, die wahr sind und darum Ihr Lebensgebäude wirklich stützen.

Dann können Sie sich an Ihr leibhaftiges Gesicht heranmachen. Doch Vorsicht! Spiel ist etwas Wunderbares, wenn es nicht die Grenzen der inneren Freude verläßt und nur der bloßen Flucht dient. Malen Sie Ihr Gesicht an – zunächst einfarbig. Schon das bringt Sie zu ungeahnten neuen Ein- und Ansichten über Sie selbst. Innerhalb Ihrer eigenen vier Wände können Sie so verwandelt Ihren normalen Tätigkeiten nachgehen. Verändert sich etwas in Ihnen, in Ihrem

Verhalten? Ich bin ziemlich sicher, daß das so ist. Bewegen Sie sich anders? Nehmen Ihre Freunde, Ihre Familie Sie anders wahr? Wenn ja, warum? Was verändert sich und was davon empfinden Sie eher positiv, was negativ? Was ist Ihnen angenehm, was unangenehm?

Schließlich können Sie damit beginnen, in Papier und Karton Löcher für Augen, Nase, Mund zu schneiden und sie zu bemalen. Ganz langsam sind Sie in die Welt der Masken eingedrungen, in Ihre Traumwelt. Da Sie das so behutsam gemacht haben, konnten Sie Schritt für Schritt die entstandenen Eindrücke und »Traumbilder« beobachten und verarbeiten.

Übungsanleitungen zum Maskenbau finden Sie leicht. Auf den nebenstehenden Fotos erkennen Sie einen Weg. Zunächst wird ein Tonklumpen zu einer Maske geformt. Dann wird er mit dünnem Zellophan eingehüllt. Schließlich werden in Tapetenkleister getauchte Papierschnipsel in zwei bis drei Schichten, je nach Papier, darübermoduliert. Dafür kann man spezielles Maskenpapier in einschlägigen Geschäften erhalten. Ist der Kleister eingetrocknet, kann die Maske leicht abgehoben und bemalt oder sonstwie weiterverarbeitet werden. Der Ton kann für beliebig viele Masken benutzt werden. Soviel zu diesem Thema.

Wir nähern uns jetzt den Bereichen, die zwischen innerer Präsenz und der Tat liegen. Aus dem großen Sektor der inneren Präsenz konnten wir nur im Vorbeigehen einen kleinen Hauch wahrnehmen. Mehr kann und will ein Buch wie dieses nicht leisten. Das Entscheidende aber ist die grundsätzliche Einsicht von der Notwendigkeit derartiger Prozesse. Und das Fantastische ist, daß nicht erst ein bestimmter Grad von Erkenntnissen oder von handwerklichen und künstlerischen Fähigkeiten erlangt werden muß, um zu tieferen Erlebnissen zu gelangen. Schon die ersten Schritte sind erhebend und erfüllend. Die Richtung ist entscheidend.

Wenn wir uns jetzt dem menschlichen Körper und den realen Pferden zuwenden, um den Schritt zur Tat nachzuvollziehen, dann werden wir auch das mit Siebenmeilenstiefeln tun – exemplarisch und zur Anregung. Mir persönlich gibt dieser Gedanke etwas ganz Besonderes – nämlich das Gefühl, eine erste Runde abgeschlossen zu haben. Denn in der Tat verbindet dann dieses Buch die zwei anderen, so gänzlich Gegensätzlichen miteinander, nämlich »Mit Pferden tanzen« und »Frau und Pferd«. Die sind womöglich erst richtig nachzuvollziehen durch dieses Verbindungsstück. Das Grundmuster jedenfalls von meiner Vorstellung der Welt, so wie es mich die Pferde und die Urquellen lehrten, ist damit einmal umrundet. Jetzt habe ich die Freiheit, aus der Fülle in so manches spannende Detail zu gehen, so manche neue Verwirrung zu stiften, so manches, was gesichert schien, wieder in Frage zu stellen. Ein schöner Gedanke.

Ein Clown sagte einmal zu mir: Die Maske ist doch mein wahres Gesicht.

Von der inneren zur äußeren Präsenz
Menschengeist und Pferdeseele

An eine meiner letzten Veranstaltungen in Deutschland kann ich mich noch gut erinnern. Das war ein Dreitages-Seminar, und die Arbeit mit Pferden stand im Vordergrund. Es waren über hundert Menschen, die miterlebten, daß sich die mitgebrachten Pferde auf geradezu magische Weise zu verwandeln schienen. Das auch für mich Unglaubliche war, daß ich die Pferde diesmal kaum einmal angefaßt habe. Wie die Zuschauer bemerkte auch ich an mir eine immer weiter fortschreitende Reduzierung meiner äußeren Handlungen. Und ich muß gestehen: Ich war nicht weniger überrascht als diese. Denn das ist ja das Verrückte, daß innere Prozesse einfach so weiterwachsen – irgendwann scheinbar ohne jedes äußere Zutun.

Noch ein paar Worte zu diesem Übergang von der inneren zur äußeren Präsenz. Von den Buschmännern Afrikas, die der Westen ja so ziemlich zur Gänze gefressen hat, weiß man, daß sie in allem sehr genau, ja, sehr »pingelig« waren. Sie waren peinlichst darum bemüht, ihre Taten und Handlungen so korrekt, so exakt wie möglich auszuführen. Ist das nicht der Spleen eines Spezialisten? Erwartet man so etwas von Naturmenschen? Der, der das große Glück aus dem Instantpaket sucht, wohl kaum. Der sucht nur die Flucht aus seiner Norm ohne zu ahnen, daß die Weisungen der Natur um Potenzen strikter und unnachgiebiger sind. Der Unterschied: Die Weisung des Himmels ist auf lange Sicht nachzuvollziehen, macht dem fühlenden Menschen Sinn und zeigt gewaltige Früchte. Sie fordert aber unnachgiebig die innere wie die äußere Präsenz.

Entscheidend ist, daß vom ersten Augenblick an ein Vertrauen in übergeordnete Zusammenhänge besteht, daß sich unmittelbar Früchte zeigen und daß es wirklich Freude macht. Darum bin ich alles andere als ein Freund von körperlicher Kasteiung. Alles, was man sich so vorstellt unter Training und Körperübungen unter großem Zeit- und Kraftaufwand und Langeweile hat in meiner Schule keinen Platz. Das hat mit Disziplin nichts zu tun, das ist körperlicher wie geistiger Ruin. So etwas finden Sie auch bei keinen Naturvolk, das durch seine Leistungsbereitschaft und Präsenz überleben muß.

Aus natürlichen Bewegungen und bewußten Empfindungen heraus versuche ich ein Bewegungserleben spürbar zu machen, das von der ersten Sekunde an Freude macht, Wohlbefinden schafft, entspannt und auf drei Bereichen gleichmäßig Früchte hervorbringt: Ausdauer, Kraft und Balance. Diese sollen niemals losgelöst voneinander entwickelt werden. Die äußere Präsenz zu erwecken, ist nach meiner Erfahrung mit den Pferden nur dann wirklich realisierbar, wenn sich aus dem Kontakt zur eigenen Natur, zum bewußten Bezug des eigenen, freudigen Erlebens heraus der Körper als immer präsenter *selbst* erleben kann und darf. Meine Übungsanleitungen sind daher niemals Raster, ist es doch von elementarer Bedeutung, das sich Individuelles nur aus Individuellem zu entwickeln vermag.

Jagen Sie alle und alles zum Teufel, die etwas von Ihnen verlangen, was entweder keine Freude macht oder erst nach dem Erreichen des toten Punktes. Der heißt so, weil er wirklich mit dem Tod etwas zu tun hat. Und jagen Sie alles und alle zum Teufel, die etwas von Ihnen verlangen, was Sie nicht selbst aus lauter Begeisterung am nächsten Tag unbedingt alleine wiederholen wollen, denn dann ist es im besten Falle für die Katz. Im Schlimmeren ist es gesundheitsschädlich! Hier in der Folge noch ein paar Anregungen aus meiner Schule:

Die Aufrichtung des Menschen

Auch die sollte sich ganz langsam aus der eigenen Natur entwickeln. Wichtig ist, daß bewußt wird, wie denn eigentlich der Körper geformt ist und an welchen Stellen er eine dem Individuum angepaßte, flexibel gerade Haltung verläßt. Das kann man nicht so einfach von heute auf morgen korrigieren, das darf man auch nicht. Das Üben miteinander dient dem Bewußtwerden, dem Erfühlen der Stärken und Schwächen der eigenen Haltung. So wird ganz allmählich geheilt, was geheilt werden muß.

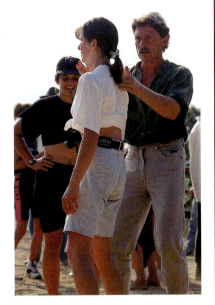

Hilflos stark

Auch die folgenden Übungen sind gut in der Gruppe aufgehoben. Das Prinzip: Handlungen und Bewegungen vieler Menschen sind Ausdruck einer verengten Wahrnehmung. Darum ist es mir wichtig, die Kursteilnehmer über weite Strecken quasi zu »verunsichern«. Das läßt innere und äußere Panzer geradezu aufbrechen.

Schließen Sie für einige Minuten Ihre Augen. Tasten Sie, riechen Sie, hören Sie, fühlen Sie. Können Sie sich vortasten? Können Sie sich in Ihren bekannten Räumen bewegen?

Auch hier ist es enorm wichtig, daß Sie sich nach jeder neuen Erfahrung die Zeit nehmen, das Erlebte zu reflektieren. Gehen Sie nicht gleich wieder zum Gewohnten über oder beginnen nicht gleich die nächste Übung. In der Reflektion wird das Erlebte verarbeitet. Diese Übungen können enorm erweitert werden, und in meiner Schule nehmen wir uns viel Zeit dafür. Das Verblüffende: Schon nach ganz kurzer Zeit schaue ich in Gesichter, die so entspannt sind wie die auf den Fotos. Betrachten Sie sich selbst einmal nach solchen Übungen im Spiegel! Sie werden erstaunt sein!

Kraft und Intensität

Das neue Gefühl für Gleichgewicht, das gesteigerte Empfinden für Gerüche, Geräusche und Wahrnehmungen aller Art läßt die Lebensenergien neu und reibungsloser zirkulieren. Die Wangen werden rot, Lebenssäfte und Blut pulsieren frischer und intensiver. Jetzt beginnt zu wachsen, was wachsen soll und möchte. So bestimmt der Körper und die individuellen Empfindungen den weiteren Ablauf und nicht der Trainer.

Jetzt gilt es, Kraft und Intensität zu steigern. Die Augen sind noch geschlossen und im Schutz der Gruppe kann man laufen, tanzen, springen, sich fallen lassen, sich gänzlich neu erleben. Ihrer Fantasie und Ihrem Erleben sind kaum Grenzen gesetzt.

Zeitlos in der Zeit

Wenn Sie sich jetzt wieder dem Erfahren von Rhythmus und dem Erleben von körperlicher Präsenz hingeben, dann machen auch Sie womöglich die Erfahrung, daß so mancher Rhythmus Ihnen leichter, lockerer von der Hand geht. Woran das liegt? Wenn hier und dort sich Tore öffnen hin zu einer anderen Wahrnehmung und zu einem authentischeren Ausdrücken, dann »erinnert« sich der Körper an so manches ganz von allein.

Schließen Sie wieder die Augen und lauschen Sie einer Musik, einem Rhythmus oder einfach Ihrem inneren Empfinden und drücken Sie es mit Händen und Füßen aus. Reizt es Sie nicht, sich eine Trommel zuzulegen?

Pferd und Natur, Haltung und Gesundheit

Dann auf einmal ist es also wirklich soweit – die Begegnung mit den realen Pferden. Doch wie anders wird ein Mensch ihnen jetzt schon vom ersten Augenblick an begegnen, der alles das erfahren hat, wovon dieses Buch handelte?

Und auf alles das baut sich jetzt die Ansammlung eines nie endenden Wissens um das Wesen Pferd und seine Bedürfnisse.

Wer ist mein Pferd

Von meinen Schülern erwarte ich, daß sie sich all die Zeit nehmen, der es bedarf, um ein Pferd wirklich kennenzulernen, bevor man Umgang mit ihm hat. Die Vorübungen, von denen Sie ja hier einige kennengelernt haben, leisten dabei eine unverzichtbare Starthilfe.

Dann kommt es nicht selten vor, daß man entdecken muß, daß sich das Wesen des eigenen Pferdes in Wahrheit vollkommen von dem Bild unterscheidet, das man sich zuvor von ihm gemacht hat.

Kleinigkeiten ganz groß

Jetzt zahlt es sich besonders aus, ein tiefes, »menschliches Programm« durchlaufen zu haben, denn Feindschaft entsteht in aller Regel nicht aufgrund von gewaltigen Stolpersteinen, sondern durch die Anhäufung von Banalitäten. Hier entscheidet sich in Wahrheit die Qualität einer Beziehung. Hier zeigt sich die wahre Größe des Menschen!

Am Anfang war der Abstand

Wirkliche Nähe ist nur dann möglich, wenn sich alle Beteiligten immer wieder neu dafür entscheiden.

Aus alledem ergibt sich, daß zuerst und vor allem das Abstandhalten wichtig ist. Gerade in diesem Schritt der Separation entscheidet sich so unglaublich viel. Bitte verwechseln Sie das nicht mit jenen Methoden, die so leichtfertig angeboten werden. Ein Mensch muß menschliches Handeln erst erfahren. Dann erst treffen zwei natürliche Kreaturen aufeinander. Darum ist das Zusammensein mit Pferden seit altersher der krönende Abschluß einer langen Wanderung.

Die Normalität

Schließlich wird das Sein mit Pferden so, als seien gar keine Pferde da. Wie Hund und Katze, Schaf und Ziege gehören dann die Pferde zum Dasein. Doch dieser Schritt, der Schritt zur Normalität, ist der Schwerste. Wie in jeder Kunst. Wenn der Maler einfach malt, ohne zu merken, daß er malt. Wenn der Dichter in jedem Wort Poesie erklingen läßt, wenn jemand die Gerte hält, den Strick benutzt, als sei alles das mit ihm geboren worden. Dann erst erfüllt sich der Traum vom Leben. Dann erst wird alles zu einem Tanz mit sich selbst, mit den tiefsten Tiefen seines Wesens, zu einem Tanz mit den Mächten der Erde und des Himmels.

> Denn es ist ein Unterschied, sich ein Bild zu machen denn ein Bild zu malen.

Was also ist Akedah?
Den Panzer aufbrechen

Es war einmal ein Mann, der wünschte sich eine Frau. Schließlich, nach langem Suchen, fand er eine. Sie war schön und freundlich, so wie er sie sich gewünscht hatte. Doch neben der Schönheit und der Freundlichkeit war sie eben ein Mensch, der lebte, mit Fehlern, Tugenden und Untugenden. So dauerte es nicht lange und aus den kleinen Streitigkeiten wurden große.

Schließlich wünschte er sich nichts sehnlicher, als ein Kind. Es wurde geboren und er freute sich und feierte eine ganze Woche lang. Doch das Kind schrie in der Nacht, auch wurde es mal krank, und so dauerte es nicht lange, daß sich auch dieses neue Glück wieder trübte. So manches mehr wünschte sich der Mann und bekam es auch. Doch mit allem ging es ihm ähnlich.

Schließlich faßte er einen Entschluß: Alles, was der Mensch brauche, sei er selbst. Wozu das alles, wozu all die schweren Lasten auf dem Rücken. Er verließ Hof und Familie und ließ allen Besitz hinter sich zurück. So lebte er dann einige Jahre – doch das wahre Glück wollte sich auch jetzt nicht einstellen. Einsam wie eine vernachlässigte Blume, sehnte er sich nach alledem, was er verlassen hatte. Aber dorthin zurückkehren? In all die Probleme? Doch er kehrte zurück und wurde glücklich!

Was hatte er getan – was hatte er finden können?

Ihm wurde schlagartig bewußt, daß er von allem um sich herum nur Bilder besaß. Er hatte ein Klischee von einer Frau, von einem Haus, von einem Kind, von einem Pferd, von einem Freund, von allem. Und immer mußte er feststellen, daß sich ein solches Klischee nicht erfüllen kann, nicht erfüllen darf.

Der Mann ging also zurück nach Hause und fand jetzt nicht »eine Frau« sondern *seine* Frau. Er fand nicht »ein Kind« sondern *sein* Kind. *Sein* Pferd, *seinen* Hund, *seinen* Freund. Ihm wurde bewußt, daß die Klischees nur etwas mit ihm und einer im Außen agierenden und pressenden Welt zu tun hatten. Jetzt aber setzte er sich in eine wahrhafte Beziehung zu seiner Welt. Er wurde wirklich vertraut mit ihr, ebenso wie mit sich selbst. Das Wort Akedah bedeutet nichts anderes. Es ist ein hebräisches Wort, das von dieser Form der Bindung spricht, die außerhalb jeden Klischees wirkliche, innere Brücken baut.

Wie sehr sehnen sich die Menschen nach etwas und wie schnell werden sie es leid, wird es ihnen dann geschenkt. Die Jagd nach dem Neuen beginnt, der Rausch, die Flucht.

Laurens van der Post schreibt von den Buschmännern Afrikas:

»In seinen verwandtschaftlichen Beziehungen zu den Menschen und zur Natur gab es nichts Unpersönliches. Er kannte seine Mitmenschen persönlich, und er stand in persönlichem und direktem Kontakt mit der Natur. ... Niemals kam das Empfinden in ihm auf, nicht zu seiner Umgebung zu gehören oder nicht mit dem allgemeinen Geschehen ringsumher in Zusammenhang zu stehen. Er kannte nicht das Gefühl der Isolierung, das heimlich den Mut und die Persönlichkeit des modernen Menschen aufzehrt.«

Ob ein solches Vorhaben wie das meiner Schule gelingt, das steht auf einem anderen Blatt. Die Absicht jedoch bleibt davon immer unberührt: »Es wird einst dazu kommen, daß Jakob wurzeln und Israel blühen und grünen wird, daß sie den Erdkreis mit Früchten erfüllen.« Jesaja 27/6

In diesem Sinne,

Klaus Ferdinand Hempfling
im April 2000